추사 김정희와
한중일 학술 교류

추사 김정희와
한중일 학술 교류

정 혜 린 지음

(학)신구학원 신구문화사

머리말

김정희의 독서 이력은 19세기 중반 동북아시아 학술사를 상징적으로 대변하는 기록물이다. 현재 『완당선생전집』(阮堂先生全集) 내 논설류와 잡문[雜識]으로 분류된 바 방대한 청나라의 학술 문헌과 학자들에 대한 기록은 18세기 후반에 비로소 조·청 학자 간 개인 교류가 가능해지고 학술 자료를 시장에서 자유롭게 구입하는 것이 가능해진 시대적 상황을 증언하기 때문이다.

아울러 그가 청의 학자들과 학술 정보와 관점·방법론을 주고받은 학술 대화와 기타 교류의 흔적들은 그 자체 위에서 언급한 중화문화권 학술계의 큰 변화를 만들어 가던 발자취이다. 이렇게 학술 자료에 대한 탐색 영역이 중원으로부터 조선, 일본으로 확장됨에 따라 세 국가 학자들의 협력이 필수적이게 되었고, 이에 하나의 문화권 내 학술 정보의 이동이 중심지에서 주변으로의 일방적인 학술 전달에 그치지 않고 국제적 학술 교류와 협력의 장이 생성되었다. 김정희는 경학(經學) 십삼경(十三經)의 분야뿐 아니라 천문학·산학(算學), 음운학, 지리학, 교감학 등 방대한 분야에서 동북아시아 최신의 그리고 최대의 학술 정보를 보유하려고 힘썼던 중화 학계의 최전선에 있었던 학자이자 이를 국내외 학자들에게 소개한 바 한·중·일 학술 교류의 주역이었던 셈이다. 본서가 『완당선생전집』에서 새로 발견한 26종의 중국 학술 자료는 그의 지적 범위와 깊이를 단적으로 보여준다.

김정희의 학문적 시계(視界)는 일본 경학계까지 뻗어나간다. 그가 청의 학자 왕희손(汪喜孫)에게 보낸 서간문이 청의 학계에 대한 김정희의 학술 정보의 양과 질을 가늠케 하는 핵심 자료라면, 「회인시체를 방하여 이전에 들은 것을 서술하여 일본 배에 부치니, 오사카 여러 명사들 중 이해하여 줄 이가 당연히 있으리라」라는 긴 제목의 10수 연작시와 단 하나 남은 근대 일본 문화사에 대한 정리문은 일본 학계에 대한 그의 학술 정보를 가늠할 수 있는 중요 자료들이다. 김정희는 동시대 일본의 고증학파를 특히 주목하고 그들의 학술 업적에 관해서라면 조선에서 가장 최신의 정보를 갖추고 있었다. 아마도 그 정보들은 통신사단에 참가한 이력을 지닌 그의 지인들 외에 청의 학자들로부터 유입된 것으로 보인다. 그렇게 얻은 정보를 김정희는 청의 학자들과 공유했다. 중국에서는 이미 사라지고 일본에만 보존된 수·당대 경전들이 수록된 『칠경맹자고문보유』(七經孟子考文補遺) 원본도 김정희를 통해 청의 학계에 전달되었다. 물론 일본도 조선과 청의 학술계의 정보를 입수하고자 노력했고 또 자신들의 학술 정보를 조선과 청으로 전달했다. 이렇게 삼국의 학자들은 노력을 아끼지 않고 자신들의 학술 정보를 삼국 내에서 회전시켰다.

특히 금석학 연구의 경우, 각국에 보존된 서로 다른 시기에 제작된 금석물 자료를 모아 동북아시아 문화권의 역사와 서예사의 빈틈을 메운 몇몇 작업은 학술 내용뿐 아니라 삼국 학자들의 학술 협력, 동일한 문화권 학자들의 연대 자체가 돋보이는 작업이었다고 하지 않을 수 없다. 금석물의 탁본은 서적처럼 대량으로 제작할 수 없으므로 소수의 학자들이 친분을 통해 공유할 수 있는 자료들이다. 청의 한·일에 대한 연구 자료의 양과 질이 비약한 것도 바로 학자들이 개인적 교류가 가능했던 18세기 후반 이후의 상황에 힘입은 바 클 것이다. 한국의 신라·백제·고구려 삼국의 비석 탁본들, 그리고 일본으로부터 조선을 거쳐 중국으로 전해진 비석 탁본들은 중국으로 전해져 중국 당대 서체를 복원할 중요한 증거 자료가 되어 주었다. 한편 이미 오래전부터 중국의 금석학 관련 서적은 조선으로 유입되어 김정희, 조인영, 이유원 등의 조선 금석학 연구 저술을 도왔다는 것도 분명하다. 그리고 조·청 간 학술 교류는 김정희의 다음 세대에 이르면 더 폭넓은 계층에서 다양한 학술 주제로 확산된다.

김정희를 포함한 19세기 중반 한·중·일 삼국의 수많은 학자들은 자신들이 공유하는 중화 학술계의 주체로서 각 분야에서 학술 자료의 보존과 재생산을 위해 협력을 아끼지 않았다. 학술 자료의 유통이 너무나 손쉬워진 현재에 150년 전 학자들의 고난과 노력, 성과 속에서 과연 무엇이 학문을 살아있게 하는가 그 중요한 지점은 더욱 분명했다. 김정희와 그 주변인들의 학문적 목표와 자취를 더듬어 보고 부끄러운 연구의 성과를 다시 책으로 내는 것은 그들이 남겨준 지적 유산, 학술 자료를 공유해야 한다는 학자의 기본 소양을 실천하는 것일 뿐이라고 스스로 다독여본다.

이번 책을 내는데도 또 출판 격려부터 시작해 중간중간 글을 읽고 비평을 해주시고 끝까지 살펴주신 분은 유봉학 선생님이시다. 또 1장 원고를 나보다도 꼼꼼히 읽고 샅샅이 문제점을 지적해 주신 김문식 선생님,

이 책의 반이 넘는 도판 자료를 전해주시고 도판뿐 아니라 책도 듬뿍 얹어 주시면서 격려해주신 과천 추사박물관의 허홍범 선생님, 어려운 업계의 사정에 불구하고 다시 한 번 출판을 허락하고 아름다운 책을 만들어 주신 신구문화사 여러분께도 큰 감사를 드린다.

차례

표 목차

도판 목차

서 론

1. 한중일 학술 교류사와 김정희

2. 김정희의 학술 세계에 대한 연구 기준과 방법론

3. 김정희의 학문: 한중일 학술 정보의 유통 및 종합

1. 한중일 학술 교류사와 김정희

소중화(小中華), 동도서기(東道西器), 모노크롬, K-POP. 이 어휘들은 역사상 긴 시간의 간격을 두고 등장했지만 동일한 상황을 배경으로 한다. 외래 문화의 수용과 자기화가 그것이다. 문화가 국내 혹은 국외로 이동하면서 변화·성장하는 과정을 크게 원본 (혹은 원류)와 이에 대한 재가공 (혹은 성숙·심화)로 나누자면 위의 현상들은 후자 쪽에 해당하는 것들이다. 혹 원래의 것, 순수주의, 일차적 창조에 지나치게 가치를 둘 경우 후자의 역할을 담당했던 것에 대해 문화사대주의라는 관념을 떠올리면서 자괴감을 느낄 수도 있고, 내재적 발전론처럼 얼핏 감성적으로는 이 자괴감과 정반대의 것으로 보이지만 사실상 동일한 가치관에서 도출된 논리를 전개할 수도 있다. 이러한 편향된 시각을 극복하고자 하는 노력들도 꾸준히

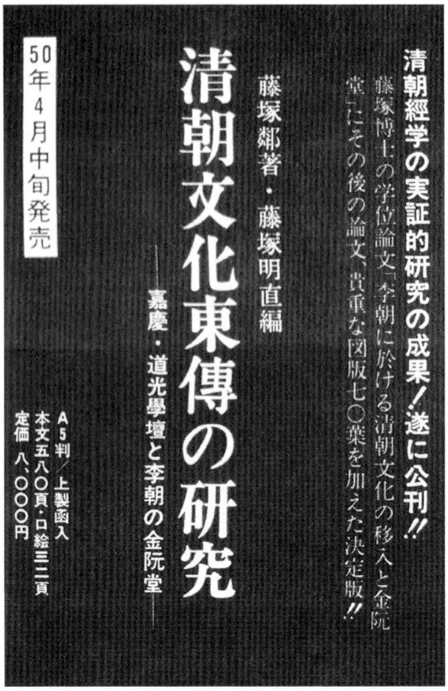

〈도판 1〉〈후지츠카 치카시(藤塚鄰), 『청조 문화 동전의 연구—가경·도광학단과 이조의 김완당』(清朝文化東伝の研究—嘉慶·道光学壇と李朝の金阮堂, 東京; 国書刊行会, 1975)의 광고 전단, 24×17cm(사진은 과천 추사박물관 제공). 이 책의 편집은 아들 후지츠카 아키나오(藤塚明直)가 맡았다.

진행되어 왔다. 문화 사대주의, 내재적 발전론 외에 이들 논의의 기저에서 작동하는 유럽식 근대주의, 민족주의에 대한 직접적인 비판이 지속되는가하면 20세기 이전 동북아시아 문화권 내의 문화 이동을 새로운 시각에서 설명하는 노력도 학계에서 힘을 얻고 있다.[1] 특히 동북아시아 문화권 내 문물의 유통과 학자 간 교류와 관련하여 문화의 중심에서 주변부로의 일방적 전달이 아닌 상호 소통과 협력의 측면을 발굴하는 연구 경향은 내재적 발전론 류의 논의에 대한 대안으로 성장하는 것으로 보인다. 아울러 연행사(燕行使)와[2] 통신사(通信使), 삼국의 문예 및 고증학의 교류, 개별 학자 간의 교류에 대한 연구들이 속속 등장하면서 19세기까지 동북아시아 문화 생태학의 구체적인 면모들이 차차 드러나고 있다.[3]

사실 이러한 논의의 원류에 해당하는 연구서는 후지츠카 치카시(藤塚鄰, 1879~1948)의 『청조 문화의 동전 연구—가경·도광학단과 이조의 김완당』(清朝文化東伝の研究—嘉慶·道光学壇と李朝の金阮堂, 東京; 国書刊行会, 1975)이다.(도판 1) 이를 한국어로 번역한 『추사 김정희 또 다른 얼굴』(1994)은 필자 역시 지금까지 10번은 읽었음직한 연구서로서 18세기

~19세기 한·중·일 문화 교류의 보고(寶庫)라고 할 만하다. 후지츠카는 애초 한·중·일의 문화 교류를 대상으로 1936년에 「이조에 있어서 청조 문화의 이입과 김완당」(李朝に於ける清朝文化の移入と金阮堂)이라는 제목의 박사학위논문을 제출하고 이후 『일선청의 문화 교류』(日鮮清の文化交流, 東京; 中文館書店, 1947) 등 여러 논저를 발표한 바 있다. 『추사 김정희 또 다른 얼굴』은 거의 1차 문헌에 가까울 만큼 한·중·일 학술 교류에 관한 중요 자료들을 방대하게 수집한 연구서이자 2차 문헌 중에선 가장 우선적인 연구서일 것이다. 본서는 『추사 김정희 또 다른 얼굴』을 주요 기초 자료로 삼아 19세기 삼국의 학술 교류 상황을 대표하는 추사(秋史) 김정희(金正喜, 1786~1850)의 학술 세계를 고찰하되 특히 한·중·일 간 학술 정보의 수신자와 발신자 간에 발생한 학문적 내용의 변화를 살펴보는데 주력했다.

본서가 연구 대상 시기로 삼은 1830년대에서 1860년대는 고증학의 영향으로 삼국 간 학술 자료의 교환이 유례없이 활발하게 진행되면서 중국으로부터 중화문화권 지역 전반으로 학술 권역이 확대되었고, 아울러 국지적 규모이지만 삼국을 대표하는 학자들 간에 중국으로부터 한·일로의 일방적인 자료 전달이 아닌 삼국 간 자료의 '상호 유통'과 '학술 공조' 현상이 등장했다. 이로써 중화문화권 학술 자료의 지도가 이전에 비해 그 범위가 확장되면서도 밀도는 높아졌다는 것은 충분히 짐작할 만하다.

이는 동북아시아 학술계에 발생한 의미심장한 변화라고 할만하다. 명대까지 한족(漢族)은 자타 공인하는 중화문화 연구의 절대적 주체였지만 이제 만주족, 해외의 조선과 일본 학자들까지 더해 연구 주체의 권위가 분산되었고 삼국 학자들 간 관계의 수직성은 자료와 의견 교환을 거듭하면서 전보다 완만해졌다. 선행 연구 중 몇몇은 18세기 한·중·일 문화 교류에 대해 삼국 문인 간 수평적 관계를 거론했는데, 학술에 국한해 보자면 18세기에 싹을 틔우고 19세기 중반 무렵 수직성이 급격히 완만해졌으며 이 변화는 당연히 민족 간 국가 간 자존심이나 위계의 차원에서 해석해서는 안되며 다만 학문적 필요성에 따른 결과였다는 판단이 적절할 것이다.

조선이 등장한 15세기 이전까지 한·중·일의 학술 교류 상황, 그리고 동시대 유럽의 학술 교류 상황을 고려해 볼 때 19세기 중반 한·중·일의 학술 교류 성장에 관해서는 학자들 개인을 특히 주목할 필요가 있다. 신라와 고려에서는 중국으로 유학생을 파견하거나 중국 내에 만권당(萬卷堂) 같은 학술 교류의 장소를 설립하는 등 해외 학술 정보 수입을 위한 국가 차원의 제도적 장치가 마련되어 있었다. 송대인들이 고려의 학술 문화의 융성함에 대해 '소중화'(小中華)라는 용어를 써서 지칭하게 된 것도 그러한 국가적 장려책에 힘입은 바 크다고 할 것이다.[4] 그러나 조선의 경우는 사정이 달랐다. 조선시대에 해외의 학술 정보를 얻는 것은 중국 황제가 주변국을 교화시킨다는 목적 아래 주로 성리학 관련 서적들을 하사하거나, 아니면 조선 사신관을 출입하는 책장수, 서반(胥班)이라 불리는 중국의 하급 관리 혹은 조선의 사신들을 노리고 노상에서 책을 거래하는 장사꾼들을 통해 책을 구입하는 경우에 한정되었다. 당연히 청대 학자들과 학술 정보나 견해를 교환하는 것은 거의 불가능했고 또 책을 자유롭게 고를 수 없었으므로 원하는 서적을 구하자면 때로는 우여곡절을 겪어야 하기도 했다.[5]

선행 연구에서는 15세기에서 18세기 유럽 학자들이 자신들의 학술 교류 상황을 '학식 공화국'(Republica literaria)이라고 부른 것을 떠올리면서 18세기 한·중·일의 학술 네트워크를 '문예 공화국'이라고 지칭하기도 하지만[6] 이 시기 삼국의 학술 교류의 여건은 유럽에 비해 상당히 열악했고 양 대륙의 학술 생태계의 원리도 상당히 달랐다. 근대 유럽의 경우는 어쨌건 학자들이 유럽 각 도시를 넘나들면서 학문 활동을 하는 것이 허용되었다. 이미 14세기~15세기 경부터 프라하, 빈, 라이프치히, 포조니 등 유럽 각지의 대학들은 상호 연결망이 있어 다른 여러 지역의 학자들을 끌어들였고 런던, 바르샤바, 함부르크 등의 학자들은 서로 자유롭게 서신을 교환할 수 있었다. 국제적 학문 유통은 기독교 조직에서뿐 아니라 국가적으로도 장려되어 스웨덴의 크리스티나 여왕은 직접 프랑스의 철학자 데카르트를 초빙했고 프로이센 정부와 러시아 정부는 18세기 초에 라이프니츠, 오일러, 베르누이 등 외국 학자들을 수입하여 상트페테르부르크를 지식의 중심지로 건설하기 위해 힘썼다. 국가와 종교조직, 대학과 지식인 개개인의 노력을 통해 근대 유럽에는 "지식의 공화국"이라고 불릴만한 '국제적 지식 공동체'가 형성되어 있었다.[7]

동북아시아 삼국의 경우 15세기 이래 국가적 차원에서 공식적으로 국제적 학술 교류를 장려하는 일은 드물었다. 20세기 이전까지 동북아시아에서는 국가 간 지식의 유통은 고사하고 애초에 월경(越境) 자체가 쉽지 않았다. 월경은 국가의 외교사절단과 공·사 무역에 한정되었고 그나마 정치외교적 상황에 따라 이 두 가지 루트는 늘 열려 있는 것도 아니었다. 심지어 청나라와 에도 막부 간에는 공식 외교가 아예 진행되지 않았다. 학술 교류는 전적으로 학자 개인의 몫이었다. 조선 학자들의 경우 그들은 주로 외교 사행을 활용했다. 조선은 대명(對明) 사행을 제외한 대청(對淸) 사행만 1637년부터 1893년까지 250여 년간 약 500회를 실시하여, 현존하는 명·청 사행(事行) 기록 역시 대략 500종에 육박할 정도로[8] 중국과 접촉이 잦았다. 단 명나라 이래 청나라 역시 18세기 초까지는 조선의 문인들에게 공식적인 외교 의례를 제외하고는 사신관 밖으로 나가는 것조차 허락하지 않았다. 조선의 학자들은 비공식적이거나 때로는 비합법적인 경로를 거쳐 외국의 학술 자료를 입수해야 했는데, 이렇게 들여온 중국 서적의 양은 상당했던 것으로 짐작된다.

중국 쪽의 기록을 보자면 명말 청초 장서가로 이름난 강소서(姜紹書)는 "조선 사람들은 책을 가장 좋아한다. 사신의 입공(入貢)은 50인으로 제한되어 있으나 오래된 책이건 새로 나온 책이건 패관소설까지 자신들에게 없는 것이면 날마다 시장에 나와 각각 책 목록을 베끼고 만나는 사람마다 두루 물어보는데 값이 비싸도 아낌없이 사가지고 갔다. 그래서 조선에 오히려 희귀한 책들이 많다."라고 하였다.[9] 청대 저명한 시인 왕사정(王士禎, 1634~1711)도 유사한 기록을 남겼다.[10] 조선 쪽 기록에 의하면 1558년 연행에 참가했던 숙민공(肅敏公) 유강(兪絳, 1510~1570)은 열정적으로 중국 서적을 수입했고, 그 후손인 유만주(兪晩柱, 1755~1788)에 의하면 유강의 서장고 중 하나인 해양 산방에만 2,874권이 소장되어 있었다고 한다. 이후 17세기 초에 허균(許筠)은 1614년~1615년 사행에서 4,000여 권의 서적을 개인적으로 구매해 왔다.[11] 허균 외에도 한양 근교에는 유명한 장서가 집안이 많았다. 조선 후기의 서화수장가이자 장서가로 유명했던 담헌(湛軒) 이하곤(李夏坤)의 집안, 성호(星湖) 이익(李瀷)의 집안 등은 모두 연행 경험이 있는 관료를 배출하고 장서로 이름났으며 뛰어난 학자를 배출했다는 공통점을 지닌다.[12] 김정희 역시 현존하는 그의 장서 목록만 보더라도 대략 546종(種)의 중국 도서를 수장했었다.[13]

본서 1장 서두에서 자세히 서술하겠지만 18세기 후반이 되면 조선 사신들은 유리창(琉璃廠) 서점가에 직접 나아가 자유롭게 서적을 선택·구매하고 청의 학자들과 개인적으로 교류하여 학술 정보를 얻을 수 있게 되었다. 이들은 연경에서 직접 대면하면서 교류하기도 했지만, 직접 만나지 못하고 심지어는 평생 얼굴도 모른 채 서신으로 학술 교류를 하는 경우도 적지 않았다. 이에 직접 몸은 만나지 못하나 정신적으로 교류한다는 '신교'(神交)라는 어휘가 문헌들 속에 빈번하게 등장하기도 했다. 조선 사신들이 이 두 가지 학술 정보의 유통 경로를 얻은 것은 각각 강희제 말년부터 조선 사신들의 사신관 밖으로의 유관(遊觀)이 점차 허용된 것, 그리고 건륭제 치세에 국가주도 학술사업인『사고전서』(四庫全書)가 편찬되면서 북경에 석학들이 운집하고 유리창이 번창하게 된 것, 이 두 계기가 있어 가능했다. 게다가 재임기간 동안 항상적이지는 않았지만 국내적으로도 18세기 후반 정조(正祖)가 연경에서 서적을 구입하도록 한 것 역시 조·청 학술 교류의 전환점을 만드는 중요한 계기였음이 분명하다. 이제 18세기 후반 이래 한·중·일의 학술 정보는 학자들 개인의 노력에 의해 시장이나 학자 간의 사적 교류를 따라 이전과 비교할 수 없이 활발하게 유통되기 시작했다. 이 시기는 삼국 학술 정보 유통사에서 획을 그은 시기였으며 바로 이 책의 서술이 시작되는 곳이기도 하다.

그리고 이 시기 학술 자료 유통의 의미있는 변화들은 삼국의 학술계의 동향에 대한 지식, 특정 자료의 가치를 알아보는 안목, 자료 유통의 경로를 확보한 학자들이 만들어낸 것으로서 그 성과는 매우 놀랍기도 하면서 한편으로 험한 역경에도 굴하지 않고 지속된 삼국의 학술 교류의 긴 역사 속에서 예상치 못할 것도 아니다. 조선에서 이 세 조건을 고루 탁월하게 갖춘 최고의 학자는 당연히 본서의 큰 흐름을 이끄는 추사 김정희일 것이다. 그는 조선에서 누구보다 청의 학술계의 상황을 잘 알고 최신의 그리고 최다의 고급 정보를 갖추었던 바 18세기 후반 이래 변화한 삼국 학술 정보 유통 체제의 상징적 존재라고 할만하다. 이것이 19세기 중반 한·

중·일의 학술 교류 상황과 관련해 김정희의 학문 세계를 연구할 첫 번째 이유이다.

그는 일생 동안 단 한 번 연경을 방문할 수 있었다. 그는 25세 때 생부 김노경(金魯敬)이 동지사(冬至使) 겸 사은사(謝恩使)의 부사(副使)로서 연행할 때 자제군관(子弟軍官) 자격으로 연경을 방문했다. 40여 일 남짓한 체류기간 동안 그는 융성한 중국의 귀중본들과 당시 청대 학계의 대표적인 학술 성과를 목도하고 경학 연구에 대한 자극을 받았을 것으로 짐작된다. 귀국 이후 그는 다시는 중국을 갈 수 없었지만 청나라로 파견되는 외교사절단과의 개인적인 친분을 이용해 수십 년 동안 청의 학자들과 편지를 주고받고 서적을 구입하여 청대 최고의 학술 성과, 최신의 학술 성과를 입수하고 또 그들에게 조선의 학술 정보를 전달할 수 있었다. 나아가 그는 중국 자료의 섭렵과 충분한 이해를 거듭 강조하고 청의 '방대한 학술 성과에 대한 절충'을 자신의 학문적 목표로 내걸었다. 그의 학문적 목표는 19세기 중반 삼국 학술 교류가 단지 자료의 교환을 넘어 학문적 재생산, 심화와 응용을 포함하게 하는 것으로서 당시 학술 교류의 상황과 관련하여 그의 학문 세계가 갖는 두 번째 연구 의의가 된다.

한편 일본 학술 자료의 조선과 청으로의 유통은 조·청 간 학술 자료 유통에 비해 훨씬 더 어려운 측면이 있었다. 통신사행단(通信使行團)이 한양을 출발해 에도(江戶)에 도착하자면 평균 7~10일이 소요되는 목숨을 건 바닷길을 포함해 통해 5~6개월을 여행해야 했다. 설상가상 조선 문인들은 일본의 학술 자료에 별 다른 흥미를 느끼지 못했던 것 같다. 현존하는 통신사행록, 한·일 문인 간의 필담집(筆談集) 등을 살펴보면 조선 사신들이 일본의 학술 자료를 얻으려는 노력을 기울인 흔적은 찾기 어렵고, 그나마 입수한 몇몇 서적은 국내 유통 상황에 대한 기록이 변변치 않다.

1811년 통신사 일원인 김선신(金善臣), 이현상(李顯相)은 일본의 고증학풍, 즉 고학(古學) 연구자였던 미야케 키츠엔(三宅橘園)이 조선의 고증학풍에 대해 물어왔을 때에도 주자학의 존재만을 알리고 고증학에 대해서는 언급하지 않았다. 1811년이면 정조대 이래 활동하던 정약용(丁若鏞), 성해응(成海應), 신작(申綽) 등이 한·송 절충의 원칙 아래 고증학을 한창 성숙시켜가던 즈음이다. 한·중·일 학술 교류에서 외교 사행단의 역할이 절대적이었고 게다가 일본 학자들이 교류 의지가 있었는데도 불구하고 조선 사신단의 소극적 자세로 말미암아 삼국의 고증학풍에 관한 인적 순환 고리가 완성되지 못했다는 것은 동북아시아 학술 교류사에서 매우 아쉬운 대목이다. 청·일 간 학술 자료 유통은 상선(商船)을 통해 비교적 활발하게 진행되었으나 학문적으로 높은 안목을 가지고 희귀한 고급 자료를 알아보고 전달해 줄 수 있는 학자가 부재하다는 큰 한계를 지니기도 했다. 중국과 일본이 공식적 외교 관계를 단절한 16세기 말부터 조선에게는 무역에서뿐만 아니라 학문적으로도 중개의 역할이 주어졌으나 후자의 직분을 실천한 자취는 본서 2장과 3장에서 다루는 것처럼 19세기 중반에 등장한다. 김정희를 위시한 조선의 학자들은 일본의 학술 자료를 청의 학자들에게 전달했는데, 소규모였지만 일본 학술 자료에 관한 한·중·일 간 인적 순환 경로를 형성한 바 동북아시아 학술 정보 교류사에서 매우 의미심장한 국면을 만들어낸 것이라고 하겠다.

2. 김정희의 학술 세계에 대한 연구 기준과 방법론

이제 김정희의 학문 세계로 논의를 좁혀보자. 앞서 논의한 19세기 한·중·일 문화 교류에 대한 몇몇 연구 관점들, 즉 내재적 발전론, 문화적 사대주의, 유럽식 근대주의의 관념을 경계해야 한다는 점은 당연히 김정희의 학문 세계에 접근할 때도 유효하다. 이는 그의 학문을 이해·평가할 적절한 크기의 외연을 마련하고 아울러 그의 학문 세계 내부의 가치 있는 지점들을 짚는 독법(讀法), 김정희 개인을 연구하는데 필요한 기준점들을 마련하는 것과 관련 있다.

중화문화의 수원지인 중국의 위상은 19세기 전반 조금씩 진동을 느끼기 시작했다. 이미 16세기부터 유럽의 예수회 선교사들은 천체에 대한 중국의 전통적 관념을 조금씩 바꾸어 갔고, 18세기 말이 되면 영국과 프랑스가 아편 수출과 같은 비윤리적인 통상행위나 무력의 동원을 통해 강압적으로 중국에 진출하기 시작했다. 조선에서도 이미 정약용(丁若鏞)·최한기(崔漢綺)와 같은 학자들은 서양의 종교·과학기술에 관심을 기울이고 자신들의 세계관을 조정해나가기 시작했다. 정약용은 천(天)의 의미를 주자학의 비의지적 리(理)에서 의지적 상제(上帝)로 전환하는가 하면 최한기는 서양의 천문학, 물리학, 지리학, 의학을 흡수해 여전히 기일원론(氣一元論)적 세계관을 유지하면서도 자연에 대한 전통적 설명방식을 바꾸어 냈다. 반면 동시대 김정희는 여전히 중화문화권의 학자로서 행보를 이어나갔다. 그 역시 유럽의 천문학, 산학(算學)을 접했지만 현존하는 문헌들을 통해 판단하건대 그의 유럽 학문에 대한 지식은 중국에 의해 소화된 것에 한정되었다. 그의 학자로서의 목표는 중화문화권의 최고의 학술 수준에 오르는 것이었다고 짐작된다. 따라서 유럽 문화의 수용 여부를 그의 학문 세계를 이해할 기준으로 설정하고 주목하는 순간, 그가 의도하고 성취해 간 자취들은 상관성을 잃고 흩어지게 될 것이다.

다시 중화문화권 내에서 그의 학술 세계를 이해한다고 해도 중국 학술의 수용 자체를 현재가 아닌 19세기의 상황 속에서 이해하려는 노력이 또 필요하다. 중국 학술의 수용을 문화적 주종관계의 실현으로 성급히 결론짓기 전에 19세기 중화문화권 내의 문화적 질서, 즉 중화문화가 곧 보편문화였던 상황 속에서 조선의 학자에게 가능한 지적 활동의 범위를 상기하면서 그가 남긴 언질들을 되짚고 이 언질들이 지시하는 바 19세기 중반 학술계에서 국지적으로 발생한 중화문화 질서의 변화를 읽어내는 것이 이 책의 목표이다.

김정희의 학술 세계에 대한 유의미한 연구 방법론은 김정희의 『완당선생전집』(阮堂先生全集)의 편집 체제와 관련이 있다. 『완당선생전집』을 읽을 때 유의해야 할 점은 완결된 이론 체계를 분석하는 연구 방식이 이 저술에 대해서는 그다지 유효하지 않다는 점이다. 독서법은 책에 따라 달라질 필요가 있다. 연구 문헌이 체계적인 이론을 담고 있으면 그 체계를 따라가면 되지만 『완당선생전집』처럼 단편적 지식들이 산재할 경우에는 귀납적으로 이론을 추론해야 한다. 심지어 『완당선생전집』은 분야에 따라 결과를 읽어내고 싶어도 방법론이나 지향만을 내놓기도 한다. 책마다 다른 가치를 드러내는 것이 연구자의 중요한 임무일 것이다. 단편적인 조각들이 펼쳐진 망망대해 같은 지적인 범위, 그리고 그 정보들에 관해 김정희가 짤막하게 제시한 판단들, 연구 방법론과 방향을 얻자면 체계적인 이론에 대해서보다 단편적 자료 하나하나에 대한 면밀한 검토가 일종의 정지(整地)작업으로서 더욱 요구된다. 본서가 선행 연구에 비해 특히 공들인 부분이다. 그리고 그 단편적 자료를 검토할 때는 저자인 김정희뿐 아니라 김정희가 수용한 청대 학자들의 견해, 연구 방법과 내용도 함께 검토해야 한다.

김정희가 옹방강, 완원과 학문적으로 교류했다는 것은 이제 상식적인 이야기가 되어버렸지만 이 삼자의 학문적 '관계'에 대해서는 별 다른 논의가 없었다. 세 학자를 모두 한송절충론자라고 부를 때 한송절충론이 이들의 관계를 설명하기에 충분한지, 의리와 고증에 대해 세 사람의 입장은 무엇이 같고 무엇이 다른지 구체적으로 논의할 필요가 있으며, 나아가 김정희가 청대 학술을 수용하는데 조력한 다른 청대 학자들의 역할과 비교 검토해볼 필요가 있다. 김정희에게 모화주의자, 조선 후기 진경문화를 쇠퇴하게 만든 중화주의자라는 수식어가 쉽게 떨어지지 않은 것도, 기실 문화의 이동에 대한 연구자의 편향된 가치관뿐 아니라 청으로부터 조선으로의 학술 정보 이동의 전후를 비교하면서 각 세부 연구 분야별로 청대 학술 성과에 대한 김정희의 입장들을 살펴보고, 세부 연구 분야별 김정희의 입장들을 종합하는 섬세한 연구가 부재한 탓도 크다.

보다 구체적으로 한대 이래 주소(注疏)를 통해 선진(先秦) 시기 고전 텍스트를 재구성하는 방법론의 문제, 『상서』 내 의리, 『주역』의 4대 성인 저작설 등에 대해 건가년간 고증학계가 제시한 주요 논쟁점을 중심으로 김정희의 청대 학계에 대한 수용 태도를 살펴볼 필요가 있다. 뿐만 아니라 김정희가 일본의 경학의 유파들, 주자학뿐 아니라 고학(古學)을 높이 평가하고 한·중·일 삼국의 고증학 판도를 조망했을 뿐만 아니라 고학자들이 편찬한 일본 소재(所在) 희귀 한적(漢籍)에 대한 최신의 정보를 조선에서는 거의 유일하게 알고 있었다는 점, 그리고 그가 일본에 소재하는 일본 금석학 자료와 중국 금석학 자료의 학문적 가치를 알아보고 청에 전달한 상황의 전모는 아직 관심을 받지 못했다. 이 책은 이러한 선행 연구가 남긴 연구 과제를 수행해 보고자 한다. 그 구체적 내용은 아래와 같다.

3. 김정희의 학문: 한중일 학술 정보의 종합 및 유통

김정희의 학문 세계에 접근할 때 가장 일차적인 문제는 『완당선생전집』 안에서 김정희의 글과 다른 사람들의 글을 구분해내는 것이다. 현 편집본 『완당선생전집』은 남병길(南秉吉), 민규호(閔奎鎬)가 1867년, 1868년 2차에 걸쳐 김정희의 유문들을 모아 편집한 뒤 1834년 김정희의 후손 김익환(金翊煥)이 홍명희(洪命熹)에게 의뢰해 다시 산정하고 간행한 것이다.(도판 2) 알려진 대로 『완당선생전집』에는 김정희의 저작이 아닌 글들, 대부분 김정희가 초록(抄錄)해 놓은 청대 학술 정보들이 찬입(竄入)되어 있다. 본서는 그 청대 학자들의 학술 성과를 다시 원저자에게 돌려놓고 김정희의 지적 지도를 다시 조망해 보았다.

현존 자료에 의하면 김정희가 30세 되던 즈음 옹방강(翁方綱)은 서신을 통해 학문을 지도했다. 그는 옹방강의 안내 아래 한대(漢代) 경학을 중심으로 한 주소(注疏) 연구에 눈뜬 것으로 짐작된다. 그런데 그는 옹방강의 텍스트 중심주의적 연구 방법론의 신중함과 성실함을 존중하면서도 옹방강의 경학 연구 이념과 방법론을 모두 받아들이지는 않았다. 그는 옹방강과 달리 주자학의 의리, 선험적인 인(仁)의 존재론을 신뢰하지 않았고 오히려 대진(戴震) 이래 완원(阮元), 능정감(凌廷堪) 등 양주학파가 말하는바

〈도판 2〉 김정희 저, 김익환(金翊煥) 편, 홍명희(洪命熹) 교정, 『완당선생전집』(阮堂先生全集), 27.6×17cm, 1934. 『완당선생전집』은 이전에 출판된 『담연재시고』(覃揅齋詩藁), 『완당척독』(阮堂尺牘), 『완당집』(阮堂集)을 교정하고, 추가 발견된 김정희의 글도 수록하여 1934년 5월에 10권 5책으로 출판되었다.

인욕을 절제하는 실천으로서의 인(仁)을 주목했다.

이렇게 새로운 의리론에 관심을 갖는 것은 그가 성리학적 수양론이 근거하는 가장 오래되고 가장 권위 있는 명제, "인심은 위태롭고 도심은 희미하다. 오직 정묘하고 한결같이 하며 진실되게 중을 잡으라."는 『상서』의 구절이 위조라는 논의를 전격 수용하고, 이 명제를 형이상학적으로 연역시킨 주자학적 의리론에 별다른 흥미가 없다고 밝힌 것과 연결된다. 역학 연구에서도 그의 태도는 비슷하다. 그는 『주역』이 4대 성인, 즉 복희(伏羲), 주공(周公), 문왕(文王), 공자(孔子)에 의해 저술되었다는 설도 신뢰하지 않았다. 이처럼 청대 고증학은 성리학적 의리론이 기초하는 신화적 또는 형이상학적 권위를 고증을 통해 뒤흔들었고, 김정희는 조선에서는 보기 드물게 청대 학풍의 개혁적 면모를 전격적으로 수용했다.

10년 후인 1830년 즈음에 이장욱과 주고받은 편지들에서 그가 청대 학술 성과를 얼마나 열렬히 수입하고 연구하기에 힘썼는지를 알 수 있다면, 다시 10년 후인 1840년 즈음에 왕희손과 주고받은 편지에서는 연구에 매진한 결과 당시 청대 학계 각 분야의 최고의 학술 성과들을 두루 비평할 수 있는 정보의 범위·깊이·판단력을 갖추었다는 것을 보여준다. 김정희는 이들과 주고받은 서간문에서 청대 경학의 성과들을 '종합·절충'하겠다는 의지를 지속적으로 표명했고 또 그 학문적 목표에 걸맞은 몇몇 작은 성과도 남겼다.

우선 청대 학술에 대해 그가 갖춘 정보의 범위·깊이를 보여줄 수 있는 것이 『완당선생전집』 내 김정희의 것으로 오인된 바 그가 초록(抄錄)해 놓은 청대 학술 자료들이다. 본서에서는 그간 밝혀지지 않았던 총 26종의 중국 학술 자료를 1장의 곳곳에서 제시했다. 「한유가법설」(漢儒家法說)과 같은 경전 연구 방법론에 대한 자료로부터 예학, 역학 자료는 물론 서광계(徐光啓)가 찬한 『신법산서』(新法算書)와 같은 천문학 서적에 이르는 방대한 영역의 청대 학술 자료가 대부분이다.

우리가 이 자료들을 읽고 연구할 때는 상당한 제약이 따른다. 우선 김정희의 초록 연대를 알 수 없어 그의 경학 연구의 연대기를 작성하는데는 별 도움이 되지 않는다. 또한 김정희의 연구 범위의 전부가 아닌 부분들을 알려줄 뿐이다. 분명 시간차를 두고 입수되었을 것이며 또 그가 초록한 연구서를 다 읽었는지 초록한 부분만 읽었는지도 알 수 없다. 양주학파의 성과에 대한 기록만 있다고 하여 상주파의 성과를 선호하지 않았다고 할 수 없고, 춘추학에 대한 자료가 없다고 하여 그가 춘추학에 관심이 없었다고 판단할 수는 없다. 이 자료들은 그의 연구에 대한 전체가 아닌 특정한 부분들을 제시한다.

이 단편적 자료들이 김정희의 학문을 연구하는 데 대해 갖는 가치는, 몇몇 자료의 내용에 김정희가 관심을 가졌다는 점 자체가 그의 경학 연구의 성격을 특정할 수 있는 중요한 단서가 될 경우로 한정된다. 예컨대 몇몇 초록 자료와 편지글들을 통해 김정희가 그토록 열망하던 『황청경해』를 받고 그 안에 수록된 바 여러 청대 학자들이 한대 경학을 연구한 내용과 방법론을 탐색하고 그 편집 취지를 기록한 완원의 찬문을 꼼꼼히 들여다봤다는 점, 옹방강과 학문적으로 입장이 달랐던 양주학파의 예학 저술들을 학습하고, 역학에서는 의리와 상수 양 분야를 모두 검토했다는 것 등이 확인된다. 그리고 십삼경 전 영역에 대한 연구뿐 아니라 금석학·음운학·천문학과 산학·지리 등을 연구했다는 것도 이 자료들을 통해 확인할 수 있다. 이 자료들의 가치는 또한 자료 외적으로도 확산되니, 김정희가 제시한 소정의 학문적 성과는 이러한 청대 학술 자료와의 관계 속에서만 제대로 이해될 수 있다. 그는 금석학 방면에서는 한국의 금석학을 연구하여 『해동비고』(海東碑攷), 『예당금석과안록』(禮堂金石過眼錄)을 남겼고 음운학에서는 「성운변」(聲均辨)을, 상서 금고문 논쟁에 관해서는 「상서금고문변」(尙書今古文辨)과 같은 단편적인 저작들을 남겼다. 이들 저작들은 각 학문 영역에서 기존에 청대 학자들이 축적한 학문 방법론과 성과를 종합·절충한 것들인데 「상서금고문변」이 기존의 논쟁을 부분적으로 심화한 것이라면, 『해동비고』, 『예당금석과안록』, 「성운변」은 조선의 학문으로 응용·재생산한 결과물들이다. 여기까지가 본서 1장의 내용이다.

이들 연구물들을 면밀히 검토해 보면 김정희는 청의 학자들이 중화문화의 중심에 서서 자신에게 일방적으로 학문을 전달하는 자리에 있다고 보지 않았다는 것을 알 수 있다. 그는 청의 학자들과 더불어 동일한 학계의 일원으로서 이들 선학의 학문으로부터 수혜를 입은 후학이니만큼 당연히 더 종합적이고 성숙한 학문 세계로 나아가야 한다는 목표 아래 일정한 기준을 가지고 이들 성과들을 절충한다는[必有所以定針而折中者] 연구 목표를 가지고 있었다. 이는 한국에서 활동하는 경제학자가 미국 경제학자들이 출간한 논저들을 공부하여 새로운 성과를 제시하는 것과 크게 다를 바가 없다. 단지 동일한 학문 영역의 선후배 학자의 관계일 뿐이다. 기록이 남아 있지 않아 신라시대의 최치원 등 당에 유학 가서 관료를 지낸 학자들이나 고려시대 만권당의 학자들이 중국의 문인들과 학술적인 관계를 어떠한 태도로 진행했는지 알 수 없지만, 19세기 중반 김정희는 중화 학술의 수원지로부터 학술 정보를 적극적으로 수입하되 청이 건국되고 나서 이미 중화문화의 담지자의 권력이 한족으로부터 만주족, 조선인에게로 분배된 바, 조·청 양국 학자가 공유해 온 역사적 경험의 도움을 받아 이전보다 더 당당하게 중화 학계를 섭렵해 나갔던 것을 확인할 수 있다.

2장에서는 고증학의 삼국 유통을 김정희를 중심으로 고찰했다. 김정희는 일본에서도 청과 조선만큼 고증학풍 즉 고학(古學)이라 불리던 학풍이 크게 자리잡아 주자학, 양명학과 정립(鼎立)했다는 것을 주목했고 무엇보다 중국에서는 이미 오래전에 사라졌지만 일본에서 1000년 이상 보존된 중국의 학술서들의 존재 가치를 눈여겨보았다. 김정희 외에도 정약용, 이규경 등이 일본 고학의 존재를 알고 있었으나 여타 분야에서도 그렇듯 최신의 학술 정보, 예컨대 위에서 언급한 일본 소재(所在) 중국 희귀문헌들을 간행한 『일존총서』(佚存叢書)의 존재는 아마도 그만 알고 있었던 듯하다.

〈도판 3〉〈동경제대 연구실 서재에서 후지츠카 치카시와 그의 아들 후지츠카 아키나오〉, 10.4×7.4cm, 사진 인화본, 1936년, 과천 추사박물관 소장.

3장에서는 한·중·일 금석학 자료의 유통을 고찰했다. 김정희와 그 주변의 조선 문인들은 조선과 일본의 금석학 자료를 청에 전달해 청의 학자들의 연구를 도왔다. 조선의 금석학 자료는 그뿐 아니라 아우 김명희, 조인영(趙寅永), 홍현주(洪顯周), 조병구(趙秉龜) 등을 통해 청에 전달되어 유희해의 『해동금석원』(海東金石苑), 옹수곤(翁樹崑)의 『해동문헌』(海東文獻), 섭지선(葉志詵)의 『고려비전문』(高麗碑全文)과 같은 학술 성과로 전환되었다. 그중 『해동문헌』은 다시 조선으로 유입되어 조선의 학자들의 금석학 연구의 토대가 된 경우에 속한다. 일본의 금석학 자료들의 경우 고전(古錢)이나 중세 비석의 탁본은 시장에서 쉽게 찾을 수 없고 소수의 학자들만 감상했던 고급의 정보에 속했다. 조선 통신사단은 이 자료들을 1763년~1764년 사이에 일본으로부터 개인적으로 선물받았지만 그 사료적 가치는 오랫동안 방치되었다가 1830년에야 김정희와 조병구에 의해 주목되고 청의 학자들에게 선사되었다. 이후 이 자료들은 옹방강 혹은 아들 옹수곤의 『해동영기』, 유희해의 『해동금석원』, 반존(潘存)과 양수경(楊守敬)의 『해법소원』(楷法溯源) 등에 반영되었다. 이렇게 한·

중·일의 학술 정보는 삼국 간에 유통되면서 일정한 학술 성과물로 재생산되어 갔다.

4장에서는 김정희 이후 조·청 교류의 변화를 살펴보았다. 박제가 등이 쌓은 청대 학자들과의 인맥이 김정희에게 전달되어 학문 교류의 꽃을 피웠다면 다시 그 다음 세대 이상적(李尙迪)에 이르면 그 인맥은 계층적으로 확산된다. 김정희가 주로 청대 상급 관료·일급의 학자들과 교류했다면 이상적은 주로 청의 하층 신사(紳士) 집단과 교류하면서 경학 외 고증학 그리고 문학 방면으로 그 교류의 분야를 넓혔다. 뿐만 아니라 그는 청의 문인들과 시사 활동을 함께하면서 공동 사집(詞集)을 함께 출간하고 양국에 유통시켰다. 이상적이 청의 문인들에게 유례없이 환대를 받은데에는 그 하층 신사들의 사회적 신분 상승의 욕구, 이를 충족시키기 위한 학문적 문화적 교류의 필요성이 맞물리는 상황이 또 하나의 조·청 교류의 계기로 작용했다고 할 것이다.

본서는 이상과 같은 내용을 통해 김정희와 청의 학자들, 그리고 일본의 학자들이 19세기 중반 무렵 중화문화의 정비와 재생산을 위해 서로 학술 정보를 교환하고 의견을 제시하는 학문 공조를 진행한 자취를 살펴보았다. 공공의 지식망이 제도화되지 않던 시대에 개인의 노력으로 지식의 유통 경로를 건설하고 확대하던 150여 년 전의 그 학자들, 그리고 그 자취를 처음 현대 연구자들에게 소개하여 후학들에게 큰 학문적 영감을 준 후지츠카 치카시, 그의 아들 후지츠카 아키나오(藤塚明直, 1921~2006)에게 이 책이 재구성한 '19세기 중반 동북아시아 지성의 흐름과 학술 정보 유통의 지형도'를 바친다. (도판 3)

1장
김정희와 청대 고증학

1. 18세기 한중 학술 교류: 전환의 시대

2. 김정희의 연행과 학술 교류의 성과(1809~1810)

3. 옹방강의 학술 지도(1815~1817)

4. 청대 학술의 종합과 절충(1827~1838)

1. 18세기 한중 학술 교류: 전환의 시대

한국과 중국의 학술 교류는 문헌상 중국 수(隋)·당(唐) 시기부터 주목할 만한 기록이 보이기 시작한다. 잘 알려져 있다시피 신라(新羅)는 선덕여왕 이래 견당유학생(遣唐留學生)을 보내 당의 국자감(國子監)에서 수학하도록 했다. 이에 김운경(金雲卿) 등 100명에 가까운 신라·발해의 문인들이 당·오대의 과거에 급제했고, 최치원(崔致遠), 김가기(金可紀), 최승우(崔承祐), 박인범(朴仁範), 김악(金渥) 등이 시문과 경학으로 중국에 이름을 알렸던 인물로 꼽힌다. 이후 고려(高麗) 말에 이색(李穡)을 위시한 몇몇 문인들도 원(元)의 과거에 합격해 관료를 지냈고 만권당(萬卷堂)에서 원의 문인들과 학술·서화를 교류하기도 했다. 고려 말까지 양국 학술 교류의 구체적인 내용들은 기록으로 남아 있지 않다. 조선(朝鮮)이 건국된 이후로도 명(明)과 조선 양국의 문인 교류는 외교수행에서 시문을 주고받은 자취인 『황화집』(皇華集)을 제외하면 볼 만한 것이 드물다.[1] 학술 교류도 중국에서 공식적으로 자료를 하사받는 정도였으니[2] 교류라기보다는 일방적인 자료 전달이라고 해야 할 것이며, 이 같은 상황은 청의 건국 이후에도 크게 달라지지 않았던 것으로 보인다.

그러다가 18세기에 들어서면 중국과 조선의 문인 교류는 두 가지 커다란 전환의 계기를 맞이한다. 문금(門禁)의 완화와 『사고전서』(四庫全書)의 편찬이 그것이다. 강희(康熙, 재위: 1654~1722) 말년부터 문금이 완화되기 시작하면서 양국 문인들에게는 공적 교류를 넘는 사적 교류의 기회가 열린 것이다. 1832년 서장관의 자격으로 연행했던 김경선(金景善)은 강희제 때부터 사신들에게 유관(遊觀)을 약간 허용하기 시작하여 당시에는 유관에 구애받는 일이 없어졌다고 기록한 바 있다.[3] 이후 1773년 『사고전서』(四庫全書) 편찬이 시작되자 편찬 작업을 위해 전국에서 수많은 석학들이 북경에 운집했고 사행차 연경에 도착한 조선의 문인들은 당대 최고의 학자들과 교류할 수 있었다. 본서는 19세기 전반 김정희 등 조선의 학자들이 이 두 계기를 통해 조성된 학술 정보와 인맥을 기반으로 청의 학자들과 상호 학술 협력을 진행했다는 점을 주목한다. 이하에서는 18세기 지식의 사적 유통 경로의 활성화 과정을 두 계기가 마련한 학술 교류의 새로운 변화들을 통해 살펴본다.

18세기 후반이 되면 청과 조선의 학술 자료의 유통 경로에는 큰 변화가 발생했다. 문금의 완화를 계기로 조선인들은 개인적으로 서점에서 책을 구입할 수 있게 된 것이다.(도판 4) 청의 학술 정보와 자료에 대한 사적 유통 경로의 확보가 갖는 위력은 18세기 이후 조선이 청으로부터 들여온 서적 목록에서 드러난다. 조선 사행단이 1713년에는 『패문운부』(佩文韻府: 1711刊)를, 1723년에는 『주자전서』(朱子全書: 1714刊), 1729년에는 『강

〈도판 4〉 전 김홍도, 〈연행도〉(燕行圖) 14폭 중 제13폭 〈유리창〉(琉璃廠), 35.4×45.3cm, 지본채색, 숭실대학교 한국기독교박물관 소장. 유리창은 북경의 대표적인 서점가로서 조선 사행단은 이곳에서 수많은 서적을 수입해왔다. 유리창을 묘사한 이 작품은 〈연행도〉의 다른 폭 내 그려진 건물의 1784년 건축완공 시점, 그리고 김홍도가 1790년에 제작한 다른 작품의 양식, 김홍도의 1789년 연행 참가 사실 등을 근거로 김홍도가 1790년 혹은 직후에 제작한 것으로 추정된다.

희자전』(康熙字典: 1716刊)과 『성리정의』(性理精義: 1715刊) 등을 하사받아 왔다면, 1769년에는 『수리정온』(數理精蘊: 1722刊)과 『역상고성후편』(曆象考成後編: 1736刊) 등 약 500여 권이나 되는 천문·역학 서적을 한 번에 구입해 들여왔다. 모두 학문 연구에 필수적인 공구서(工具書)이자 황제의 명으로 제작된 문헌들이다.

무엇보다 큰 성과는 물론 『고금도서집성』(古今圖書集成)과 『통지당경해』(通志堂經解)의 수입이다. 서호수(徐浩修)와 유금(柳琴) 등은 1777년에 『고금도서집성』을 구입했고, 그 다음 해에는 박제가(朴齊家) 등이 서건학(徐乾學)·납란성덕(納蘭成德)이 편집·교간한 『통지당경해』 전질 1,800권을 수입했다.

『고금도서집성』은 『문헌회편』(文獻匯編)이라고 불리기도 하는데, 강희제의 명으로 편찬된 총 10,000권, 목차만 40권에 달하는 거질의 유서류(類書類) 총서로서 그 내용은 명대까지 출간된 천문, 지리, 인륜(人倫), 경제(經濟), 예술 등 여러 기술 분야의 학술서들을 포괄한다. 『고금도서집성』은 명대 『영락대전』(永樂大典) 그리고 건륭제 때 간행된 『사고전서』와 더불어 중국 3대 흠정서로 꼽히기도 한다.

한편 『통지당경해』는 청대 최초로 선진(先秦)부터 명대까지 유가 경전 138종을 주해한 총서인데 거의 송·원대 저술로 구성되어 있다. 이는 강희제가 유가 특히 주자학을 통치 이념으로 삼은 점과 무관하지 않을 것이다. 『통지당경해』는 건륭제가 육경을 빛내주는 저술들을 풍부하게 모았다고 칭송한 만큼 이후 『사고전서』의 저본이 되었다. 그런데 이상과 같은 중요 청대 학술 성과가 출현하고도 한동안 조선은 이에 무지했었다. 『고금도서집성』과 『통지당경해』는 인각이 완성된 후 각각 50년과 90년 가까이 지나서야 조선에 수입된 것이다. 조선은 문금의 완화를 계기로 뒤늦게나마 두 종의 전서를 수입하여 명대까지 중국 유학을 포함한 유서류 지식의 보고를 확보한 것이다.

청으로부터 대부분 국가 차원에서 주도한 대형 총서를 수입하던 도중에 청과 조선 양국 문인들의 개인적 교류도 시작되었다. 양국 문인 간 개인적 교류는 학술 교류사의 측면에서 매우 중요한 의미를 갖는다. 조선의 문인

〈도판 5〉 〈홍대용 초상〉, 주문조 모(模), 국사편찬위원회 소장본(큰 그림)과 나이지 모(模), 베이징대 소장본(작은 그림). 〈홍대용 초상〉 원본은 청나라 문인 엄성(嚴誠, 1732~1767)이 1766년 2월에 그린 것으로서 엄성의 사후 편집된 『일하제금집』(日下提襟集)에 실렸다고 하나* 현재 소실되었고 현재 그 모사본 6종만 남아 있다. 박현규에 의하면 큰 그림은 엄성의 친구인 주문조(朱文藻, 1735~1806)가 1770년에 엄성의 문집을 교정 · 재출판한 『철교전집』(鐵橋全集)에 원본을 모사해 넣은 것이며, 작은 그림은 주문조가 1767년에 제작한 또 다른 모사본(소실)을 다시 1850년 나이지(羅以智)가 모사한 것으로 현재 베이징대에 소장되어 있다(박현규, 「담헌(湛軒) 홍대용(洪大容) 화상(畵像)의 종류와 정본 선정에 관한 고찰」, 2017 참조).

* 『일하제금합집』은 주문조가 엄성의 부탁으로 조선 연행사와 엄성, 육비, 반정균의 창화시와 척독, 엄성이 그린 6명의 조선 문인 초상화를 편집한 문헌이다.

들은 이로써 중국 학계의 상황을 실시간으로 전달받고 최신의 학술 정보를 얻고 이에 대해 토론할 기회를 가질 수 있으며 무엇보다 관찬 학술서로부터 개인 학술서로 그 지적인 범위를 훨씬 용이하게 확장할 수 있다는 것을 의미하기 때문이다.

양국 문인 간 개인적 교류와 관련해서는 홍대용(洪大容, 1731~1783)이 가장 먼저 언급되어야 할 것이다. 그의 『담헌연기』(湛軒燕記)는 이전 사행록에 비해 학술 교류 성과가 눈에 띄게 풍부하다. 그는 1765년 연행(燕行)에서 엄성(嚴誠, 1733~?), 반정균(潘庭筠), 육비(陸飛) 등의 학자와 개인적으로 만날 수 있었다.(도판 5) 그는 이들과 『대학』(大學) 「수장」(首章)에 대한 주희 집주(集註)를 비판적으로 논의하는가 하면 서건학이 편찬한 『독례통고』(讀禮通攷)에 대한 속집 간행여부와 같은 청대 학술 서적의 출판 상황

〈도판 6〉 나빙(羅聘), 〈박제가 초상〉, 10.4×12.2cm, 1790년 5월 27일 작, 과천 추사박물관 소장. 원본은 후지츠카 치카시가 소장하고 있다가 소실되었고 현재는 사진만 남아 있다. 나빙은 '양주팔괴'의 일원으로서 독특한 화풍의 작품들을 제작한 청대 중기 대표적 화가이다.

을 이야기했고, 나아가 서양인 유송령(劉松齡, Augustin Ferdinand von Hallerstein)과 포우관(鮑友官, Antonius Gogeisl)을 만나 서양의 천문역법과 관측기구, 여러 서양의 기술과 신발명품에 대해 대화를 나누기도 했다.

홍대용 이후 조선의 문인들은 문금 완화에 이어 청대 문인들과의 사적 교류의 질을 높일 두 번째 큰 계기를 만나게 되었다. 1773년 『사고전서』 편찬이 시작된 것이다. 『사고전서』 편찬에 참여하기 위해 전국의 수많은 석학들이 북경에 운집했고 사행차 연경에 도착한 조선의 문인들은 이들 청대 최고의 학자들과 교류할 수 있었다. 이덕무(李德懋), 유득공(柳得恭), 박제가(朴齊家) 등이 1776년 연경에서 옹방강(翁方綱), 필원(畢沅)과 같은 당대 일급의 학자들과 교류할 수 있었던 것은 단지 우연이 아니었다.

물론 홍대용 이후 박지원(朴趾源, 1737~1805)은 1780년 제자군관의 자격으로 연행에 참여하여 『열하일기』(熱河日記)라는 뛰어난 연행록을 남겼지만, 그의 뛰어난 관찰력과 통찰력은 청의 풍습과 문화에만 한정되었다. 그는 청대 학술 사업과 고증학의 흥기에 대해서는 알고는 있었지만 그 학술사적 의의는 제대로 감지하지 못했던 것으로 보이며,[4] 이렇게 그가 청대 학계의 긍정적인 측면을 보지 못한 원인으로 존명의식이 지적되기도 했다.[5] 홍양호(洪良浩, 1724~1802) 역시 청대 학술 사업과 고증학에 대해 별다른 관심을 남기지 않았다. 그가 1782년, 1794년 2차례 연행하여 기윤(紀昀, 1724~1805), 대구형(戴衢亨, 1755~1811)과 같은 대학자들을 만난 기록들 속에서 학술 교류의 흔적은 거의 남아 있지 않다.[6]

반면 박제가(朴齊家, 1750~1815) 등은 이제까지 주로 관제 편찬서를 중심으로 서적을 수입하던 양상을 청대 학자들의 개인적 학술 성과를 수입하는 데까지 확대시켜 학술 정보의 양상을 바꾸어 놓았다. 이는 그가 청대 대학자들과 개인적으로 학술 교류를 시작했기에 가능했다.(도판 6) 그는 청대 학술에 관심이 많은 정조의 후원을 입고 4차례나 연행을 했는데, 1790년 2차 연행에서 기윤, 옹방강(翁方綱, 1733~1818), 철보(鐵保, 1752~1824), 이병수(伊秉綬, 1754~1815) 등을 알게 되었고 함께 연경에 갔던 유득공(柳得恭, 1748~1807)은 공헌배(孔憲培, 1756~1793), 완원(阮元, 1764~1849)을 만났다. 이들은 완원을 제외하고 모두 당시 청대 학술문화계를 이끌던 학자들이다. 그중 공헌배는 건륭제의 외척이자 서화로 이름이 높았던 인물로서 유득공에게 청대 고증학과 관련된 여러 서적을 선사했는데 대진(戴震)의 『고공기도』(考工記圖)와 『성운고』(聲韻考)가 학술 자료로서 눈에 띈다. 그리고 유득공은 훗날 청대 학술계의 거목이 될 27세 청년 완원을 만나 그의 저서 『거제고』(車制考)를 기윤과 함께 칭송해 주기도 했다.[7)]

아울러 조선의 문인들도 약간의 학술 성과를 청에 건네주었다. 박제가는 1801년 4차 연행에서 자신의 『정유고략』(貞蕤稿略)을 진전(陳鱣, 1753~1817)에게 전달했고 이후 『정유고략』은 오성란(吳省蘭, ?~1810)이 가경(嘉慶)년간 편집한 총서 『예해주진』(藝海珠塵)에 수록되었다. 그리고 박제가는 진전이 『논어고훈』(論語古訓)을 찬술할 때 참고한 『논어집해』(論語集解)가 조선인 저술이 아니라 일본인의 저술임을 알려주는가 하면, 이서구(李書九)는 연행에 참가하지는 못했지만 이덕무(李德懋)를 통해 전겸익(錢謙益)의 『열조시집』(列朝詩集)과 주이존(朱彝尊)의 『명시종』(明詩綜) 중 고려인의 이름과 호, 활동시대의 오류를 수정해 전달했다.[8)]

박제가 등 북학파와 청대 문인의 교류 중에는 이전부터 양국 문인 간에 간헐적으로 지속되던 금석학 자료의 교환도 포함된다. 기록에 의하면 유득공은 조선의 금석탁본인 〈인각사비〉(麟角寺碑, 1295 조성) 탁본을 공헌배에게 건네주었고, 김간(金簡)으로부터 〈쾌설당법첩〉(快雪堂法帖)을 받았다. 무엇보다 눈에 띄는 자료는 이휘지(李徽之)가 1785년 사행 길에서 김간으로부터 받은 『순화각첩석문』(淳化閣帖釋文)이다. 『순화각첩석문』은 김간이 1774년 건륭제에게 청하여 자신이 만든 뛰어나게 정교한 목활자로 찍어낸 귀중본 138종, '무영전취진판총서'(武英殿聚珍板叢書)에 속하는 귀한 문헌이다.[9)] 북학파들의 개인적 학술 교류 성과는 단편적이고 규모가 큰 것은 아니었지만 청의 대학자와 인맥을 형성하여 그 다음 세대의 조선 학자들이 청의 학자들과 교류하는 발판을 마련했다는 의미를 지닐 것이다. 김정희와 그 주변 문인들은 홍대용, 박제가 등이 한 세대 전에 청의 문인들과 형성한 인맥을 기반으로 19세기 전반 경학과 금석학, 천문학, 산학, 음운학 등으로 한·중 학술 교류의 장을 확대했다.

2. 김정희의 연행과 학술 교류의 성과(1809~1810)

잘 알려져 있다시피 김정희는 1809년 12월 24일부터 1810년 2월 초까지 동지사(冬至使) 겸 사은사(謝恩使)의 자제군관(子弟軍官) 자격으로 연경에 머무르면서 박제가 등이 이미 그 인맥을 형성해 놓은 청의 대학자들, 옹방강, 완원, 조강(曹江), 서송(徐松, 1781~1848) 등을 만났다. 불과 40여 일 남짓한 기간 김정희는 연행에서 어떤 학술 성과를 거두었을까. 옹방강과 완원의 만남을 다시 더듬어 보자.

(1) 옹방강과 중국의 희귀 진적(珍籍)

옹방강은 1810년 1월 29일 79세의 나이에 25세의 김정희를 만났다. 그는 김정희에게 자신이 소장한 귀중본 진적들을 직접 눈으로 볼 수 있

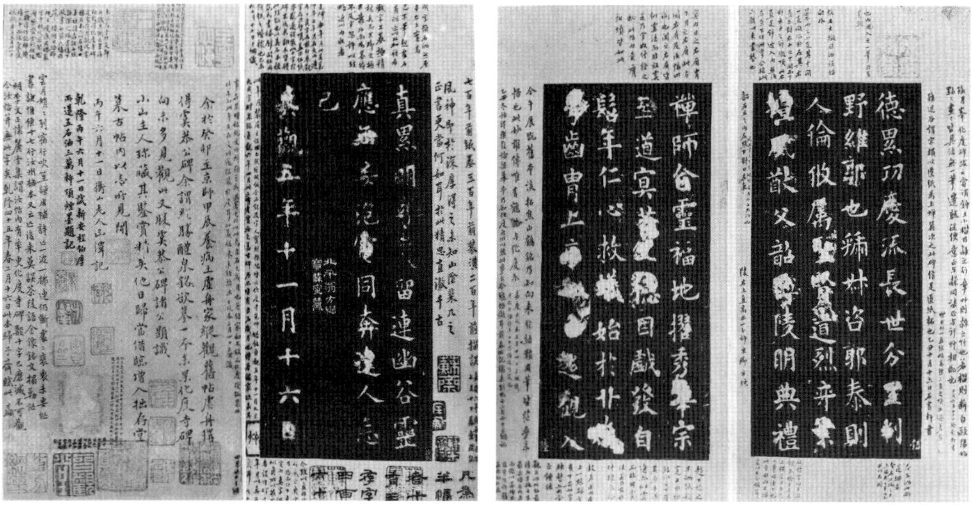

〈도판 7〉〈화도사옹선사사리탑명〉(化度寺邕禪師舍利塔銘) 탁본 중 옹방강소재본.(翁方綱蘇齋本), 21.8×10cm, 교토(京都) 오타니(大谷)대학 소장(『서도전집』(書道全集) 권1, 東京: 平凡社, 1931 중). 〈화도사비〉는 이미 송대부터 원석은 상실되고 여러 탁본만 전해온다. 몇몇 탁본들은 독일, 영국, 일본 등지에 흩어져 있다. 그중 사진의 범씨서루(范氏書樓) 원석 탁본은 옹방강이 최고(最古) 진본이라고 감정한 탁본이다. 그는 이 본이 북송 희녕(熙寧) 연간 범옹(範雍)이 낙양(洛陽) 사서각(賜書閣)에 있던 잔석으로부터 탁본한 것으로 감정했고, 1840년 2월에 왕중(汪中)으로부터 구매해 자신의 서재인 소재에 수장했다. 이 탁본은 섭지선을 거쳐 일본에 흘러들어가 현재 오타니대학 독암문고(禿庵文庫)에 수장되어 있다. 모두 13면, 1면 4행, 1행 10자로 구성되어 있다. 반자(半字), 결문(缺文)까지 합해 모두 495자이다. 첩 둘레에는 옹방강, 나빙, 황역(黃易)을 비롯한 많은 이들의 제발이 있다.

게 해주었는데, 그중에는 구양순이 정관 5년에 쓴 〈화도사옹선사사리탑명〉(化度寺邕禪師舍利塔銘) 탁본이 있었다.(도판 7) 옹방강은 이미 1792년에 진본의 탁본과 3종의 송번각본(宋飜刻本)을 합교해 제남사원(濟南使院)에 모각해 비석을 새로 세웠고 이제 그 비석 탁본을 김정희에게 선사했다.[10] 왕희지(王羲之)의 해서를 볼 수 없는 상황에서 이미 송대 조맹견(趙孟堅)도 해서(楷書)의 규얼은 당의 세 비각, 즉 구양순(歐陽詢)의 〈화도사비〉와 〈구성궁예천명〉(九成宮醴泉銘), 안진경(顔眞卿)의 〈안가묘비〉(顔家廟碑)뿐이라고 했다. 김정희는 중국에서 가장 오래된 해서 기준작을 본

〈도판 8〉 옹방강 초상, 『송참주동파선생시』(宋槧注東坡先生詩), 대만국가도서관본(沈津 著, 『翁方綱年譜』 중).

셈이다. 그 외 소식(蘇軾)이 쓴 〈천제오운첩〉(天際烏雲帖) 진적, 송대 시원지(施元之), 고희(顧禧)가 소식의 시에 주해하고 부치(傅穉)가 글씨를 써서 1202년에 간행한 『송참주동파선생시』(宋槧注東坡先生詩) 잔본, 송대 이공린(李公麟), 조맹견, 명대 당인(唐寅)이 각각 그린 3종의 〈소동파상〉(蘇東坡像), 당 정관(貞觀) 년간 우세남(虞世南)이 쓴 〈공자묘당비〉(孔子廟堂碑) 각본, 남송 육유(陸游)가 쓴 〈시경각석〉(詩境刻石) 탁본, 한대 새겨진 〈무량사석상〉(武梁祠石像) 탁본, 황정견(黃庭堅)과 진사도(陳師道)의 송판본 문집들 모두 김정희에게 학고(學古)에의 열망을 일깨우기에 충분한 중국 최고의 귀중본들이다.(도판 8) 다만 경학에 관련해서는 옹방강이 김정희에 무엇을 전달했고 어떤 대화를 나누었는지 기록이 빈약한 편이다. 옹방강이 고증학뿐 아니라 주자학을 존중하는 이른바 한송절충론적 입장을 가지고 있으며 옹방강의 『제경부기』(諸經附記) 총서와 『소재필기』(蘇齋筆記)가 아직 편집 중이라는 기록, 그리고 일본의 학승 쵸넨(奝然)에 대한 필담 기록 정도가 남아 있다.[11]

(2) 완원과 청대 경학의 정수

완원도 김정희에게 금석학 자료들을 소개했다. 중국 최고(最古)의 각석에 속하는 진(秦) 〈태산석각〉(泰山石刻)의 탁본, 한나라 연희(延熹, 158~167)년간에 세워진 〈화산묘비〉(華山廟碑) 전래 탁본 3종 중 하나인 사명본(四明本), 삼국 오(吳)나라 〈천발신참비〉(天發神讖碑) 탁본, 당의 〈정관동비〉(貞觀銅碑) 탁본이 그것이다. 그중 〈태산각석〉 탁본과 〈화산묘비〉 탁본은 김정희가 선물받기도 했다. 그러나 완원이 선사한 더 큰 선물은 경학 분야 쪽에 있다.

완원은 김정희에게 자신의 저술인 『경적찬고』(經籍纂詁), 『십삼경주소교감기』(十三經注疏校勘記), 『연경실집』(揅經室集)을 선사했다. 『경적찬고』는 당 이전의 고적 연구를 위한 중국 유일의 대형 자전(字典)으로서 완원이 수십 명의 문인들을 거느리고 1798년에 완성했다. 그는 당 이전의 경사자집(經史子集) 고적(古籍) 원문과 이에 대한 주해서들을 망라해 13,349자(字)를 사성(四聲)에 따라 106운(韻)으로 분류하고 그 의미를 밝혀 각 1권씩 총 106권으로 편집하였다.(도판 9)

『십삼경주소교감기』는 완원이 주관하여 13명의 학자들로 하여금 각각 한 경씩 담당하여 주소를 교감하게 하고 자신이 그 교감들에 대한 학술평을 쓴 단행본이다. 13경 주소는 당나라 공영달(孔穎達, 574~648)의 『오경정의』에서 시작되어 송대에 완성되었는데, 청에 들어 완원은 옛 초본, 한·당의 석경, 송·원·명의 판본, 일본 소장 황간(皇侃, 488~545) 『논어의소』(論語義疏), 『칠경맹자고문보유』(七經孟子考文補遺) 등 여러 판본들과 주소들, 그리고 청대까지 여러 학자들의 연구를 참조하여 교감토록 하였다. 방대한 학술 자료를 수집·정리하는 청대 고증학의 종합적 성격을

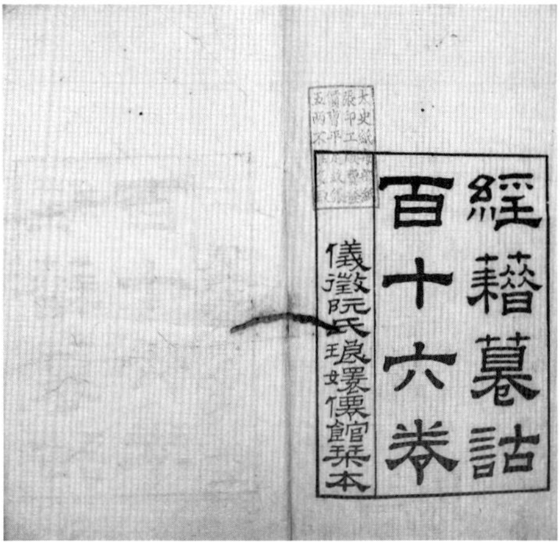

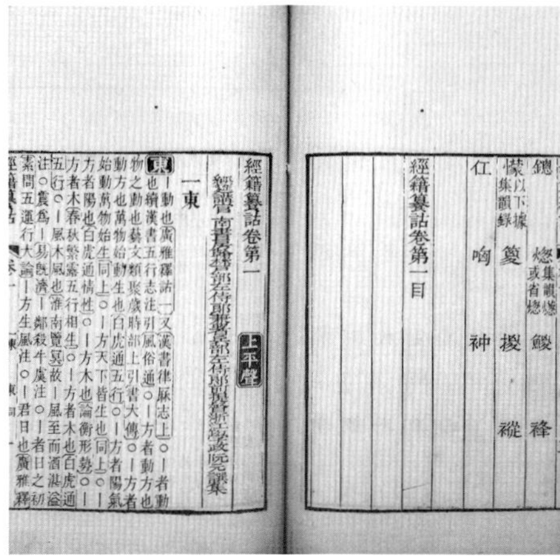

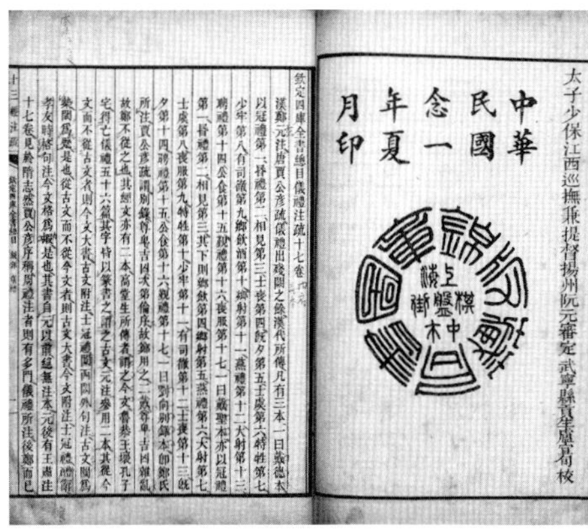

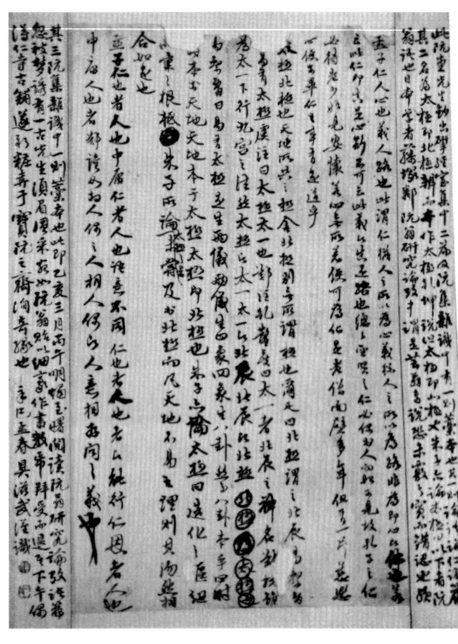

〈도판 9〉 완원 주편, 『경적찬고』(經籍纂詁) 43권 24책, 목판본, 22.4×13.5cm, 1779, 과천 추사박물관 소장(사진 자료 제공). (상)

〈도판 10〉 완원 주편, 『십삼경주소교감기』 5책(1932년 石版本), 과천 추사박물관 소장(사진 자료 제공). (중)

〈도판 11〉 〈김정희가 초록한 완원의 「논어논인론」과 「태극즉북극변」〉, 36.2×26.5cm, 구자무 소장(사진 자료는 과천 추사박물관 제공). (하)

여실히 보여주는 바 그때까지 청대 고증학 연구 성과 중 가장 큰 하나일 것이다.(도판 10)

『연경실집』은 완원의 시문집이며 후에 문집 외 속집, 외집까지 총 43집으로 완성되지만 김정희가 완원과 만날 당시 편집 중이었고 「논어논인론」(論語論仁論)만 김정희에게 선사했다. 알려지지 않았지만 실제 「논인론」은 『완당선생전집』(阮堂先生全集) 권8 「잡지」에 인용되어 있다.(도판 11) 『연경실집』 1집 권8에서 완원은 『논어』, 「옹야」(雍也)에 등장하는 자공과 공자의 인(仁)에 대한 문답을 풀이했다. 자공이 백성에게 널리 은혜를 베풀어 대중을 구제하는 것이 인이냐고 묻자 공자는 당연히 인이라고 했다. 그리고 인을 풀이하여 "인자(仁者)는 자기가 입신하고자 하면 남을 입신하게 하고, 자기가 달성하고자 하면 남도 달성하게 하는 것이다. 가까운 데부터 추론할 수 있으면 인을 행하는 방법이라고 할 수 있다."[夫仁者 己欲立而立人, 己欲達而達人. 能近取譬, 可謂仁之方也已]라고 했다. 김정희가 인용한 부분은 완원이 공자가 말하는 인에 대해 추상적인 마음이 아니라 구체적이고 현실적인 실천들이라고 해석한 부분이다. 완원은 『논어』의 인(仁)이 『맹자』에서의 인과 공유하는 부분이 있는데, 인을 마음 자체가 아니라[非爲卽心卽仁也] 실천의 결과로 드러난 것으로 이해하는 점이라고 한다. 다만 인·의가 사람에 깃들어 드러나므로[偶於人而始可見] 무지한 사람들이 착각하여 그 자체 마음으로 간주하게 되었을 뿐이라는 것이다.[人之所以爲心] 마치 의(義)가 길[路] 자체는 아니지만 길이라고 하는 것처럼 인을 마음이라고 하는 것은 비유일 뿐이다. 불교 수행자는 인이 곧 마음이라고 간주하는 대표적인 사례로서 면벽 수행하여 자비심을 갖춘 것 자체가 인의 완성이라고 착각하는 것이다.[12]

김정희는 여기까지 완원의 논의를 인용한 후 바로 뒤를 이어 인(仁) 자

(字)에 대한 단옥재(段玉裁, 1735~1815)의 『설문해자주』(說文解字注) 내의 풀이를 인용했다. 아마도 김정희는 완원과 단옥재의 인(仁)에 대한 해석을 비교했던 것으로 보인다. 단옥재는 『중용』과 『의례』, 『시경』에서의 인의 의미가 『맹자』의 인과 다르다는 점을 밝혔다. 전자의 문헌들의 경우 사람들이 서로 친하게 여긴다는 실천적 의미를[人意相存問] 지닌 데 비해 『맹자』에서의 의미는 인간이 마음으로 삼은 것이라고 했다[仁乃是人之所以爲心也].[13] 김정희는 단옥재의 풀이 중 두 구절을 인용했다.[14] 김정희는 완원, 단옥재 등 청대 학자들이 주자와 달리 실천적인 의미의 인(仁)을 강조했다는 것을 알았을 것이다.

김정희가 연행으로부터 얻은 학술 성과를 정리하자면, 옹방강으로부터는 귀중한 문자 유물 진본들을 그리고 완원으로부터는 청대 고증학의 귀중한 성과를 전달받은 것이라고 하겠다. 그 밖에 김정희는 완원으로부터 매우 중요한 경학 정보를 입수한다. 청에서는 이미 존재하지 않는 옛 경학서들이 천 년 넘게 일본에 보존되어 있다가 근래 두 차례나 인출되었다는 점이다. 『칠경맹자고문보유』와 『일존총서』(佚存叢書)가 그것인데, 『칠경맹자고문보유』는 야마노이 카나에(山井鼎, 1690~1728)와 부쓰칸(物觀)이 아시카가(足利) 학교 소장 당나라 고본(古本) 삼경(三經)과 『맹자』, 송판본(宋板本) 『오경정의』(五經正義) 등을 저본으로 하여 1726년 편찬하였다.[15] 『칠경맹자고문보유』는 이후 청에 전해져 완원이 1796년에 항주에서 32책 건상본(巾箱本)으로 번각했고 이후 『사고전서』에 수록되도록 했다. 그리고 하야시 줏사이(林述齋)가 1799년에 간행한 『일존총서』는 17종 111권으로 구성되어 있고 청에 수입되어 완원이 1806년 황제에게 진상했고 이후 『사고전서』 미수서(未收書)로 인정되었다. 2장에서 다시 서술하겠지만 두 거질의 총서는 곧 청대 여러 개인적 학술 성과에도 반영되

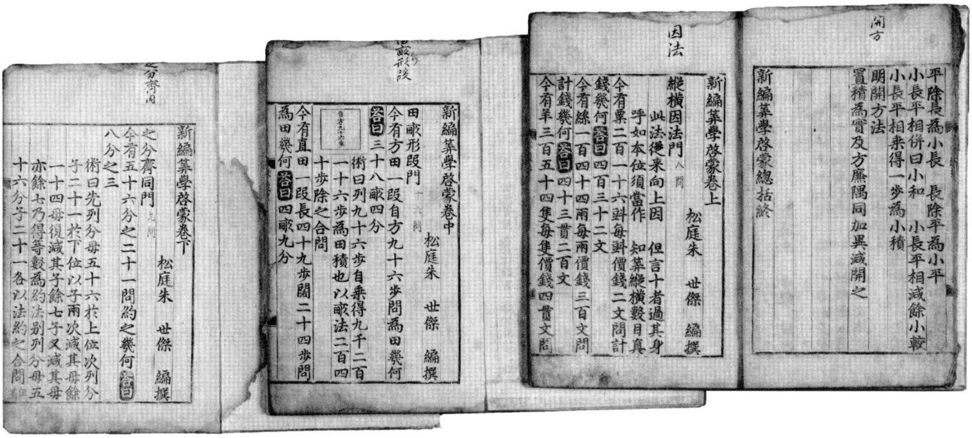

〈도판 12〉 『산학계몽』 3권 3책(보물 제1654호). 충북 청주시 청주고인쇄박물관 소장. 15세기 전반 안평대군의 글씨로 주조한 경오자(庚午字)로 인출한 것으로 낙권(落卷)이나 결장(缺張)이 없이 완전한 상태를 유지하고 있다.

었다. 김정희는 완원을 통해 경학연구에서 일본의 중요성을 인지했을 것이고 그렇게 조선과 중국 외 일본으로도 시야를 넓힐 계기를 갖게 되었을 것이다.

동시에 김정희는 『산학계몽』(算學啓蒙)을 청대 학술계에 제시하여 청의 문인들로 하여금 중화 경학 유산을 총집하는데 중국과 일본에 이어 한국의 학술 자원에 눈뜨게 했다. 『산학계몽』은 원대 주세걸(朱世傑, 1249~1314)이 산학을 대중에 보급하고자 집필한 저술로서 주로 전통적 '구장산술'(九章算術)을 다룬다. 주송정의 다른 저술인 『사원옥감』은 완원이 찾아냈지만 『산학계몽』은 중국 내에서 찾을 수 없었다. 김정희는 『산학계몽』 번각본이 조선에서는 쉽게 구할 수 있는 책임을 알리고 귀국 후 완원에게 전달했다.(도판 12) 이 번각본은 원나라 대덕(大德)년간에 간행된 유양조씨(惟揚趙氏) 원간본을 김시진(金始振)이 조선 현종(顯宗) 원년인 1660년에 중간(重刊)한 것으로서,[16] 김정희는 이 번각본을 완원과 왕희손

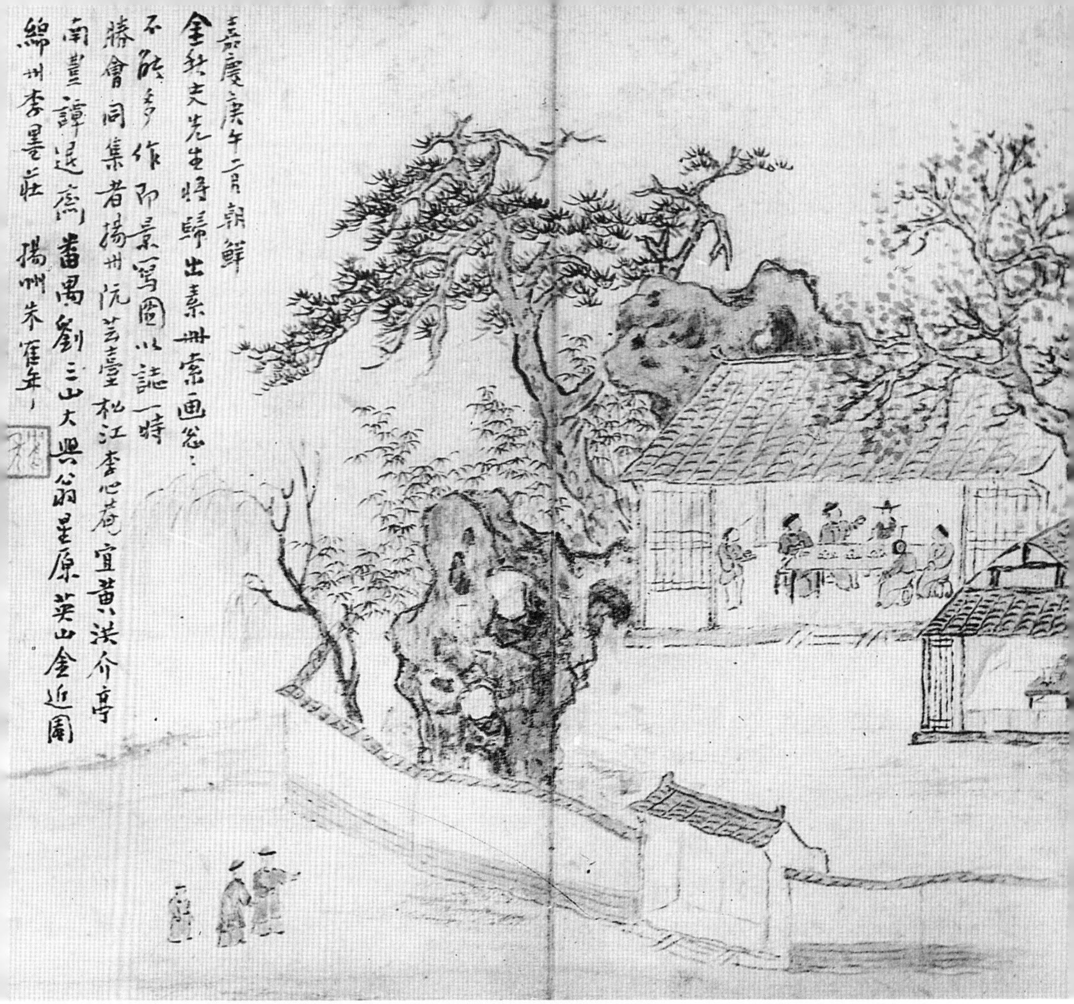

〈도판 13〉 주학년(朱鶴年), 〈추사전별연도〉(秋史餞別燕圖), 1810년, 지본담채(흑백사진 인화본), 30x26cm, 개인 소장(사진 자료는 과천 추사박물관 제공). 1810년 2월 1일 북경 법원사에서 열린 김정희를 송별하는 연회 장면. 완원, 이임송, 옹성원 등 9명이 참석했다.

(汪喜孫, 1786~1848), 서유임(徐有壬, 1800~1860)에게도 보냈다. 그리고 나사림(羅士琳, 1789~1853)은 완원으로부터 촉탁받아 왕희손 소장본을 가지고 1838년에 『산학계몽』을 인간했다.

김정희는 짧은 연경 체류기간 동안 옹방강, 완원과 깊은 인연을 맺지는 못했지만, 두 사람으로부터 고학 연구에의 열정과 함께 중화 학술계의

〈도판 14〉 이한복(李漢福, 1897~1940) 모(模) 〈추사전별도〉, 『증추사동귀시첩』(贈秋史東歸詩帖), 22×32.4cm, 1940(사진 자료는 과천 추사박물관 제공).

한 명의 학자로서 선진 유학의 고의를 밝혀내야 한다는 책임감을 배웠고, 아울러 중화 학술의 최신 경향을 엿보고 그 연구 방법론의 중요한 단서들을 얻었다. 그는 이후 『의례』를 통해 경학 연구의 실제에 뛰어들고 청대의 여러 연구총서들을 접하면서 중국 최신 경학 성과로 시야를 넓힐 원동력을 얻은 것이다. 그가 중국 뿐 아니라 중화문화권에 함께 있는 일본의 문

헌과 경학자들의 중요성을 조선에서 가장 먼저 간파한 것도 이들의 덕택이라고 하겠다.(도판 13, 14)

3. 옹방강의 학술 지도(1815~1817)

김정희는 귀국 이후 완원과의 개인적인 접촉을 이어가지 못했다. 완원은 고위 관리였다. 1812년 조운총독(漕運總督)이라는 막중한 임무를 맡았고 14년에는 강서순무(江西巡撫)가 되어 지방으로 나갔다. 이후로도 그는 호주와 광주를 아우른 양광총독(兩廣總督), 운귀총독(雲貴總督) 등을 역임하면서 사망까지 주로 강남 지역에서 활동했다. 반면 옹방강은 이후 줄곧 북경에 지내면서 20대 청년 김정희에게 청대 최고 수준의 경학 정보와 연구 방법론을 구체적으로 설명하고 이끌어 스승의 역할을 자임했다.

옹방강은 1815년 10월 11일자 편지에서 김정희에게 "형처럼 영민한 본성을 지니시고 또 배우기도 좋아하고 깊이 생각하시는 분이 어째서 여러 경전의 주소(注疏)부터 연구하지 않으십니까."라고 반문했다.[17](도판 15) 이 물음은 아마도 김정희에게 큰 울림으로 다가왔을 것이다. 옹방강은 이와 함께 김정희에게 한대 정현(鄭玄)의 학술사적 의의로부터 시작해

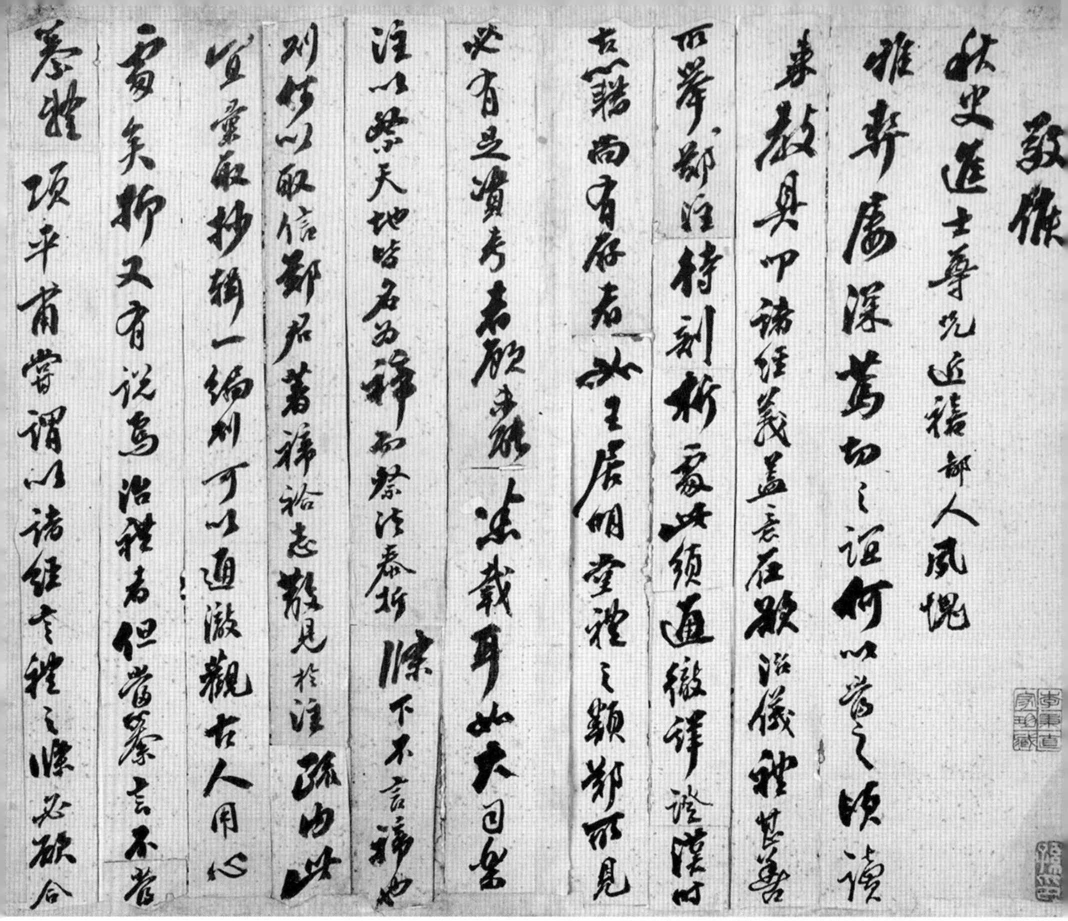

〈도판 15〉 옹방강이 김정희에게 보낸 1815년 서찰, 지본묵서, 29.8×18.7cm, 이헌서예관 소장.

한대 경학이 왜 지금 중요하고 또 어떻게 접근하고 활용해야 하는지를 일깨워주고, 자신과 주변의 석학들의 연구 사례를 들어 지도해 주었다.

그리고 옹방강은 연경에서 만났을 때 약속한 대로 자신의 최대 학술 업적인 『제경부기』(諸經附記) 총서를 차례로 김정희에게 보내주었다. 『제경부기』는 『주역』 16권, 『서경』 14권, 『시경』 10권, 『춘추』 15권, 『예기』 10권, 『대대례기』(大戴禮記) 1권, 『의례』(儀禮) 1권, 『주관례』(周官禮) 1권, 『논어』 2권, 『맹자』 2권, 『효경』 1권, 『이아』(爾雅) 14종 등 총 7권으로 구성되어 있다.

김정희가 옹방강으로부터 전해 받은 경학연구의 내용을 현재 남아 있는 5봉의 서간문으로부터 추적해본다. 김정희는 1815년 1월에 옹방강으로부터 경학을 안내해 주는 편지를 받았고 이는 현재 선문대 박물관에 소장되어 있다.[18] 후지츠카는 이 외에 4봉의 편지를 소개했다. 제1봉의 날짜는 1815년 10월 11일(같은 달에 쓴 14일자 두 통과 연엽찰(蓮葉札) 1통 포함)이다. 제2봉은 1816년 1월 25일, 이 해 10월 27일자 별봉이고, 제3봉은 1817년 10월 27일자와 28일자 2통으로 된 서찰, 제4봉은 연도미상의 10월 27일자 별봉이다.[19] 이 4통의 서한들을 통해 김정희에게 전달된 옹방강의 경학 이념과 방법론, 그리고 이에 대한 김정희의 수용태도를 살펴본다.

(1) 고학 연구 방법론

옹방강은 한대 경학자들의 업적과 학문 방법론, 그 학술사적 의의를 이야기했다. 우선 한대 경학 성과를 주목해야 하는 이유를 설명했다. 한대는 선진(先秦)으로부터 매우 가깝고 또한 가학(家學) 전통이 있어 스승의 말을 함부로 바꾸지 않아 선진으로부터 받은 경학을 어느 정도 원형 그대로 간직했고, 그래서 선진 고학을 연구하는 중요 학술 거점이 된다는 것이다. 더구나 한대 경학자들은 현존하지 않는 많은 문헌들을 직접 보고 인용했다. 한대 경학자 중 후세에 가장 영향이 큰 정현(鄭玄, 127~200)의 경우, 삼례(三禮) 즉 『의례』·『주례』(周禮)·『예기』(禮記)에 주석을 달면서 소위 한무제 때 공벽에서 갑자기 등장한 '일례'(逸禮)에 속하는 「왕거명당례」(王居明堂禮), 「체어태묘례」(禘於太廟禮), 「중류례」(中霤禮)와 같은 문헌을 참조했다.

그러나 한대 경학 연구에서 유의해야 할 점이 있다. 옹방강은 김정희에게 주는 1816년 별봉에서 김정희가 『의례』 연구를 수행하면서 몇 가지를 질문한데 대해 답변을 해주었는데,[20] 『의례』가 자하(子夏)가 편집한 가장 오래된 문헌이라 『주관』(周官: 周禮)이나 『예기』보다 신뢰할 만하지만 그중 후대 누군가가 원본 『의례』에 글을 끼워 넣었다고 의심할 만한 부분이 있다고 주의를 주었다. 옹방강은 직접 언급하지 않았지만 위의 정현이 참조한 일례가 대표적인 사례가 될 것이다. 문헌의 진위에 대한 고증학적 연구를 거쳐야만 한대 경학의 진면모에 다가갈 수 있는 것이다.

한대 경학 연구 방법론에서 위작 여부의 검증 외에 조심해야 하는 사항은 경전 간 상호교차 검증에 소홀히 하거나 텍스트로부터 경솔하게 현실을 재구성하는 것이다. 이 두 가지 사항을 기준으로 옹방강은 동시대 명망 높은 학자들을 비판했다. 우선 첫 번째 사례를 살펴본다. 옹방강은 한대 경학 성과를 정밀하게 제대로 검증하지 못한 케이스로 동시대 단옥재(段玉裁, 1735~1815), 장혜언(張惠言, 1761~1802), 능정감(凌廷堪, 1755~1809)을 꼽았다. 그는 단옥재에 대해서 한대 훈고학의 업적을 그대로 무비판적으로 받아들여 정현의 전주를 『설문해자』 같은 문헌과 교차검증을 하지 않고 그 오류까지 그대로 계승했다고 비판했다.[21]

두 번째 사례는 장혜언과 능정감의 비판을 꼽을 수 있다. 청대 상주파의 장혜언에 대해서는 선진 의례의 실상을 마음대로 속단하여 당시의 예제(禮制)를 분명히 알 수 없음에도 그림으로 그려냈다고 제1봉과 제2봉 서찰, 1816년 별봉 수찰에서 계속 비판했다. 장언원은 『의례』의 매 편을 그림 혹은 표로 간명하게 창의적으로 표시하여 청대 의례연구사에서 매우 참신하고 획기적인 연구 방법을 제시했다고 평가되지만[22] 옹방강은 그의 연구가 신빙성이 없어 별로 도움이 되지 않는다고 보았다. 옹방강에게는 '고례 연구자는 찬언(纂言)은 하되 찬례(纂禮)해서는 안 된다.'는 명확한 연구 기준이 있었고 이러한 기준에서 장혜언의 연구 방식은 매우 경솔했다.[23]

옹방강은 의례 연구에 관해 청대를 대표하는 장혜언뿐 아니라 능정감도 유사하게 비판했다. 『예경석례』(禮經釋例)는 능정감의 대표적 저서로서 「통례」(通例), 「음식지례」(飮食之例), 「빈객지례」(賓客之例) 등 의례의 실제를 분류해 놓은 저술이다.[24] 양계초는 『예경석례』가 『의례』 전체를 관통하는 규칙을 제시함으로써 예학 연구 방법론의 새로운 문을 열었으니 청대 의례 연구에서 장이기(張爾岐)의 『의례정주구독』(儀禮鄭注句讀) 다음의 뛰어난 업적이라고 했다.[25] 옹방강은 『예경석례』가 예의 의미를 규명하는 데로 나아가지 않고, 그 의미도 알 수 없는 고대의 예(禮)의 사례[例]를 분류했다는 점을 비판한 듯하다. 그는 이런 류의 찬술이 무의미하고 의미의 동이(同異)를 고증하는 것만 못하다며 능정감이 자신의 문인이었지만 우원하다고 비판했다.[26] 사실 능정감 역시 완원과 경학이념을 공유하는 만큼 옹방강의 경설을 높이 평가하지 않았고 자신의 『교례당문집』에서 옹방강의 경학을 전혀 언급하지 않았다[27]

옹방강은 경으로써 경을 해석하는 경학방법론을 강조하면서 경전 너머 현실로 나아가는 것을 매우 경계했다. 그에게서 경전 연구란 현실과 정반대로 의리로 나아가야 하는 것이었다. 옹방강의 경학 연구 방법론은 앞으로 이야기할 『상서』와 『주역』 연구에서 드러나는 그의 경학 연구의 강한 경향성, 바로 주자학의 의리 수호와 깊은 관련이 있다.

(2) 고학 연구의 이념

옹방강의 경학 연구의 이념을 잘 드러내는 부분은 『주역』과 『상서』 관련 청대 고증학의 업적에 대한 그의 태도이다. 우선 청대 『주역』 연구 성과에 관해 옹방강은 호위(胡渭)의 『역도명변』(易圖明辨, 1706刊)을 칭송하고 혜동의 역학을 비판했다. 호위는 성리학적 우주관의 기본 개념인 '선천'(先天), '후천'(後天)이 성인의 말씀이 아님을 논증했지만 「계사전」은 의심하지 않았다.[28] 그래서 전목(錢穆)은 호위의 역학이 주자학적 입장을 계승하는 측면이 있음을 강조했다.[29] 반면 혜동은 「계사전」이 후대의 위작이라고 보았다. 옹방강은 호위의 업적은 인정했지만 혜동을 비롯해 송대 구양수, 청대 모기령(毛奇齡, 1623~1716) 등이 「계사전」을 의심하는 것은 기이함을 좋아하고 의리를 도외시하여 성인에 대해 큰 죄를 짓는 것이라고 반박했다.[30]

옹방강은 요컨대 주자학적 의리의 권위를 훼손할 수 있는 청대 고증학의 업적과 의의를 인정하지 않는 것이다. 그는 사고관의 찬수관(纂修官)으로서 사고전서를 교감하는 작업에 참여했고 '사고전서총목'(四庫全書總目)을 편찬하고 수많은 경학 연구 성과를 남겼지만, 『청사고』(清史稿)에 그 전기가 실리지 않았을 정도로 청대 경학계는 그를 주목하지 않았다. 그는 "기리설"(肌理說)을 제시한 북방지역의 대표적인 문학가이자 금석학자, 서예가로 주목될 뿐이다. 그가 경학사에서 낮게 평가되는데는 부분적으로는 그의 경학 저작이 근대까지 대부분 원고본, 초본 상태로 남아 널리 알려지지 않은 이유도 있다.[31] 그러나 더 중요한 이유는 『제경부기』가 청대 경학계의 일반적 흐름과 달리[32] 주자학적 의리를 위협하는 한학풍을 강하게 견제하여, 동일하게 한송절충론이라고 지칭된다고 해도 당시 청대 학계에 크게 주목을 끌던 상주파 혹은 양주학파의 한송절충론과는 방향성이 상당히 달랐다는 데 있다.

옹방강은 청대 고증학이 제시한 바 주자학을 극복하는데 의미 있는 성과들을 거부했다. 몇몇 청대 고증학자들은 『주역』, 『상서』 등 제 경전이 부분적으로 명백히 후대에 위조되었다는 점을 논증했다. 그런데 이 위조되었다고 의심되는 부분들은 아래에서 보듯이 주자학이 의거하는 문구들을 담고 있었고 당연히 주자학의 권위를 뒤흔들게 되었다. 이 성과는 다른 한편 상주파가 고문에 대한 금문(今文)의 가치를 재발견하도록 이끌어내기도 했다. 옹방강은 이들 경전의 위작 여부 검증을 거부했고 이 태도는 그가 주자학적 의리를 견지하는 것과 깊은 관련이 있다. 그가 동시대 일급의 청대 고증학자들로부터 소외되는 데는 그 의심을 거부하는 태도가 크게 작용했다고 짐작된다.

특히 『상서』에 대한 그의 입장은 당시부터 많은 논란을 불러일으켰다. 알려진 것처럼 고문상서가 선진의 문헌인지는 이미 주희(朱熹)도 의심했다. 청대 염약거(閻若璩)는 주희의 논의를 「주자고문서의」(朱子古文書疑)로 정리해 놓기도 했다. 주희 이후 원대 오역(吳棫), 오징(吳澄)을 거쳐 명대 매작(梅鷟, 1483~1553)의 『상서고이』(尚書考異)는 고문상서가 위작이라는 점을 가장 정치하게 논의했다. 청에 들어 염약거는 고문상서가 동진(東晋)의 위서라고 『고문상서소증』에서 자세히 논증하였고 김정희가 평가하듯이 염약거의 논의는 혜동, 강성(江聲) 등을 통해 더욱 강화되었다.[33] 중국 경학사에서 염약거 등의 의심이 불러일으킨 파장은 매우 컸다. 그 의심은 단순히 고증학적, 문헌학적 문제가 아니라 성리학의 근간을 뒤흔드는 사건이었기 때문이다. 주자학적 의리를 수호하려는 많은 학자들이 고문상서의 위작 여부에 대한 고증 자체를 거부한 이유도 여기에 있다. 고문상서에 기록된 인심과 도심의 대비, 그리고 도덕 수양에 대한 16글자의 어구, "인심은 위태롭고 도심은 희미하다. 오직 정묘하고 한결같이 하며 진실되게 중을 잡으라."[人心惟危, 道心唯微, 唯精唯一, 允執厥中]는 구절은 성리학적 수양론을 위한 가장 권위 있는 근거이다.

옹방강은 『상서』 고문의 위조 문제를 다룰 필요가 없다고 주장했다. 고문상서가 위서인지 여부는 너무 오래전 일이라 누구도 밝힐 수 없고 단언할 수 없기 때문이라는 것이다. 단적으로 한대 가규와 그에게서 배운 허신은 고문을 직접 보았으므로 확실히 허신의 『설문해자』는 고문을 밝히는 가장 신뢰할 만한 문헌이라고 할 만하지만, 그럼에도 『설문해자』에 인용된 『상서』 구절들은 서로 앞뒤가 맞지 않다는 곤란한 문제들이 있다. 그러니 그 나머지 문헌들이야 말할 것이 있겠는가, 그런데도 과연 이 문제에 집착해야 하는지 옹방강은 반문한다.[34] 옹방강은 청대 발생한 바 경전의 진위 의심 열풍에 대해 지나치다고 경고하고 기존의 경전을 의심하기보다 여러 경전들로부터 상호 증명하고[諸經互證] 여러 사례들로부터 경전에 적용될 수 있는 일반적 사용규칙[通例]을 탐구하는 방향으로 나아가야 한다고 역설했다. 요컨대 옹방강은 섣부르게 옛 고전의 위서 여부를 추측하느니 경전들이 담고 있는 명백한 '의리'를 탐색하는 것이 중요하다고 본 것이다. 경전 텍스트 연구는 의리를 연역해 내는 것을 목표로 삼아야 할 뿐이다.[35]

의리를 밝힌다는 우선적인 목표 아래 옹방강은 염약거의 『고문상서소증』과 모기령의 『고문상서원사』(古文尙書寃詞)를 망령되고 소인배 같은 논의라고 노골적으로 비난했다. 특히 전자에 대해서는 고문상서 내에 중요한 의리를 담고 있는 편장들을 유례없이 의심할 뿐만 아니라 거친 말로 비난하는 소인배 같은 태도를 보인다고 비난했다.[36] 청대 19세기 전기의 고증학적 성취를 볼 때 옹방강의 고문상서에 대한 입장은 많은 이들이 받아들이기 힘든 것이었다.

청대 고증학이 주자학으로부터 탈주하는 것을 견제하는데서 짐작할 수 있듯이 그에게서 한학(고증학)과 송학은 동등한 위상을 갖지 않는다. 물론 그는 송대 유학자들은 의리에 상대적으로 정밀하고 한유(漢儒)는 훈고에 뛰어나다 했고, 주자학에 관해 성리와 도덕의 공허한 논의를 그대로 답습하는 것은 반대했다. 김정희에게 1816년 쓴 제2봉 그리고 그 다음 해의 제3봉에서 그는 주자학과 한학이 사실상 하나의 길이라고 했고『송서』에 대해 도학의 전수 계보를 작성하여 송학과 한학과 분리시켰다고 비판했다.[37] 다른 한편으로 경전 연구에서 사례를 모으고 훈고하는데 빠져서도 안 되며 경전 내 여러 논의를 정리해 그 실제적인 의리(義理)를 밝혀야 한다는 점도 강조했다. 그러나 그의 발언을 면밀히 들여다보면 그 균형이라는 것이 한학과 송학에 동등한 가치를 부여한다는 의미는 아니라는 것을 알 수 있다. 옹방강은 한학의 문제점을 지적하여 정현 역시 그 주해가 경문(經文)과 맞지 않는 것이 있고 허신 역시 가규로부터 나왔는데 모두 판단의 최종적인 근거로 삼을 수는 없다고 했다. 그는 주자학이 학문의 방향을 가리키는 정해진 길이라고[指南之定程] 확신하고 그 의리를 경문 해석의 최종적인 근거, 학문적 조종타로 삼았다.[38] 이는 한학이 사실상 그에게 주자학적 의리를 증명하는 보조적인 위치에 있다는 것을 의미한다.

그는 주자학을 이어 선진으로부터 전해지는 바 우주와 인간의 본래적 선함, 이 의리의 권위를 수호하는 것을 경학의 핵심 목표로 삼았다. 그가 의리를 도외시하거나 혹 의리를 추구한다고 하더라도 대진 등 양주학파처럼 주자학의 선성설(善性說)적 전제를 비판하면서 이익을 추구하는 인간의 본능을 의리의 중요한 전제로 삼는 이들을 견제하는 것은 자명하다. 옹방강은 혜동에 대해서 약간 그 연구 성과를 접한 적 있다고 하고 대진은 서로 알지만 사귀지 않는 사이라고 했다. 양측의 소원함은 주자학적 의리에 대한 입장차로부터 발생했다. 모두 한송절충론이라고 하지만 한학과 주자학에 대한 입장차에 따라 대진으로부터 완원, 옹방강까지 상호간의 학문적 거리는 현격했다. 심지어 옹방강은 혜동과 대진의 저술들이 주자학 비판을 목적으로 하는 무책임한 글이라 굳이 읽고 따를 필요가 없다고 잘라 말했다.[39] 옹방강은 당시 청대 경학계의 중요한 업적, 즉 실증적 연구를 통해 주자학을 극복해 나가는 대열에 합류하지 않았다.

(3) 청년 김정희에게 끼친 영향

이러한 옹방강의 한송절충론적 연구 성과에 대해 김정희는 어떤 입장을 취했을까. 우선 옹방강의 지도 아래 김정희가 한대 경학 연구 업적을 오래 지속한 것은 분명해 보인다. 김정희는 청대 옹방강을 비롯한 여러 연구자들의 업적을 참고하면서 한대 경학을 연구했던 것으로 보인다. 그 대표적인 사례가 정현의 『노례체협지』(魯禮禘祫志) 연구일 것이다.[40] 정현은 삼례 연구사에서 『의례』(儀禮)를 가장 먼저 연구했던 인물로서 주목되는데, 그중 체제(禘祭)와 협제(祫濟)는 의례 연구에서도 가장 까다로운 부분에 속한다. 그 의미를 추출할 만한 경전 내의 사례가 거의 존재하지 않기 때문이다. 이미 동한(東漢) 시기에 정중(鄭衆), 정현, 왕숙(王肅)도 체와 협에 대해 서로 이해가 달랐고, 청에 들어서도 체와 협이 천자(天子) 제사의 대례(大禮) 중 하나인 길례(吉禮)에 속하는 것인지 그렇다면 종묘

제사인지 하늘에 대한 제사인지, 둘 다 종묘제사라면 체는 시조(始祖)제이고 협은 군조합사(群祖合祀)인지, 아니면 아예 체는 하늘에 대한 제사이고 협은 종묘제사인지 논의되었고, 또 거행 주기 문제도 계속 논란거리였다.[41] 설상가상 정현의 『노례체협지』는 이미 산실되어 다른 연구서들에서 흩어져 인용되는데 그 인용된 부분들 간에 서로 말이 맞지 않는 것들도 종종 있다. 예컨대 체(禘) 제사에 관해 『주례』, 「대사악」(大司樂)의 주(注)에서는 하늘과 땅에 제사지내는 것 모두라고 했지만, 『예기』, 「제법/태절」(祭法/泰折: 地神에게 드리는 제사)의 주에서는 체라는 말을 쓰지 않았다.[42]

옹방강은 김정희에게 정현의 『노례체협지』를 여러 경전의 주소들로부터 모아서 하나의 책으로 편집할 정리할 필요가 있다고 했고, 김정희는 옹방강의 권유에 따라 『노례체협지』를 편집 중이었다.[43] 후에 김정희는 〈세한도〉(1844)의 제발문을 본 후 그 작성자 중 한 명인 장요손(張曜孫)이 장혜언의 조카라고 반가워하면서 장혜언의 학문에 대해 금문학을 바탕으로 "체(禘) 제사를 연구하여, 대향(大饗)이 합(祫)이라고 하거나 소목(昭穆)을 체 제사에 적용하는 오류들을 물리친 불변의 업적"이라고 했다.[44] 이러한 평가를 하자면 김정희가 이미 체제와 협제에 대해 어느 정도 연구를 진행했었을 것이라는 점을 짐작할 수 있다.

다음 절에서 서술하겠지만 1827년 이후의 서신으로 짐작되는 이장욱에게 보낸 서신에서도 김정희가 계속 한대 경학을 연구하고 있었다는 점을 확인할 수 있다. 옹방강과 완원이 김정희의 연행에서 청대 경학계의 정수를 맛보고 경학 연구에의 의욕을 일으켰다면, 수많은 뛰어난 학자들이 포진한 청대 경학계를 섭렵해 나가도록 도와준 최대의 조력자는 귀국 후 인연을 맺은 이장욱(李璋煜, 1784~1857)과 왕희손(汪喜孫, 1786~1848)

이라고 할 것이다. 이장욱과 주고받은 서신에서는 김정희가 당시 청대 학계에 대해 얼마만큼 정보를 입수했고 어떤 안목을 가지는가를 알 수 있을 뿐만 아니라, 옹방강으로부터 경학지도를 받은 지 거의 10년 이상이 지난 40세를 전후한 시기에 옹방강에 대해 어떠한 입장을 취하는지 가늠할 수 있다.

4. 청대 학술의 종합과 절충(1827~1838)

(1) 이장욱과의 교유(1827~1830): 청대 학계의 지형도 작성

이장욱은 김정희의 부친 김노경(金魯敬, 1766~1840)과 아우 김명희(金命喜, 1788~1857)를 이들이 연행한 1823년에 만났고 그 다음 해에 김명희와 서신을 주고받기 시작하여 김정희와도 1827년부터 서신을 왕래하기 시작했다. 이장욱은 청대 경학사에서 잘 알려진 인물은 아니나 동포정사(東布政使)와 강소상주부지부겸서양주부(江蘇常州府知府兼署揚州府)와 같은 고위 관직을 지냈고, 금석학자이자 경학자로서 완원, 섭지선(葉志詵), 유희해(劉喜海), 왕희손(汪喜孫)과 친분이 깊었다. 그는 김명희를 통해 김정희가 쓴 "널리 마융과 정현을 종합하고 주자학과 경계를 두지 않는다."[博綜馬鄭, 無畔程朱]라는 영첩(楹帖)을 받았다.[45] 김정희가 한학과 주자학을 아우르는 경학관을 지녔다고 소개받은 셈이 된다. 그 역시 스스로 주자학의 의리를 저버리지 않는다고 밝힌 한송절충론자의 부류에 속했다. 두 사람은 학술 교류의 굳건한 토대를 지니고 만난 것이다. 김정희는 청대 학자들을 있는 대로 모두 알려달라고 이장욱에게 적극적으로 부탁했고, 이에 맞추어 이장욱은 김정희에게 수많은 학자들을 소개해 주었는데 자신이 산동 출신이니만큼 계복(桂馥, 1736~1805) 등 산동학자들을 많이 소개해 주었지만 학파와 관련 없이 경학 각 분야의 최고 혹은 신진학자들을 소개해 김정희가 청대 경학계의 판도를 읽는데 가장 큰 도움을 준 인물로 꼽을 수 있다.

예컨대 이장욱은 왕중(汪中, 1744~1794), 주균(朱筠, 1729~1781), 단옥재, 전대흔(錢大昕, 1728~1804), 유대공(劉台拱, 1751~1805), 임대춘(任大椿, 1738~1789), 학의행(郝懿行, 1757~1825), 손성연(孫星衍, 1753~1818)이 이전 시대의 뛰어난 학자들이라면 현재 활동하고 있는 학자 중에서는 왕념손(王念孫, 1744~1832)과 왕인지(王引之, 1766~1834) 부자, 필형(畢亨, 1724~1777), 완원이 최고라고 평가하고 이들의 저술을 읽어보기를 권했다. 위의 인물들은 활동 시대 영역이 넓을 뿐 아니라 학문적 특징을 보아도 한송절충론자와 아닌 인물들이 섞여 있다.[46] 공양학자로서 공광삼(孔廣森, 1751~1786)을 소개하는가 하면 유대공, 완원과 같이 분명 양주학파에 속하는 인물을 소개하기도 했다. 그만큼 그는 청대 학술 전반의 뛰어난 학자들을 소개한 것이라고 보인다. 그중 왕인지는 이미 옹방강이 『제경부기』에 인용할 정도로 신뢰하고 그만큼 김정희에게 강력히 추천한 인물이다. 김정희는 그를 옹방강이나 완원에 버금하는 박학한 학자라고 이장욱의 의견에 동의하면서 그의 『석구전서』(石臞全書)를 보내달라고 부탁했다.

그리고 이장욱은 김명희에게 따로 보내는 서신에서 청대 학자들을 평가하는 글을 보냈는데, 임대춘의 『심의석례』와 청초의 대표적 주자학자들인 탕빈(湯斌, 1627~1687)와 육룡기(陸隴其, 1630~1692)의 저술을 필독서로 추천했다. 이 학자들의 저서를 필독서로 추천하는데서 짐작할 수 있지만 그는 훈고와 의리의 결합에 대한 신념을 표명하기도 했다.[47] 그 이후에도 이장욱은 자신이 새로 알게 된 학자들, 예컨대 진환(陳奐, 1786~1863), 마성벽(馬星壁, ?~?), 호배휘(胡培翬, 1782~1849), 이학자인 주증철(朱曾喆, ?~?), 단위총(單爲鏓, ?~?) 등도 부지런히 소개하였다.[48]

이장욱은 김정희에게 위에 소개한 학자들의 저술도 보내주었다. 특히 경학 분야에서 왕중의 『술학』(述學), 『송여인중본공양전단주본』(宋余仁仲本公羊傳單注本)과 장림(臧琳, 1650~1713)의 『경의잡기』(經義雜記)를 보내준 것이 눈에 띈다. 장림은 『이아』와 『설문해자』 연구에 뛰어났다. 『경의잡기』는 그 학술 성과를 모은 저술인데 염약거가 서문을 달았다. 장림은 고염무, 염약거와 그 학술 성과가 나란하다고 평가될 정도이니, 김정희가 오래전부터 그 저술을 읽고 싶었다는 것도 당연했다.[49] 그 외 김정희가 이장욱으로부터 받은 저술로는 학의행의 춘추 연구서도 있다.[50]

외견상 이장욱과 김정희는 모두 한송절충론을 지지하여 경학관이 서로 비슷하다고 하겠지만, 면밀히 들여다보면 한학을 중시하는 정도와 옹방강에 대한 태도는 분명 다르고 이에 둘 사이에서 논변이 전개되었다. 김정희의 학문적 관점이 뚜렷이 노출되는 대목이다. 본서는 이 대목에서 이장욱과의 교류에서 옹방강이 경학을 지도한 10년 후에 김정희에게 어떤 학문적 변화가 일어났는지 주목할 것이다.

김정희가 이장욱에게 보낸 서찰에 의하면 이장욱은 몇몇 한대 연구 성과를 신뢰하지 않았다. 이장욱은 마융과 『소대례』(小戴禮)를 작성한 소

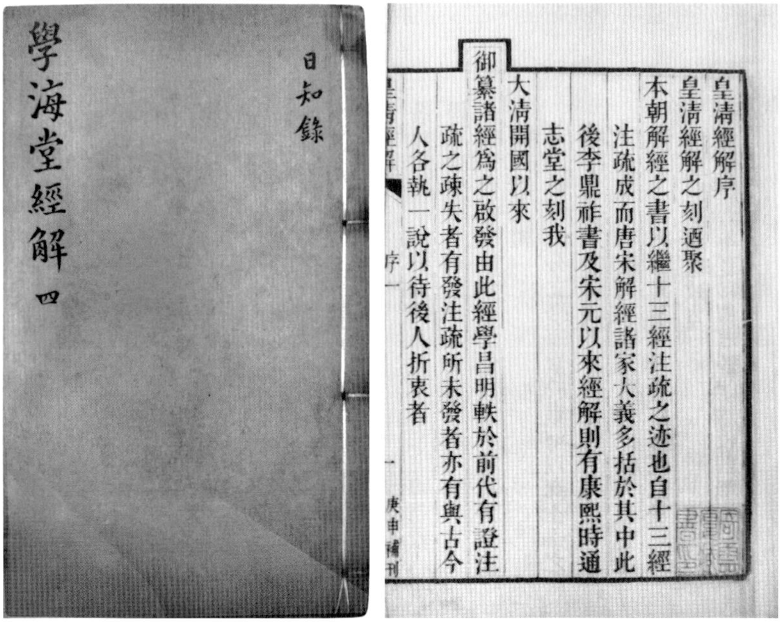

〈도판 16〉 완원 주편, 『황청경해』 1408권 400책(1829년 목판본), 과천 추사박물관 소장.

대의 인물됨을 비판하면서 이 때문에 그 학문은 연구할 필요가 없다고 했다.[51] 그러나 김정희는 정현이 마융의 가법을 이어받았고 마융 역시 가법을 이어받았으니 버릴 수가 없다고 동의하지 않았다. 지금의 급선무는 '존고'(存古)이며 마융과 정현 등의 '고학 연구 업적을 널리 종합'[博綜]하는 것이기 때문이라는 것이다. 이장욱에게 보내는 서찰에서 존고를 거듭 강조했다는 점은 사십 대에 들어선 김정희의 경학 연구 방향을 잘 드러낸다. 그리고 현실적으로 당 이전의 경학 연구서로는 십삼경 외에는 온전히 남아 있는 것이 거의 없는 상황에서 김정희는 당 이전의 경설을 단편적인 것까지 모아놓은 청대 여소객(餘蕭客, 1732~1778)의 『고경해구침』(古經解鉤沈), 공계함이 편집한 정현의 전서가 경학 연구의 필수라고 언급했다.[52] 그러나 이장욱은 1828년 서신에서 존고를 가장 시급하게 여기는 김정희의 입장에 자신도 충분히 동의하고 경학의 원류로서 정현의 중요성도 인정하나 단 올바르지 않음에 대해 굽힐 수는 없다고 자신의 입장을 완곡히 밝혔다.[53] 두 사람 간의 논쟁에서 김정희가 옹방강의 지도 이래 한대 경학의 중요성을 여전히 존수하고 있음을 알 수 있다.

『완당선생전집』 권1의 「한유가법설」(漢儒家法說)은 김정희가 한대 경학을 연구한 흔적의 단편들이다. 「한유가법설」은 김정희의 저작으로 알려져 있으나 실은 『황청경해』(皇淸經解) 권1390에 수록된 엄걸(嚴杰) 보편(補編) 『경의총초』(經義叢鈔)의 「고경정사문집」(詁經精舍文集) 중 호진(胡縉)의 「한경사가법고」(漢經師家法攷)를 일부 발췌한 글이다. 김정희가 『황청경해』가 1828년 간행된 이후 3~4년 후에 이 전질을 입수했으므로 김정희가 이 글을 초록(抄錄)한 것은 1831년 혹은 1832년 이후라고 짐작되며, 따라서 호진의 「한경사가법고」를 초록해 둔 것은 이장욱과의 서신을 시작한 뒤로도 김정희가 지속적으로 한대 경학 연구에 관심을 기울였다는 사례가 된다.[54] (도판 16)

『경의총초』에는 청대학자들이 제시하는 여러 경학방법론들이 수록되어 있다. 한대 경학 혹은 주대(周代)의 명물제도(名物制度), 『논어』에 대한 연구 방법, 한·당 이래 서적 편집 방식 등이 수록되어 있다. 그중 한대 경학의 가법에 대해서는 호진 외에 서양원(徐養原), 홍진훤(洪震煊), 주치평(周治平) 등 청대 학자들의 논의가 있다. 그중 호진의 「한경사가법고」는 첫째 한대 경학의 특징으로 가설(家說)과 소학을 키워드로 제시했다. 호진은 한대 육경 각 분야에 학파[家]가 여럿이 있었고 학파들은 자신들만의 저본 경전을 가지고 있었으며 또 학파 간 상호 영향이 없이 계속되었다는 점을 논했다. 즉 그만큼 가학의 영향력이 강했다는 것이다. 한대 오경에 대한 연구 중 『서경』 연구에서의 복생과 공영달, 『시경』 연구에서의 모(毛)씨, 제(齊)씨, 노(魯)씨, 한(韓)씨, 예학의 소대(小戴), 대대(大戴), 경씨[慶普], 춘추학에서의 『좌전』, 『공량전』, 『곡량전』 등이 그 사례라고 했다.

동시에 여러 학파들은 공유하는 것도 있는데 '소학'(小學)이 그것이라고 했다. 아마도 『설문해자』와 『한서』(漢書) 「예문지」(藝文志), 『백호통의』(白虎通義) 등을 가리키는 것으로 짐작되는데, 허신이나 반고의 소학 연구 성과를 여러 학파가 공통으로 사용했다고 언급했다.[55]

둘째 호진은 경을 해석하는 방법 세 가지를 제시했다[其釋經之體, 亦約有三]. 1) 경으로써 경을 이해하는 방법이다. 보다 구체적으로 경에 의거하여 이치[理]를 해설하거나 여러 경을 교차검증해서 문장을 이해하는 방법이다[以經解經, 或依經以析理, 或錯經以會文]. 2) 글자의 음, 형태, 의미를 분석해 잘못된 글자나 단어를 바로잡아 경의 이해를 돕는 방법이다[以字解經, 或擬其音, 或正其讀…改誤者字或由聲而誤, 或由形而誤, 故爲救正之詞]. 3) 사설(師說)을 통해 [以師說解經] 이전의 여러 경설을 종합하는 방법이다.

김정희가 호진의 입장을 『경의총초』 내 여러 한대 경학 연구 방법론 중 가장 주목했다고는 말할 수는 없지만, 김정희가 옹방강의 가르침을 심화·확장시킨다는 방향에서 호진 외 청대 등장한 바 한대 경학에 대한 연구 방법론을 검토하여 자신의 한대 연구를 도모했다는 것까지는 무리없이 추론할 수 있다.

두 사람 간의 두 번째 쟁점은 옹방강의 학술 업적에 대한 평가 문제였다. 이장욱은 1826년 12월 27일자 김명희에게 보낸 서찰에서 대진, 고염무, 염약거, 단옥재, 유대공은 반드시 연구해야할 뛰어난 업적을 남겼고 옹방강은 이들보다 그 학술적 수준이 낮다고 명시했다.[56] 김정희는 동의하지 않았다. 그는 단옥재의 옹방강에 대한 비판이 잘못되었다고 지적하는가 하면[57] 또한 유대공이 『논어』를 잘못 주해한 부분을 옹방강이 수정했다고 이장욱의 평가에 대한 반례들을 들었다. 김정희는 실제로 유대공의 저작을 검토한 흔적이 있다. 『완당선생전집』(阮堂先生全集) 권6의 「제가장사치안책권두」(題賈長沙治安策卷頭)는 김정희의 저작이 아니라 유대공의 「한학습유/매의전」(漢學拾遺/賈誼傳)의 일부이다.[58] 유대공의 저술은 옹방강의 제자인 주달(周達)이 1822년 김정희에게 전한 바 있으며[59] 「한학습유」는 한대 경학과 문예 전반에 걸친 여러 항목에 대한 유대공의 비평을 모아놓은 글이다. 김정희는 유대공의 한대 경학에 대한 의견을 검토한 뒤 옹방강의 『군경부기』가 연구 방법론이 매우 반듯하고 공평무사한 태도를 가지고 있어 신중함에 뛰어나다고 반박할 수 있었던 것으로 짐작된다. 오히려 김정희는 이장욱에게 옹방강의 저술이 다 출판되지 않은 상황에서 옹방강의 저술을 제대로 관통하고 그 학문 수준을 평가했는지 반문했다.[60]

김정희는 위의 서신에서 옹방강이 유대공, 단옥재와 학문의 길이 약간 다르다고 했고[與段劉諸公門路稍異] 다른 구절에서는 옹방강은 옛것을 보존하지만 옛것에 빠지지 않았는데[存古而不泥於古] 두 사람은 옛것에 빠졌다고 표현했다. '옛것에 빠지지 않는 태도'는 앞서 언급했듯이 옹방강이 단옥재에 대해 한대 훈고학을 제대로 검증하지 않았다고 비판하고 장혜언·능정감에 대해 경학 텍스트로부터 현실을 쉽게 도출해내는 연구 태도를 비판하는 등 옛 텍스트에 대해 매우 신중했던 옹방강의 연구 태도를 상기시킨다.

위와 같은 김정희의 논박에 대해 이장욱은 단옥재의 경우는 그 문제점을 인정하고서 단옥재의 단점을 보완한 계복의 『설문의증』(說文義證)을 비롯해 왕념손의 여러 연구서를 다시 소개해준 것이 1828년, 1830년 서찰에서 보인다. 그러나 옹방강과 관련해서는 달랐다. 유대공에 대해서는 『논어』, 『의례』에 대한 연구가 매우 정밀하다는 한마디로 김정희의 비판을 거부했고 옹방강에 대한 자신의 평가는 자신 개인의 의견이 아니라 이미 왕중, 주균(朱筠)과 같은 대학자들의 평가이기도 하다고 자신을 포함한 학계 일반의 평가를 전달했다.[61]

물론 김정희는 여전히 자신과 옹방강을 학문적으로 일치시키지 않는다. 김정희는 스스로 밝히기를 고문상서의 위작 여부에 대해서 자신과 옹방강이 전혀 입장이 다르며[頗有異同, 其大異而不敢苟同者, 爲書之今古文] 혜동, 대진, 능정감에 대해서도 본인이 매우 높이 평가하고 있다는 점을 뚜렷이 밝혔다.[62] 앞으로 자세히 논의하겠지만 『완당선생전집』에는 옹방강이 비판한 세 학자들을 김정희가 열심히 연구한 흔적이 상당히 남아 있다. 오히려 수많은 청대 학자들의 연구물들을 초록한 가운데 옹방강의 것이 안 보인다는 점이 의문스럽다. 김정희는 자신과 옹방강이 둘 다 한송절충론을 표방하면서도 의리에 대한 관점에 따라 고증학의 수용범위가 다르다는 점을 밝혔다. 더 분명하게 김정희는 단옥재·유대공뿐 아니라 옹방강 역시 학문적으로 문제점은 있으나 후배로서 이들의 업적을 절충한다[後輩之折衷]는 자신의 학문적 목표를 밝혔다.[63] 그는 혜동, 대진과 같은 청대 초·중기의 고증학자들과 대진의 반주자학적 입장을 계승한 능정감과 같은 양주학파, 이들과는 입장이 다른 옹방강 모두를 수용하여 이들보다 더 높은 학문의 단계로 나아가려는 의지를 표명한 것이다.

(2) 왕희손과의 교유(1838): 청대 학계의 지형도 비평

이장욱과의 서찰 교환을 통해 마흔 살 즈음의 김정희의 경학관을 알 수 있다면 이로부터 다시 10년 후 왕희손과의 서찰 교류에서는 이장욱과 같은 이들의 도움을 통해 수많은 청대 학술서를 접한 듯 김정희가 훨씬 더 광범위하게 그리고 심도 있게 청대 경학을 논한 모습을 볼 수 있다.

왕희손(汪喜孫, 1786~1848)은 양주학파의 중요 일원이었던 왕중(汪中)의 아들로 어린 나이에 부친을 잃고 부친의 지기인 왕념손, 단옥재, 손성연, 완원, 옹방강 등에게서 경학을 배웠다. 김정희는 이미 연행 당시 옹방강으로부터 왕중의 이야기를 들었고 섭지선(葉志詵), 완원의 아들 완상생(阮常生)으로부터는 왕희손에 대해 전해 들었다.[64] 왕희손은 김정희에 보낸 발신인 불명의 한 서찰에서 "한과 송은 어찌 구별하고 도학은 어찌 구분하며, 성현과 제왕이 세상을 구하는 마음은 어찌 구분하는지요. 동중서는 대책을 세워 도를 행했고, 정현은 경을 전하여 도를 밝혔고, 주자는 몸으로 실천하여 도를 지켰습니다.", "귀하는 학문이 탁월하니 경을 밝히는 것과 행실을 닦는 것, 경에 통달하는 것과 실용에 이르는 것을 [모두] 할 수 있으실 것입니다. 단지 기윤과 같은 이가 되기를 기대하는 것만이 아니며 단지 단옥재와 같은 이가 되기를 추천하는 것도 아닙니다."라고 하여 자신이 한송절충론을 지지한다는 점을 밝힌 바 있다.[65]

후지츠카 치카시(藤塚鄰)가 수집한 자료에 따르면 왕희손은 조선 문인과 교류한 대표적인 청대 문인이다. 그가 조선의 문인들과 주고받은 서찰을 모아 놓은 『해외묵연』(海外墨緣)에 의하면 조선의 문인들에게 보낸 편지가 수십 통이며 그중 김정희에게 보낸 편지가 6통이고 김명희에게 보낸 편지가 7통이다.[66] 최근의 연구에 의하면 왕희손이 총 8명의 조선 문인들에게 보낸 24통의 편지가 현존한다.[67] 학술적으로 가장 주목을 끄는 서찰은 『해외묵연』에 수록된 서찰 중 김정희가 권돈인을 대신해 왕희손의 서찰에 답했다고 알려진 1838년 서찰이다.

이 서찰에 대해서는 내용을 논하기 전에 먼저 검토해야 할 사항이 있다. 과연 이 서찰을 김정희가 작성한 것인가 하는 문제이다. 후지츠카는 왕희손이 거의 같은 내용의 서찰을 하나는 김정희에게, 또 한 통은 권돈인에게 전달했고, 권돈인에게 전달된 서찰은 1837년 칠석(七夕)에 쓴 「여모대부서」(與某大夫書)라고 추정했다. 그런데 「여모대부서」의 수신자를 권돈인으로 추정하는 근거가 명쾌하지만은 않다. 그는 김정희가 권돈인을 대신해 왕희손에게 서찰을 쓰자면 이미 이전에 왕희손이 그 서찰의 내용과 관련된 사항들을 쓴 서찰을 권돈인에게 보냈어야 하는데 마침 김정희가 권돈인을 대신하여 쓴 서찰 내용과 맞물리는 내용이 「여모대부서」에 들어 있고, 또 「여모대부서」와 왕희손이 1837년에 김정희 형제에게 보낸 서찰의 내용이 거의 같다는 점에서 「여모대부서」의 수신자가 김정희와 학문적으로 깊게 교류한 권돈인일 것이라고 추정했던 것 같다. 그리고 나서 후지츠카는 권돈인이 왕희손에게 썼다는 서찰의 초고를 입수하고는 김정희의 자필이었다고 추정했다.(도판 17) 필적이 김정희의 것일 뿐 아니라 그 서찰에 담긴 해박한 지식은 김정희가 아니고서는 소유하기 어렵다는 이유에서이다.[68] 후지츠카가 제시한 두 논거는 개연성은 크지만 김정희가 편지를 썼다고 확정짓게 할 만한 결정적인 단서는 아니다.

이상과 같은 후지츠카의 추론에 대해 『왕희손저작집』(汪喜孫著作集)의 주편인 양진룡(楊晋龍)은 반드시 김정희가 혼자 서찰을 작성했다고 볼 이유는 없고 초본의 작성자는 권돈인이라고 기록되었으니 내용도 김정희와 권돈인의 합작으로 보는 것이 좋다고 주장했다.[69] 그러나 최근 유정은

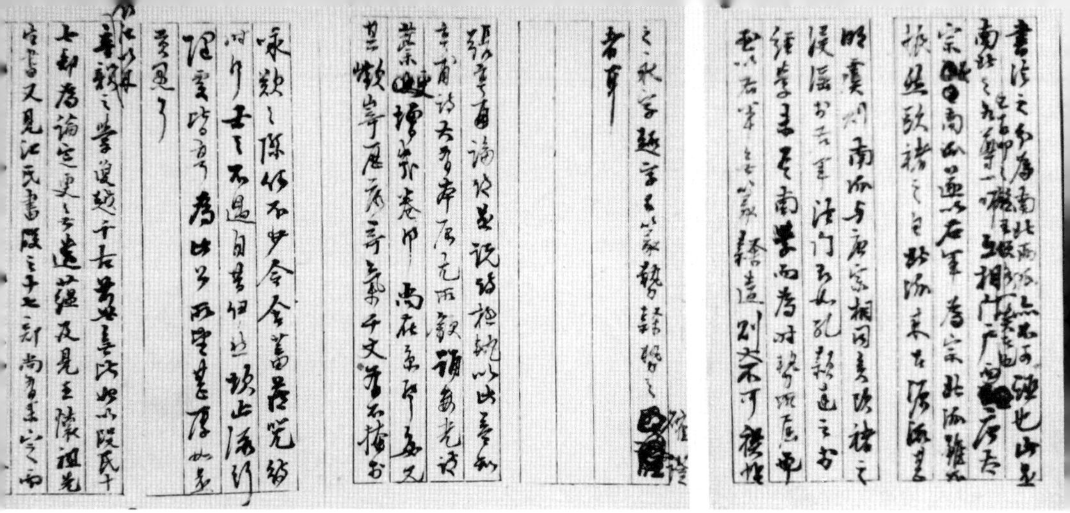

〈도판 17〉〈해외묵연초본〉(海外墨緣抄本), 11.2×14.5cm, 1838, 사진인화본.(『후지츠카 기증 추사자료전Ⅱ 秋史와 韓中交流』 중) 이 편지는 『해외묵연』에 수록된 김정희가 왕희손에게 주는 편지와 글자의 출입이 있다.

『완당선생전집』 권5의 「대권이재-돈인 여왕맹자-희손」(代權彝齋 敦仁 與汪孟慈 喜孫)의 작성일이 '무술팔월이십일'(戊戌八月二十日)로 왕희손이 받은 서찰의 작성일과 동일하며 또 이 서찰의 내용이 『해외묵연』 속 왕희손이 받은 서찰과 순서, 전반적 내용이 같다는 점에 근거해 초고의 작성자는 김정희라고 판단하였다.[70)]

필자는 이제 초고 및 왕희손에게 보낸 서찰이 내용상 김정희가 썼다는 것에 관해 두 가지 사항을 더해 그 논거를 강화하고자 한다. 첫째, 김정희는 초고에서 금고문상서변과 관련해서 공벽(孔壁) 상서, 복생(伏生) 상서 모두 고문과 금문이 둘 다 있으며 통행본, 위포(衛包) 개자본 모두 고문도 아니고 금문도 아니라는 점에서 동일하다는 논리를 펼쳤는데, 이 논리는 김정희 고유의 논리이며, 둘째 초고 중 장혜언은 역학에서 그리고 유봉록은 춘추학에서 금문학적 업적이 뛰어남을 '일월불간'(日月不刊)이라고 표현하고 혜동보다 그 업적이 더 뛰어나다고 비교우위를 논하는데, 이 표현과 논리가 김정희가 이상적에게 보낸 서간문에서 동일하게 등장한다.[71)]

두 번째 논거는 위 3절 옹방강의 경학 지도에서 거론한 바 있으며, 첫 번째 논거는 이하 '3) 상서학(尙書學)'의 항목에서 다룰 것이다.

이제 김정희가 권돈인을 대신해 왕희손에게 보낸 서찰 속『황청경해』비평을 통해 그의 경학관을 살펴본다. 1838년 8월 20일에 김정희가 보낸 이 서찰은 김정희가 청대 경학계를 얼마나 알고 있었고 어떻게 평가하는지 김정희의 청대 학계에 대한 정보의 범위와 깊이를 현재 남아 있는 문헌들 중에서 가장 전면적으로 보여주는 자료이다. 먼저 김정희가 왜 이렇게 광범위한 분야를 걸쳐 청대 학계를 비평했는지 논의의 맥락을 이해하려면 그 전 해에 왕희손이 김정희에게 부친 2통의 편지의 내용을 알아야 한다.

앞서 언급했듯이 1837년 정월 14일에 왕희손은 김정희·명희 형제에게 편지를 부쳤다. 왕희손은 이 편지에서『황청경해』의 편집 문제를 주로 거론하면서 역학, 음운학, 상서학 등에서 반드시 수록되었어야 했는데 그렇지 못한 저술들을 열거했다.[72] 그리고 비슷한 시기에 김정희에게 부친 편지에서는『황청경해』가『통지당경해』에 비해 정밀하고 풍부하다고 높이 평가했다.[73] 왕희손은 완원과 함께『황청경해』찬문을 공동 작성한 인물로서『황청경해』에 부분적인 문제가 있다는 것을 인정할지언정『황청경해』가 주소학의 역사에서 갖는 의의는 확신했던 것으로 보인다.

실제로 이 찬문에서 완원이『황청경해』의 편찬 이념을 '평실정상'(平實精詳)이라고 명시한데 호응하여 왕희손은 평실정상이라는 경학 연구 이념의 반례에 해당하는 역사적 사례를 들어 덧붙였다. 후지츠카는 왕희손이 권돈인에게 이 찬문 합벽을 보냈고 권돈인은 다시 김정희에게 보냈다고 보았다. 후지츠카는 그 찬문 작품을 표구한 채로 소장했고 지금은 과천문화원에 수장되어 있다.(도판 18) 필자의 조사에 의하면 이 찬문은『완당선생전집』권8,「잡지」에 초록되어 있으며, 이로 보아 김정희가 찬문

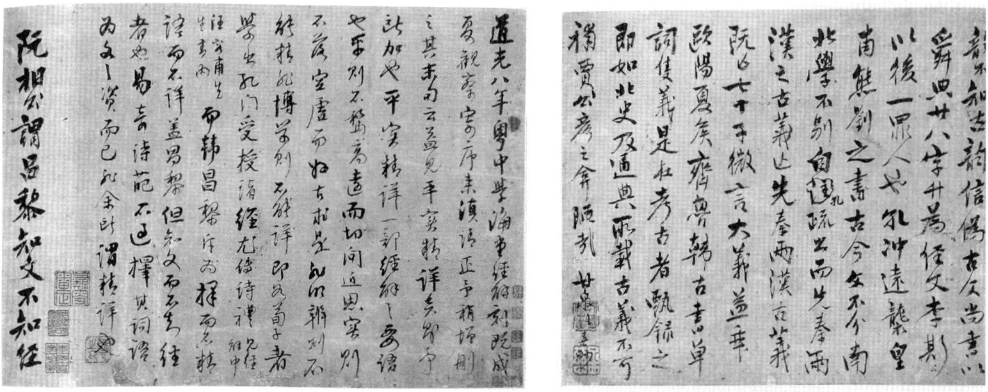

〈도판 18〉 완원(阮元), 왕희손(汪喜孫), 〈경해설합벽〉(經解說合壁), 19×51cm, 과천문화원 소장. 왕희손은 완원과 자신이 『황청경해』의 편집 이념과 자세를 풀이한 두 찬문을 한 작품으로 합쳤다.

을 보았던 것은 분명해 보인다. 완원은 이 찬문에서 1828년 학해당에서 『황청경해』의 판각이 완성되었고 하수서(夏修恕)가 서문을 작성했으며 마지막 구절에 자신이 '익견평실정상'(益見平實精詳)이라는 구절을 더해 완성했다는 것을 밝히고 그 의미를 풀이했다.

과연 「황청경해서」(皇清經解序)를 보면 실제로 맨 마지막 구절이 '益見平實精詳'이다. 하수서는 서문에서 다음과 같이 『황청경해』의 편집 정신을 밝히고 있다. 『십삼경주소』 이래 당·송·원을 거쳐 많은 경해서들이 나왔고 드디어 청에 들어 강희년간 『통지당경해』가 출현했다. 이후 청대의 많은 어찬(御纂) 경해류가 뒤를 이었으니 이로부터 청대의 경학이 크게 발전하여 전대를 잇게 되었다. 모두 이전 주소의 엉성하거나 오류인 부분을 고증하고 또 미처 밝히지 못한 부분을 밝히는데, 과거와 논의와 다른 부분도 있어 후대에 절충되어야 할 것도 있다. 이렇게 해서 고염무, 염약거, 모기령 등의 경해서는 모두 『사고전서』에 수록되었는데 건륭년간 이후에 활동한 혜동, 대진 등의 업적은 아직 『통지당경해』에 수록되지 못했다. 이에 도광년간 초에 완원이 광주의 학해당에서 『황청경해』를 판각하여 영남 사람뿐 아니라 각 성(省)의 유학자들도 널리 주소를 접하여 실사구시와 평실정상을 접할 수 있게 했다. 요컨대 『십삼경주소』 이래 가장 최근의 『통지당경해』까지 주소학이 진행되었고 『황청경해』는 실사구시와 평실정상의 정신에 입각해 『통지당경해』 이후에 등장한 여러 경해업적을 모았다는 것이다.[74)]

그렇다면 '실사구시'(實事求是)라는 어구에 대해 완원은 왜 '평실정상'(平實精詳)을 굳이 덧붙였을까. 평실정상은 실사구시와 어떤 의미의 차이가 있을까. 완원은 평실정상이 경해의 요체[經解之要]라고 명시했다. 다음과 같은 찬문 속 풀이는 과연 『황청경해』를 편집한 학술 이념과 방법론을 제시한다. '평'(平)이란 고원(高遠)하지 않게 현실에 대해 묻고 사유하며 실(實)은 공허하지 않게 옛것을 탐구하여 올바름을 구하는 것이며, 명료함을 통해 정교[精]를 구하고 박학을 통해 상세함[詳]을 추구하니 평실정상은 곧 학문 방법론의 기본적인 지표라는 것이다.[75)] '실사구시'는 한대 이래 고학을 연구하는 태도를 일컫는 명제로서 『한서』(漢書) 「하간헌왕전」(河間獻王傳)에 등장하는 "수학호고실사구시"(修學好古實事求是)의 한 구절이다. 그 의미는 일을 실제적으로 규명하고 올바름을 추구한다는 것이다. 완원은 이 어구가 처음 출현한 이후 1800여 년이 지난 시대의 학문적 이념과 방법을 명료하게 드러내기는 힘들다고 보았던 것 같다. 그는 아마도 고심하여 청대 고증학 정신을 보다 명료하게 드러낼 어구로 '평실정상'을 조어(造語)해서 한대 훈고학을 이은 청대 고증학의 정신을 밝히고자 했다고 짐작된다. 평실정상은 실사구시를 보다 구체적으로 풀이하니, 실제[實]와 참됨[是]의 추구라는 고학의 연구 이념과 함께 현실적이고[平·實] 정교하고[精] 상세함[詳]을 갖춘다는 연구 방법론까지 포괄하는 것으로 보인다.

그리고 왕희손은 완원의 취지를 이어 평실정상을 실천하지 못한 몇몇 사례를 들어 찬문을 구성했다. 완원의 찬문이 경해의 기본 정신을 제시했다면 왕희손의 찬문은 그 사례를 들어 보완하는 역할을 한다. 왕희손은 한유(韓愈)가 문장에 치우치고 기이함을 구할 뿐 정교함을 추구하지 않아 학자로서 훌륭하지 못했고 위서를 믿은 당나라 육덕명(陸德明, 약 550~630)과 공영달 역시 경학사에 큰 죄를 범했으며, 특히 공영달과 가공언(賈公彦) 이후 남학과 북학이 섞이면서 선진양한의 고의(古義)가 스러졌다고 했다.[76]

이러한 찬문을 썼던 왕희손이 중국 주소학의 역사에서 『황청경해』의 편집이 갖는 의의를 칭송한 것은 당연해 보인다. 그러나 왕희손의 평가에 대해 김정희는 아쉬움을 표명했다. 그는 『통지당경해』가 모든 자료를 수집했던 것과 달리 『황청경해』에는 편집 기준이 있고 그 기준에 따라 청대 경학 연구서를 취사 선별했는데[77] 그 편집 기준 때문에 문제가 발생한다는 것이다. 요컨대 '평실정상'이 경해류 편집 기준으로서 지니는 한계를 지적한 것이다. 김정희는 『황정경해』의 편집 관점의 문제를 그 편집자 중 한 명인 진수기(陳壽祺, 1771~1834)의 사례를 들어 이야기했다. 김정희가 보기에 『황청경해』는 한학을 수용하는가를 중요한 선발 기준으로 삼았고 이에 『삼례진수구의』(三禮陳數求義)와 같은 임교음(林喬蔭)의 명저도 마융·정현을 논박하고 한학을 받아들이지 않았다는 이유로 제외했다는 것이다. 또한 진수기는 옹방강이 완원과 경학상 입장이 달라 완원의 『십삼경교감기』, 단옥재의 『주례한독고』를 평가절하했다고 보고 이를 놓고 옹방강과 논박한 적도 있는데,[78] 이 악연으로 진수기가 옹방강이 갖는 작은 흠을 부풀리고 『황청경해』에 그의 저작을 수록하지 않았다는 것이 김정희의 판단이다.

그리고 김정희는 염약거의『고문상서소증』과 호배휘의『역도명변』을 수록하지 않은 것에 대해서 전자는 분명 청대 상서학의 선구자이고 모범임에도『사서석지』(四書釋地)에 비해 정밀함이 떨어진다는 이유인 듯 수록되지 않았고, 후자 역시 비슷한 이유로 편집에서 제외되었다고 보았다.[79] 요컨대 김정희의『황청경해』편집에 대한 평가는 '평실정상'이 '한학'적 '성숙'에 치우쳐 학술적인 새로운 안목을 그 자체로 인정하지 않고 아울러 편집자들과 다른 의리론적 관점을 용납하지 않는 한계를 지적한 것이라고 하겠다.

이렇게 김정희는 완원이 주도하여 편집한『황청경해』에 수록되지 못한 다른 여러 서적들을 열거하면서 그 누락이 아쉬운 이유를 뚜렷이 밝힐 만큼 이미 경학관이 뚜렷하다. 이장욱과의 학술 교류를 더해 종합적으로 살펴보면 김정희는 청년기 이래 여전히 박고(博古), 박종(博綜)을 중시하여, 자신과 의리의 내용, 고증의 목표가 다른 옹방강의 경학 연구 역시 학문 태도상 성실한 고증학적인 부분 특히 텍스트 중심주의의 장점을 여전히 높이 평가하는 한편, 학문적인 성숙뿐 아니라 안목의 새로움 역시 그 자체 중시할 만큼 널리 자료와 연구 성과를 수집해 왔던 것이다.[博綜]

이렇게 완원과 옹방강 사이에서 자신의 위치를 설정하고 여러 학술 성과의 부분적인 의의를 인정한다는 것은 그만큼 김정희 자신이 방대하고 깊이 있는 연구를 선행했기에 가능했을 것이다. 이장욱과 서신을 교환한 10년 후 1838년 권돈인을 대신해 왕희손에게 보낸 서찰로서『해외묵연』에 실린 편지글에는『황청경해』의 편집관 외에 청대 경학과 소학의 여러 분야에 대한 평가와 질문, 제안들이 담겨 있다. 이하에서는『해외묵연』에 실린 김정희가 왕희손에게 보낸 서찰의 내용을 분야별로 나누어 살펴보되, 이 편지가 왕희손이 1년 전에 김정희에게 보낸 편지에 대한 답변임을

감안해 왕희손의 견해를 염두에 두면서 검토할 것이다.[80)]

1) 음운학(音韻學)

음운학에 관해서 김정희가 왕희손에게 쓴 부분에는 청대 음운학 연구사의 대강이 서술되어 있다. 왕희손은 앞서 김정희 형제에게 보낸 편지에서 『황청경해』에서 누락된 음운서들을 논했다. 고염무가 고운(古韻)을 10부(部)로 나누어 『음학오서』(音學五書)를 저술한 이후 강영(江永, 1681~1762)은 『고운표준』(古韻標準)에서 고운을 13부 나누었는데, 13부설은 이후 대진의 『성류표』(聲類表)의 15부설,[81)] 단옥재의 17부설과 21부설의 기원이 되는 중요한 논의라고 했다. 그리고 단옥재의 만년 21부설은 왕념손의 것과 일치하며 그 외 왕인지와 강유고(江有誥) 역시 모두 21부설을 주장한다고 했다. 왕인지의 논의는 『경의술문』(經義述聞)에 있고 강유고의 논의는 『시경운독』(詩經韻讀)에 있는데 이들 저술과 강영의 저술이 『황청경해』에서 누락되어 아쉽다고 했다.[82)]

김정희는 왕희손에게 보낸 서찰에서 청대 음운학 업적의 『황청경해』 수록 여부보다는 강유고를 포함한 최신의 음운학 업적을 논했다. 김정희는 고염무와 강영으로부터 중국의 음운학이 비약적으로 발전했다고 지적한 후 단옥재, 왕념손, 강유고의 업적을 연구한 바 있음을 밝혔다. 그런데 왕희손이 세 사람의 동일성을 논한 것과 달리 김정희는 세 사람의 차이점을 논했다. 왕념손의 21부설은 강유고의 21부설과 그 내용과 분류 방식이 다르고, 단옥재가 사성(四聲) 중 거성(去聲)을 없앤 데 대해 왕념손은 거성을 남겨두었고 또 단옥재의 입성(入聲)에 대해서도 수정한 것을 알고 있다는 것이다. 그리고 김정희는 강유고의 『당운재정』은 읽어 보았는데 왕희손이 언급한『시경운독』은 아직 못 보았다면서, 강유고에게 또 다른 저술이 있는지 아울러 왕념손도 다른 저술이 또 있는지 질문했다.[83)]

김정희가 청대 음운학 연구 업적에 대해 짚은 부분은 과연 청대 음운학 연구사에서 어떤 의미를 지니고 있는 것이며 김정희의 관점에 대해 무엇을 말하고 있을까. 단옥재는 주(周), 진(秦), 한(漢)대 초까지는 아직 거성이 없었다는 "고무거성설"(古無去聲說)을 제시했다. 그는 거성이 다른 성조와 비교적 자유롭게 통압(通押)할 수 있다는 것이 그 증거라고 보았다.[84)] 고무거성설은 강영 이래 왕념손 등의 "고유사성설"(古有四聲說)과 그 입장이 구분된다. 왕념손의 경우『고운보』에서는 21부설을 주장했지만 후에『합운보』(合韻譜)』에서 22부설로 수정했는데,[85)] 김정희가 왕념손의 음운학 저술을 제대로 보지 못했다고 스스로 밝힌 것으로부터 짐작하자면 그는 왕희손에게 보낸 서찰을 쓸 당시 왕념손의 22부설을 알지 못했던 것이다.

김정희가 유난히 관심을 표명한 강유고는 청대 음운학 연구사에서 매우 중요한 인물이다. 강유고의 음운학 총서인『음학십서』(音學十書) 첫 권에 있는 단옥재의「강씨음학서」(江氏音學敍)에는 강유고가 단옥재·왕념손과 서로 음운에 대해 반복 토론한 내용이 수록되어 있는데 이로부터 짐작할 수 있듯이 그는 청대 음운학 연구의 집대성자로 평가받는 학자이다. 그의『당운재정』은 고염무의『당운정』(唐韻正)을 보완하여 상고시대와 다른 당(唐)대의 운을 제시했고, 상고시대 고운에 관해서는 단옥재의 음운학을 비판하면서 삼대양한(三代兩漢) 시대의 운에 이미 사성이 있었다는 것을 입증했다. 단, 강유고는 고운에 매 1부마다 모두 4성이 있는 것이 아니라 어떤 것은 평, 상, 거성만 가지고 입성이 없는 경우도 있고, 평성과 거성 2개의 성만 가지거나 혹은 입성만 가진 운도 있다고 했다. 이

는 입성을 평성의 부수물로 보는 단옥재 등의 종래의 견해를 수정했다는 의미를 지닌다.[86]

아울러 김정희가 간략하게 지적한 대로 현대의 연구자들에 의하면 강유고는 왕념손과 동일하게 21부설을 주장하면서도 구말(句末)과 구중(句中)에 운을 두는 방식, 그리고 고운(古韻) 부분에서 지(脂) 부로부터 지(至)부(部)의 독립 여부를 두고 논쟁하는 등 21부를 구성하는 운부 선정에서 서로 입장이 달랐다.[87] 아쉬운 것은 김정희가 강유고의 『시경운독』을 접하지 못해 강유고가 고염무의 『음학오서』 이래 강영의 『고운표준』, 그리고 단옥재의 『육서음운표』(六書音韻表)를 종합하여 최종적으로 고운(古韻)을 21부로 나눈 상세한 연구 결과를 접하지 못했다는 점이다. 그럼에도 김정희가 그의 연구를 주목한 것은 정확했다. 김정희 역시 강유고의 음운학 연구사에서의 위상을 알고 있는 듯 강유고의 음운론을 단옥재와 왕념손이 높이 평가했으니 이제 강유고의 설을 고운 분류의 표준으로 삼아야 하는가 왕희손에게 물으면서 당연하게도 강유고의 전서, 아마도 『음학십서』(音學十書)인 듯한 총서를 찾았다.

2) 역학(易學)

왕희손은 발신일 불명의 서찰에서 한대 『주역』 연구를 언급하면서 정현, 순상, 우번은 역의 한 측면씩을 밝혔으며, 한대 비직(費直)은 효(爻)·상(象)·괘(卦), 기(氣)의 운동만을 언급한 것이 아니라 미언대의(微言大義)를 갖추고 있다고 짤막하게 언급했다.[88]

그리고 『해외묵연』 속 김정희 형제에게 보내는 서찰에서는 『황청경해』에 보각해 넣어야 할 역학 연구서로 호위(胡渭)의 『역도명변』과 혜동의 두 연구서인『역한학』(易漢學)과『역례』(易例)를 꼽았다. 한대 역학 연구에 관해『역도명변』이 선구라면,『역한학』은 가장 정밀한 성과를 거두었고『역례』도 빠질 수 없다는 것이다.[89] 호위와 혜동은 이미 김정희가 옹방강으로부터 전해 들은 역학자들이다. 그중 혜동은 앞서 언급한 대로 옹방강이 주자학에 대한 공격을 목표로 한다고 비난한 것으로 보아 왕희손은 옹방강과 의리에 대해 입장을 달리하는 것을 확인할 수 있다. 김정희는『해외묵연』에 수록된 왕희손에게 보낸 서찰에서 이들에 대해 언급하지 않았다. 김정희는 이 서찰에서 청대 학계에 대해 주로 비판 혹은 질문을 하는 경향이 있는데 역학에 대해서는 왕희손의 견해가 자신의 것과 비슷해 별달리 지적할 부분이 없었던 것은 아닐까 짐작해 본다.

3) 상서학(尙書學)

왕희손은 주자 이래 상서고금문 논쟁사를 구성하는 주요 연구 성과들의『황청경해』수록 여부를 서술했다. 당시 청대 경학계에서는 고문상서가 위작이라는 견해가 널리 퍼져 있었고 자연스럽게 금문상서 연구는 활발히 진행되었다. 김정희와 왕희손은 모두 금고문상서 진위 연구에 상당한 관심을 보였다. 왕희손은 남송 왕백(王柏, 1197~1274)의『서의』(書疑)가『통지당경해』에 수록되어 있는 데 비해 명대 귀유광(歸有光, 1506~1571)의 저작을 비롯해 고문상서의 위작 논의의 가장 핵심적 사항을 담은 매작의『상서고이』(尙書考異), 이를 계승한 염약거의『고문상서소증』모두『황청경해』에 수록되지 않았다고 아쉬워하였다.[90]

김정희는 왕명성(王鳴盛, 1722~1797)의『상서후안』(尙書後案), 염약거의『상서고문소증』, 단옥재의『고문상서찬이』(古文尙書撰異) 이후 금문학자인 위원, 유영종(柳榮宗, 1802~1865)에게 상서와 관련된 새로운 연구 결과가 있는지 왕희손에게 물었다.[91] 먼저 위 세 저술은 고문상서의 위작론을 확립한 중요한 세 저술이다. 『상서고문소증』은 이미 옹방강의 입장을 논하는 가운데 고찰한 바 있다. 그리고 왕명성은 혜동으로부터 경학을 배웠는데 『상서후안』에서 마융·정현이 주를 단 『상서』가 실제 공벽에서 나온 진고문상서라고 주장했다. 정현은 마융과 왕숙의 논의를 취하여 상서를 논의했는데 그 논의들은 여러 문헌에 단편적으로 흩어져 있고, 이에 왕명성은 그 단편들을 모아 정현과 마융·왕숙의 차이를 해석하여 고증하고 이에 대한 자신의 견해[案]를 덧붙였다. 단옥재의 『고문상서찬이』는 음운을 통해 의미를 파악하는 소학 방법들을 통해 고문과 금문의 차이를 밝히는 방식을 확립한 저술이다. 바로 아래에서 다시 서술하겠지만 김정희는 왕희손에게 보낸 편지에서 위포의 개자본을 언급하는데, 그 논의는 바로 단옥재의 이 저술에 있다.[92] 단옥재는 이 저술에서 복생 이래 사마천, 동중서, 왕포, 유향 등의 금문상서와 공안국 이래 유흠, 위굉, 가규, 정현, 허신 등 고문상서 계열을 비교하여 그 차이를 밝혔다.

그런데 김정희는 금고문 논쟁에 대해 왕희손보다 복잡한 의견을 제시했다. 공벽에서 나온 고문상서 역시 금문이 섞여 있고 복생이 구술한 금문상서 역시 고문이 섞여 있어 고문본과 금문본을 명료하게 나눌 수는 없다는 것이다. 일반적으로 상서 연구자들은 고문이 위본이고 금문이 진본이라고 하나 현행본은 고문도 금문도 아니니 현행본 위고문은 구본이 아니라는 말이라고 한다. 그리고 단옥재가 당나라 때 위포가 금문으로 개정한 상서본을 고문이라고 했는데 탁견이라고 평가했다.[93]

현행본과 위고문, 고문상서, 금문상서 모두에게 금문과 고문이 다 뒤섞여 있다는 논의는 김정희의 독특한 표현으로 이 서찰에서의 짧은 문단으로는 쉽게 이해하기 어렵다. 이 말을 이해하자면 그의 「상서금고문변」(尙書今古文辨) 상·하를 잘 살펴볼 필요가 있다. 앞서 논의한 대로 두 논의를 연결해보면 「상서금고문변」은 『해외묵연』 속 왕희손에게 보내는 서찰의 초본 작성자가 김정희라는 점을 증명하는 강한 논거가 된다.

김정희는 왕희손에게 네 가지 상서본, 즉 ① 공벽(孔壁)에서 나온 고문상서, ② 복생(伏生)이 구술한 금문상서, ③ 현행본인 매색(梅賾)의 위고문상서본(僞古文尙書本), ④ 위포(衛包)의 위공전(僞孔傳) 개자본(改字本)을 논했다. ①은 한대에 공안국이 황제에게 바치면서 금문으로 읽었기 때문에 [원본상] 고문이자 [표기상] 금문이니 고문 또한 금문이라고 말할 수 있다.[94] ②는 복생이 진나라 분서갱유 이전의 옛 상서본을 한나라가 성립된 이후 금문으로 내놓았을 뿐이므로 이 또한 [원본상] 고문이자 [표기상] 금문이기는 마찬가지이니 금문 또한 고문이라고 말할 수 있다고 했다.[95]

③은 동진(東晋) 시기에 매색이 한동안 보이지 않던 한대 공안국이 바친 공벽 고문상서를 발견해 황제에게 바친 것을 말하는데, 이른바 공벽에서 나왔다고 하는 진고문 31편 외에 갑자기 25편이 더해져 56편이라고 한다. 그 이후 당나라 공영달의 『상서정의』는 『상서』의 판본뿐 아니라 체제를 편찬하여 정본화를 추진하였는데, 동진 매색이 헌납한 위고문상서본을 바탕으로 마융과 정현의 설을 많이 채록했으나 공전(孔傳)을 전한 수나라 고표(顧彪)의 설도 채록하는 등 한 사람의 업적을 묵수한 것은 아니었다. 이후 송대에서도 매색과 공영달이 전하는 위고문상서본이 통행되었는데 남송의 주희는 그 진본 여부를 의심하기 시작했다. 그럼에도 매색본은 공영달을 거쳐 청대까지 지속된 통행본이었다. 김정희는 매색의 판본이 위본이므로 [공벽에서 나온 진짜] 고문도 아니고 [복생이 전한] 금문도 아니라고 표현했을 것이다.[96]

한편 ④ 당나라 위포(衛包)는 현종의 명에 따라 위공본(僞孔本)을 금문으로 개정했는데, 이 위공본은 "마융(馬融)·정현(鄭玄)·왕숙(王肅)의 본을 따른 것이다."라고 하였다.[97] 즉 위포가 공안국이 저술했다고 하는 『상서전』을 금문으로 썼다고 하지만 사실 마융·정현·왕숙의 저본에 기원했다는 것이다. 요컨대 김정희는 위포의 위본은 매색의 위본과 위본이라는 점은 같지만 저본이 서로 다르다는 점을 밝힌 것이다. 위포본의 기원 논의는 김정희가 다시 글의 뒤쪽에서 위포 개정본이 고문상서본 중 공안국본, 매씨본과 일치하지 않고, 금문으로 쓰여져 당에서 개정된 『금문상서』가 되었는데 다른 금문상서본인 구양본, 하후본과도 일치하지 않는다고 한 것과[98] 맥락이 닿는다. 청의 단옥재가 위포본이 고문이라고 언급한 것은 위포본이 마융·정현·왕숙의 저본에 기원을 둔다는 것과 일치한다고 김정희는 이야기하는 듯하다.

이 글은 김정희의 상서연구에 관해 어떤 정보를 제시해 주는 것일까. 우선 김정희가 '고문', '금문' 명칭이 상서 판본 연구를 오히려 혼란스럽게 한다고 생각하는 것을 보여주는 듯하다. 모든 고문상서가 한대 이후 금문으로 쓰여졌으므로 금문과 고문은 판본 분류에 효율적이지 않고 또한 각각에도 두 종류 이상의 계열이 있기 때문이다. 그가 이 글을 쓴 이유는 스스로 언급한 대로 금고문 논쟁사를 이해하는 것이 『상서』 연구에서 중요한 첫 관문이 되기[開卷第一義] 때문이며, 직접 밝히지는 않았으나 '고문'과 '금문' 용어 정리가 금고문 논쟁을 연구하는 가장 기본적인 도구 개념이기 때문일 것이다.

그러나 김정희는 더 이상 금고문 연구에 대한 업적을 내지 않았고 이는 그가 의도한 것이기도 하다. 그는 금고문 진위에 대해 이미 한대 사마천, 반고와 유향·유흠, 정현까지 상호 진술이 엇갈리는 의심스러운 부분이 있어 더 이상 고증이 불가능하다는 점, 그리고 이를 기반으로 한 여러 학자들의 논쟁을 보면 진위 논쟁의 논점이 분명할 뿐더러 논증 자체가 어려워 혜동이나 단옥재 같은 대학자들도 견강부회했고 손성연 역시 결론 내지 못할 정도이므로 결국 굳이 자신이 다시 정리할 이유가 없다는 점을 밝힌 바 있다.[99] 김정희가 상서금고문 논쟁에 대해 매우 국부적인 논의만을 남긴 것은 기존의 연구사를 넘는 성과를 낼지 확신할 수 없었기 때문일 것이라고 짐작할 수 있다.

둘째 무엇보다 윗글에서 김정희가 고문상서의 진위 검증 문제에서 경서 내 의리의 권위를 실추시킬 수 있다는 점을 다루고 있지 않다는 점이 눈에 띈다. 그는 고문의 진위를 고증하는 것도 어렵지만 그렇다고 『상서』 내 의리에 관한 16글자를 그대로 믿어서도 안 된다고 못 박았다.[100] 이는 그와 비슷한 시기 활동했던 여러 조선의 학자들의 상서금고문 진위 논쟁에 대한 태도와 비교해 볼 때 그 의미가 뚜렷해진다.

고문상서는 조선에서도 일찍이 이익(李瀷)·임성주(任聖周) 등이 의심했었는데 본격적으로 그 위작 여부를 논증한 이는 정약용(丁若鏞, 1762~1836)이다.[101] 정약용은 상서 연구에 관해 『매씨서평』(梅氏書平), 『상서고훈』(尙書古訓) 등 여러 저술을 남겼는데 김정희와는 의리에 대한 입장이 달랐다. 정약용 역시 모기령, 염약거 등의 저술의 도움을 받아 고문상서가 위작임을 신뢰했지만, 최종적으로 『상서』를 판본 고증을 통해 원형을 회복시키고 그 안에 담긴 '의리'를 규명하기에 힘썼다.[102] 예컨대 「대우모」가 위작이라고 하나 그 안에 담긴 의리가 성인의 것과 일치하는 이상 버릴 필요가 없다고 보았다.[103] 성해응(成海應)과 신작(申綽) 역시 상서 연구사에서 중요한 위치를 차지하는 고증학의 대가들인데, 성해응은 단연코 고증 때문에 의리를 버려서는 안 된다고 주장했고 신작도 유사하게 현행 매색본 고문상서가 타본에 비해 상대적으로 논리적인만큼 전통대로 폐기하지 않는 것이 적절하다고 보았다.[104] 신작의 발언에서도 고문상서 내 의리는 위작 여부를 초월하여 중요하다는 점이 전제로 되어 있다고 할 수 있다. 이들의『상서』내 의리론에 대한 태도는 옹방강의 입장과도 겹친다. 김정희의『상서』연구 방향은 옹방강 및 조선의 경학자들의 것과 달랐고 이러한 차이는『주역』연구 방법론의 차이에서 이미 목격한 바 있다. 물론 김정희는 이들에 비해 훨씬 더 많은 그리고 최신의 청대 상서 고증 업적을 접했다. 그는 이 업적들을 토대로 자신의 관점을 형성하여 옹방강이나 조선의 의리 중심의 상서 연구자들과는 별도의 길을 걸었던 것이다.

4) 천문학(天文學)·산학(算學)

왕희손은 김정희에게 보내는 서찰에서 산학을 짧게 언급했지만 김정희는 "천문과 산술이 오늘날의 급선무"라고 할 만큼 상당한 관심을 보였다.『해외묵연』에서 분량이 가장 긴 부분이 천문학과 산학이라는 점은 잘 알려져 있지 않다. 그래서 김정희는 조선 후기 천문학과 산학에 관심을 보인 학자군에서 제외되기도 했다. 비록 김정희가 두 분야에 대해 학술 업적을 남긴 것은 아니지만 여타 분야에서 그랬듯 최신의 연구물들을 접했다는 점에서는 적어도 동시대 최고의 천문학자로 꼽히는 남병철(南秉哲, 1817~1863)·남병길(南秉吉, 1820~1869) 형제에 뒤지지 않았다.

왕희손은 1837년 서찰에서 산학과 관련해 나사림과 서유임(徐有壬, 1800~1860)을 최고의 학자로 추천하고 이들의 저술을 지금 김명희와 김정희 형제에게 보낸다고 적었다.[105] 서유임과 나사림은 왕래(汪萊), 이예

(李銳), 동우성(董祐誠) 등과 함께 청초 왕석천(王錫闡), 매문정(梅文鼎) 이후 끊겼던 산학을 도광·함풍년간에 부활시켜 중국 고산학(古算學) 업적을 정리하고 새로운 수학 원칙들을 발견했던 수학자군에 속한다.[106]

나사림은 중국의 전통 산술법인 '사원술'(四元術)을 연구하여 『사원옥감세초』(四元玉鑒細草)를 완성했고 『구고절적산술』(句股截積算術)·『춘추삭윤이동』(春秋朔閏異同)·『비례회통』(比例會通) 등을 저술했다. 그중 『사원옥감세초』는 김정희와의 연결고리를 지시한다. 앞서 2절에서 언급했듯이 『사원옥감』은 원대 주세걸이 1303년에 출간한 저작으로서 사원술을 설명한 중국 최고의 수학 저작으로 꼽힌다. 『사원옥감』은 완원이 19세기에 발견하고 나서 이예(李銳)와 나사림에게 부탁하여 출간케 한 것이다. 이후 주세걸의 『산학계몽』을 김정희가 완원에게 전달해 나사림이 교주(校注)하고 출판한 것도 위에 언급한 대로이다. 나사림은 서양의 산법도 연구한 당시 최고의 수학자군 중 한 명이었다. 왕희손은 나사림의 『구고용삼사습유』를 크게 칭송하면서 자신이 제대로 연구할 수 없음을 아쉬워했고 나사림의 불명의 저술을 김명희·김정희 형제에게 보냈다.

한편 서유임은 김정희와 교분을 쌓아 서찰을 주고받은 인물인데 호남(湖南)의 포정사(布政使), 강소(江蘇) 순무(巡撫)를 지냈던 한족 출신의 고위 관료이면서 요학상(姚學塽, 1766~1826)으로부터 주자학을 배운 인물이기도 하다.[107] 먼저 사귀기를 청한 쪽은 김정희인데 서유임은 김정희에게 요학상의 문집 『사서예』(四書藝) 외에 상주파 유봉록의 『유례부집』, 그리고 주송정의 또 다른 저술 『사원옥감』을 보내주었다. 서유임은 김정희에게 보내는 연도 미상의 편지에서 오랫동안 아무도 『사원옥감』을 연구하지 않았는데 자신이 그 세초를 만들었고 다른 사람이 이를 판각했는데 다음에 부치겠다고 했다.[108] 그리고 서유임은 별지에 『사원옥감』 중 타적술(垜積術)과 초차술(招差術)에 대한 질문에 답변하겠다고 했다. 아마도 김정희가 이를 전에 서유임에게 질문한 것이다.

타적술은 현재의 등차수열 혹은 등비수열과 유사한 수학 공식으로서 도형의 부피를 구하는데 사용된다. 초차술은 두 지점 사이의 어떤 지점의 위치를 함수식을 써서 구하는 수학 공식인 내삽법(內揷法) 중에서도 고차 내삽법에 속한다. 그는 타적술과 초차술을 연구하고 이를 원의 전체 면적으로 분할해서 구하는 등의 여러 경우에 적용해보니 통하지 않는 것이 없었다고 자부할 정도였다.[109] 그가 새로 제시했다고 하는 '조각표간법'(造各表簡法)은 타적초차술의 일종이다. 자신의 타적술과 초차술 연구에 대한 서유임의 발언은 그의 저술 『할원팔선철수』(割圓八線綴數) 4권에서 확인할 수 있다. 김정희는 타적술과 초차술에 대해 조언을 구할 최적의 적임자로부터 최고의 산학 지식을 습득했다는 것을 짐작할 수 있다.

그리고 서유임은 초차술을 서양의 수학과 비교하면서 자신의 저술인 『측도밀률』(測圖密率)에 그 내용이 있다고 김정희에게 소개했다.[110] 강희년간 매곡성(梅瑴成) 등이 편찬한 일종의 수학백과전서인 『수리정온』(數理精蘊)이 1723년에 출판된 이래 청대 수학자들은 서양의 수학 성과를 비교적 체계적으로 연구했고 서유임은 천문대(天文台)의 천문생으로서 실제 천문학을 다룬 『삭식구복리차』(朔食九服里差)와 『표산일식삼차』(表算日食三差)를 저술하기도 했다. 그러면서 동시에 천문학 측정 방법과 관련해 서양 산학의 훈련을 받았기에 서양의 수학과 초차술을 비교할 수 있었던 것이다.

서유임과의 교유 자취뿐 아니라 『추사 김정희 또 다른 얼굴』에 기록된 김정희의 소장 문헌들 중 산학 관련하여 매문정(梅文鼎, 1633~1721)의 『삼각거요』(三角擧要), 유클리드의 『기하원본』(幾何原本) 번역본이 있었다는 데서도[111] 김정희가 산학에 상당히 관심이 많았다는 것을 다시 확인할 수 있다.

김정희는 천문학도 상당히 연구를 진척한 듯하다. 그는 왕희손이 천문학을 언급하지 않는 것을 아쉬워했고, '춘추삭윤'(春秋朔閏)은 산학이건 천문학이건 모두 중시하는 분야인데 관련 저술들이 『황청경해』에 수록되지 않아 안타깝다고 할 정도였다. 춘추삭윤이란 춘추시대 여러 나라의 기록된 연·월·일을 서양력을 기준으로 비교하여 표로 만든 것이니 춘추시대에 대한 고증학적 연구의 가장 필수적이고 기본적인 공구서라고 할 수 있다.[112] 김정희는 나사림의 『춘추삭윤이동』(春秋朔閏異同), 매문정의 제자인 고동고(顧楝高, 1679~1759)의 『춘추대사표』(春秋大事表), 요문전(姚文田, 1758~1827)의 『춘추경전삭윤표』(春秋經傳朔閏表)가 매우 뛰어남에도 불구하고 『황청경해』에 수록되지 않은 것은 이들 저술이 춘추삭윤을 정리한 결과에 문제가 있었기 때문일 것으로 추정했다.[113]

그중 고동고의 『춘추대사표』는 김정희의 소장 도서목록에 기록되어 있다. 그 외 김정희가 소장한 천문학 관련 문헌으로는 매문정의 『역학의문』(曆學疑文), 명대 회회흠천감(回回欽天監) 영대랑(靈臺郎) 한림편수(翰林編修)였던 마합마(馬哈麻; muhammad) 역 『건방비서』(乾方秘書)도 있다.[114]

아울러 김정희는 왕희손에게 시헌력의 수정을 건의했다. 김정희의 논의에 따르자면 시헌력은 1644년 서양의 역법을 응용하여 작성·반포되어 이제까지 사용하는데 건륭 초년에 수정한 지 이미 100년도 넘어 황도[태양의 궤도]와 백도[달의 궤도] 간 최대 각도인 대거(大距)의 오차가 심해져 개측해야 함에도 청대 학자들이 소홀히 하고 있다는 것이다.

그리고 1721년에 출간된 『역상고성』(曆象考成)은 이전의 시헌력의 체제와 차이가 큰데 역법을 바꾼 이유를 밝히지 않아 내용을 이해하기 어렵다고 지적했다. 또한 이때까지는 지구가 움직이지 않는다는 가설을 쓰다가 후에 나온 『역상고성후편』(曆象考成後編)은 대법(戴法)으로 태양을 정체로 삼고 별다른 설명이 없이 공전 궤도가 원이 아니라 타원이라는 주장을 내놓는데 본문을 이해하기 쉽지 않다는 것이다.[115] 실제 매각성과 하국종(何國琮) 등이 칙찬(勅撰)한 『역성고성』은 티코브라헤(Tyge O. Brahe, 1546~1601)의 천동설을 기준으로 작성되었고 관측치 역시 티코브라헤의 값을 썼지만, 독일인 신부 대진현(戴進賢 Kögler) 등이 1742년에 칙찬(勅撰)한 『역상고성후편』은 지동설을 주장하는 케플러(J. Kepler, 1571~1630)의 타원궤도설을 기준으로 바꿔 적용하고 『역성고성』에 기록된 관측치를 주로 프랑스의 천문학자 카시니(J. D. Cassini, 1625~1712)의 값을 도입하여 바꾸었다.[116]

경학자 심동(沈彤, 1688~1752)이 옛 사람들은 일식과 월식, 다섯 행성의 운행 속도에 대해 관측하지 않았다고 보는 데 대해 김정희는 목성의 공전 중 위치[星次]를 파악해 햇수를 측량했던 것을 반례로 제시하기도 했다. 또 화성의 운행이 불규칙하다는 것을 제시한 것을 보면 중국의 측량술은 서양의 것보다도 정밀하다는 것이다. 그리고 그는 청대 천문산학의 대가인 나사림, 서유임, 심흠배(沈欽裴)의 연구 성과가 아직 조선에 전해지지 않았음을 아쉬워했다.[117] 아울러 전한 초에 반포한 '태초력'(太初曆) 이전의 '고육력'(古六曆)에 속하는 『전욱력』(顓頊曆), 『노력』(魯曆) 등도 새로운 역법에 의해 하나하나 정리할 필요가 있음을 지적하기도 했다.

이상과 같은 김정희의 천문학·산학 연구는 현대 연구자들의 주목을 끌지 못했다. 이는 연구 성과를 중심으로 보았기 때문인데, 조·청 학술 교류의 관점에서 그가 수입한 천문학·산학 자료의 내용 혹은 그 연구 흔적의 의미는 재조명될 필요가 있다. 산학의 경우 동시대 남병철은 원대의 수학자 이야(李冶)의 『측원해경』(測圓海鏡, 1248)을 해설한 『해경세초해』(海鏡細草解, 1861)를 저술했다. 김정희가 이야보다 한 세대 아래 주세걸의 『산학계몽』, 『사원옥감』을 연구했고, 『측원해경』이 천원술에 대한 연구임에 반해 『사원옥감』은 천원술을 포함한 사원술을 대상으로 한다는 점이 주목된다.[118] 또한 청대 산학 업적 수용을 비교해보아도 남병철은 왕석천(王錫闡, 1628~1682), 강영(江永, 1681~1762), 매각성(梅瑴成, 1681~1764), 이예(李銳), 이예와 교유했던 수학자 장돈인(張敦仁, 1754~1834), 고광기(顧廣圻, 1776~1834)의 저작에 관심을 보였다.[119] 나사림과 서유임은 남병철이 연구한 산학자들보다 후대에 속한다. 비록 김정희가 연구 성과에서는 남병철과 비교될 수 없겠으나 자신의 후배세대인 남병철보다 최신의 연구 성과를 탐독했다는 점은 19세기 전반 조·청 간 학술 자료의 교류의 측면에서 김정희의 위상을 재확인시킨다.

그리고 천문학에 관해서도 역시 김정희는 단독의 연구 업적을 남기지 않았지만 그 시대 조선의 많은 학자들이 그랬듯이 김정희 역시 상당한 관심을 가지고 있었던 것은 분명해 보인다. 그는 당시까지 조선 내에서는 최신의 청대 천문학 저술인 『역상고성후편』을 접했다. 당시 최고의 천문학자였던 남공철이 접한 자료 상황도 이와 비슷하다.[120] 물론 두 사람은 아편전쟁 이후 출판된 청대 과학 분야의 업적은 접하지 못했고, 이 업적들을 광범하게 섭렵한 최한기(崔漢綺, 1803~1879)가 조·청 학술 교류사에서 갖는 의미는 여전히 흔들림이 없다.[121]

5) 주자학(朱子學)

김정희는 한송절충론을 표방하는 만큼 청대 주자학 연구에 대해서도 관심이 깊었고 이에 왕희손은 언급하지 않았음에도 청대 주자학의 연구 성과들에 대한 평가를 전했다. 이제까지 주자학에 관해 청대 왕불(汪紱), 강영(江永), 주택운(朱澤澐), 왕무횡(王懋竑, 1664~1741)이 조선에 알려졌다고 조선의 청대 주자학에 대한 수입 상황을 전했다. 그리고 특히 왕무횡의 『백전초당집』(白田草堂集)은 육롱기의 『삼어집』(三魚集)보다 주자학에 대한 공이 크다고 생각한다는 자신의 평가를 전했다.[122] 왕무횡은 양주 출신 중 주자학 연구자로 이름을 떨쳤는데, 그의 가장 큰 연구 성과로는 『주자연보』(朱子年譜)를 꼽을 수 있다. 이 저술은 주자의 활동을 단지 시대순으로 편집하는데 그치지 않고 주자학의 전모를 사실 관계에 근거해 서술한 뛰어난 주자학 연구서로서 김정희 역시 이장욱에게 받아 소장했다.[123]

6) 교감학(校勘學)

왕희손은 제자서를 교감한 인물로 노문초(盧文弨, 1717~1795), 왕념손, 왕중을 꼽았고 왕념손이 교감한 『관자』를 김정희에게 보냈다. 노문초는 청대 교감학의 대표로 꼽히며 『일주서』(逸周書), 『맹자음의』(孟子音義), 『순자』(荀子), 『여씨춘추』(呂氏春秋) 등 210종을 교감한 저술을 출간했다.[124] 다른 분야에서 그랬듯이 교감학에 대한 답변에서도 김정희는 역시 그 역사를 언급했다. 김정희는 남송 정초(鄭樵)의 『통지제략』(通志諸略)이 송대 이래 잠자고 있던 교감학의 불씨를 피웠다가 원·명대 다시 잠들었고 이후 본격적인 전개는 청대 들어 시작되니 전대흔, 왕명성이 그 사례라고 서술했다.[125] 왕희손이 언급한 노문초, 왕중은 자신을 비롯한 조선 문인들도 읽어보았고 이 시대 교감학 성과 중 중요한 것이 완원의 『십삼경교감기』라고 하면서 경서 연구의 필독서임에 동의했다.

7) 춘추학(春秋學)

김명희가 공양춘추를 익히는 자가 있냐고 왕희손에게 서간으로 질문한 데 대해『황청경해』에 그 저술이 수록된 공광삼, 유봉록 두 사람을 소개했다.[126) 서간문을 보면 공광삼, 유봉록 저술은 이미 김정희가 가지고 있었던 것으로 짐작된다.

이상의 『해외묵연』 속 김정희의 질문과 의견에 대해 후에 이조망(李祖望, 1814~1881)은 일일이 답변을 남겼다. 1845년에 작성된 이 글은 역시 『해외묵연』에 수록되어 있는데 김정희가 과연 그 답변들을 전달받았는지는『완당선생전집』이나 기타 관련 문헌, 연구물에서 확인할 수 없다. 이조망은 서신의 발신자라고 생각한 권돈인을『칠경맹자고문보유』를 편찬한 일본의 학자 야마노이 카나에(山井鼎)와 부쓰 칸(物觀)과 동급이며 유가문화가 널리 퍼져[我國家聲教覃敷] 동일한 문화를 공유하는[同文] 증거라고 평가했다.[127) 이조망은『해외묵연』의 의의를 한·중 교류보다는 중국문화의 해외로의 일방적인 전파 쪽에 두는 것으로 보인다.『해외묵연』에 실린 왕희손에게 보낸 서찰로 판단하자면 김정희가 기존 청대 학술계를 넘는 성과를 보여준 것이 아니라는 점에서 이조망의 비평은 타당하다. 그러나 이조망은 중요한 부분을 놓쳤다. 김정희의 조·청 교류의 의의는 당시 청대 학술계와 상호 협력하는 단계에 진입했다는데 있다. 보다 구체적으로 첫째 김정희의 조·청 학술 교류에서는 이조망이 언급한 바 조선의 학자로서 중화 학술을 일방적으로 전달받고 배워 중국 학인과 학술상 수직관계에 있다는 뉘앙스를 넘어 중화 학술 자료를 비교적 최신의 것까지 공유하고 서로 자료를 교환하거나 비평을 주고받는 '동일한 학계의 구성원'으로서의 면모가 등장했다. 이러한 측면은 이 책의 3장에서 김정희를 위시한 조선의 문인들이 조선의 금석학 자료·일장(日藏) 한적(漢籍)과 금석학 자료를 중국 학계와 주고받는 상황에서 더욱 분명해진다.

둘째 청대 여러 학술 경향, 예컨대 상주파나 양주학파, 고문과 금문, 고증과 의리에 대한 다양한 입장 등을 학습하고 아울러 옹방강과 완원 혹은 어떤 뛰어난 청대 학자에게도 완전한 신뢰를 보내지 않고 자신만의 학술적 입장을 견지하는 김정희의 학술 태도 역시 짚고 넘어가야 할 대목이다. 김정희는 동북아시아 학술의 원형이자 학문적 원형이면서 이상(理想)인 선진 경학을 재구성하는 것을 목표로 삼고, 이와 가장 근접한 한대 경학에 대해 집고·박고의 자세를 견지하면서 한대 경학을 연구하는 청대 학자들 어느 누구에게도 의존하지 않고 이들의 업적을 종합하여 제3의 길을 모색한다는 박종과 절충의 태도를 지속하고 있었던 것이다.

그러나 『해외묵연』에 실린 김정희가 왕희손에게 보낸 서찰은 왕희손과의 대화 맥락을 넘어 김정희가 소유했던 청대 학술 정보의 전모나 관심의 초점을 보여주지는 못한다. 단적으로 이 서찰에서 김정희가 역학 분야를 언급하지 않았다고 그가 역학에 관심이 없었던 것은 전혀 아니다. 이에 비해 『완당선생전집』에는 김정희가 보다 훨씬 넓은 경학 분야를 연구 대상으로 삼고 또 본서에서 이제까지 언급하지 않았거나 소략하게 다루었던 청대 학술 성과를 접하고 주목했다는 것을 알려주는 자료들이 상당히 많다. 『완당선생전집』 편저자의 실수로 이들 자료의 대부분은 김정희의 저작으로 오인·찬입되었다. 본서에서는 다음 절에서 이들 초록된 단편들을 원저자와 원서에 돌려놓고 김정희의 학술의 면모, 관심 범위와 깊이, 방향을 좀 더 넓은 시야에서 그리고 보다 구체적으로 가늠해 본다.

(3) 청대 학술 자료의 수집 : 범위와 태도

1) 예학(禮學)

중국에서 예학은 세 가지 서로 다른 기본 문헌에 대한 연구로 구성되어 있다. 보통 '삼례'(三禮)라고 일컬어지는 『의례』, 『주례』, 『예기』가 그것이다. 『의례』는 관혼상제(冠婚喪祭), 조빙(朝聘), 향사(鄕射) 등 주로 사례(士禮)를 밝힌 실용 예서이며, 『주례』는 천자의 육관(六官), 그 아래 직관의 기능과 직무를 상세히 밝혀 후대 육부(六部) 관제(官制)의 표준이 되었다. 한편 『예기』는 예의 이론과 실제를 정치적 문화적 측면에서 논의한 여러 이론을 편집한 문헌이다. 그래서 『예기』는 『예경』(禮經)에 부속되어 전해져 내려오다가 독립되었지만[128] 한대에는 아직 경전이 아니라 경전에 대한 전주(箋注)로 인식되었다.

앞서 이장욱에게 보낸 서찰에서 본 것처럼 김정희는 이미 『노례체협지』를 작성할 만큼 예학에 몰두한 바 있다. 또 정확한 시기는 알 수 없으나 『완당선생전집』 권1의 몇몇 글과 권8의 「잡지」에는 김정희의 예학 연구의 흔적들이 남아 있다. 필자의 조사에 의하면 이 글들은 김정희가 경전과 여러 경전 연구물들로부터 초록(抄錄)해 놓은 것으로 짐작된다. 이를 표로 정리하면 다음과 같다.(〈표 1〉)

〈표 1〉을 살펴보면 초록된 단편 중 4개가 『의례』에 대한 것이다. 김정희가 『의례』에 상당한 관심을 가지고 있었다고 짐작해 볼만하다. 기실 김정희뿐 아니라 청대 예학 연구 자체가 삼례 중 『의례』에 가장 관심이 높았다. 『의례』는 애초 한대부터 가장 지위가 높아 한대 초에 유일하게 박사가 설치되었고 후에 주희도 『의례』를 '본경'(本經)으로 간주하고 『예기』는

〈표 1〉 예학 관련 김정희의 중국자료 초록 목록

『완당선생전집』 내 초록 위치	원 글의 출처
권8, 「雜識」	①『禮記』, 「禮運」
	②陳壽祺, 『五經異義疏證』
	③黃宗羲, 『南雷文定』 권4, 「再答萬季野喪禮雜問」
권1, 「禮堂說」	④凌廷堪, 『校禮堂文集』 권4, 「雜著 一/復禮 下」
권1, 「壹獻禮說」	⑤凌廷堪, 『校禮堂文集』 권3
권6, 「題張稷若儀禮鄭注句讀卷頭」	⑥張爾岐, 『儀禮鄭註句讀』에 대한 「四庫全書提要」

'의소'(義疏)로 간주했다.[129] 『의례』는 한대 대성본(戴聖本:小戴禮), 대덕본(戴德本:大戴禮), 유향(劉向, B.C. 77~B.C. 6) 별록본(別錄本) 세 종(種)이 유통되었는데 그중 유향 별록본은 정현이 주를 달면서 오늘날까지 통행되는 판본이 되었다. 『의례』라는 명칭은 진대 이래 정현 '삼례주'가 유행하면서 『예기』 49편과 구분해 생겨났다고 알려져 있다.

청대 들어 성인의 자취와 관련해 객관적으로 고증이 가능한 연구 분야, 예컨대 성인이 살거나 이야기한 시대의 사회 제도는 학자들의 관심이 집중되면서 연구가 크게 진작되었고, 그중 『의례』는 청대에 예학의 가장 중요한 근본 경전으로 주목받았다. 대진은 성인(聖人)의 도(道)를 경전 속의 문자와 전장제도(典章制度)에서 탐구해야 한다는 실증주의적 방법론을 분명히 확립했다. 그는 "만약 육경(六經)에서 탐색하지 않는다면 공자·맹자의 의도를 알 수 없고 자의(字義), 제도(制度), 명물(名物)을 탐구하지 않으면 경전의 언어에 통할 수가 없다."[130]라고 확신했고 이후 고대의 사회 제도는 성인의 뜻을 연구하는 중요한 수단으로 자리를 잡았다.

① 『예기』「예운」의 구절

"禮本於太一"[예는 태일에 근본한다.]는 『예기』「예운」(禮運)의 한 구절이다. 그리고 ②~④, ⑥은 『의례』 연구서들 중에서 발췌한 것이다.

②는 『의례』 「특생궤식례」(特牲饋食禮)의 한 구절에 대한 정현 주(注)를 청대 진수기(陳壽祺)가 해석한 부분으로 『오경이의소증』(五經異義疏證)에 실려 있다. 예부터 대부이하는 제례에서 주(主)가 없다는 설이 있어 왔는데, 문헌 근거가 뚜렷하지 않았다. 다만 『의례』에서 조상에 제사를 지내는데 주(主)가 출현한 적이 없어 이 설을 긍정했던 것이다. 예컨대 당의 두우(杜佑)가 찬한 『통전』(通典) 권48 「예전」(禮典)에서는 허신의 『오경이의』(五經異義)를 인용하는데, 『오경이의』에서 "천자와 제후만이 주가 있고 경대부는 주가 없다."고 했다. 이에 대한 진수기의 입장은 다음과 같다.

> (『예기』 중) 「교특생」에서 '바로 정제를 지내고 주(主)에게 축문을 올린다.' 는 데 대해, 정현은 주에서 '익힌 음식을 올리니[薦孰] (『의례』에서의) 특생과 소뢰의 궤식과 같은 것이다.'라고 하였다. 정현 역시 대부와 사의 예에 따라 해석한 것이다. (『의례』) 「특생궤식례」 중 '축이 손을 씻고 술을 따라 형의 남쪽에 내려놓는다…주인이 재배하고 머리를 조아린다. 축이 왼쪽에 있다.' 에 대해 정현은 주에서 '축이 왼쪽에 있는 것은 당연히 주인을 위해서 주에게 말을 드리기 위해서이다.'라고 했다. 정현도 사에게도 주(主)가 있다고 본 것이다.[131)]

김정희는 위의 『오경이의소증』을 인용하는데 먼저 "대부 이하는 주가 없다는 것은 정현의 의(義)."[大夫以下無主, 爲鄭義]라는 제목 같은 구절을 앞에 썼다. 옛부터 사에게는 주가 없다고 간주되었지만, 정현은 사례(士禮)에 속하는 「특생궤식례」의 구절에서 축이 주인을 위해 옆에 있다는 것은 분명 축이 주에게 축문을 드리기 위해서라고 주를 달았다. 진수기는 이에 근거하여 정현은 사에게도 주가 있는 것으로 보았다고 해석한 것이다. 진수기는 앞서 살펴본 대로 옹방강과 대립의 각을 세웠던 인물이다. 김정희는 옹방강의 학문을 존중하면서 역시 박종, 절충의 취지에 따라 그의 연구 업적도 검토했던 것으로 짐작된다.

③『의례』 중 "한 달을 걸러 담제를 지낸다. 그 달에는 길제를 지내도 아직 배사[配]하지 않는다."는 구절이 담제에서 조상만 제사를 드리는지 아니면 부인을 배사하는지에 대한 황종희의 해석이다. 그는 『의례』에서 담제에 배사하지 않는다는 것은 새로 죽은 이를 배사하지 않는다는 것이지 부인을 배사하지 않는다는 의미는 아니라고 해석했다.[132]

④『완당선생전집』 권1, 「일헌례설」(壹獻禮說)은 능정감의 『의례석례』 권3, 「예류 2/의례지속/범여수기필지주위지무산작」(「禮類 2/儀禮之屬/凡旅酬旣畢之酒謂之無算爵」)을 김정희가 요약한 글이다. 『의례석례』는 앞서 본 대로 옹방강이 우원하다며 읽을 필요 없다고 김정희에게 충고했지만 김정희는 즐겁게 읽었다고 한 연구서이다. 김정희가 초록한 글은 능정감이 향음주례(鄕飮酒禮)의 연회[燕]와 관련해 정현의 주와 가공언의 소를 비교 분석한 부분이다. 능정감은 '향음주례'에서 "주인으로부터 손님이 잔을 받은 후 손님이 다시 주인에게 잔을 드려 주인이 마시는 예[酬]가 끝난 후 연(燕)에서 마시는 술은 횟수 제한이 없다."[旅酬旣畢之酒謂之無算爵]는 구절의 의미를, 「사관례」(士冠禮)의 한 구절에 대한 정현의 주(注)의 몇몇 구절과 연결시켰다.

「사관례」에서 20세가 되어 처음 관을 쓰는 사(士)가 친척집을 두루 방문할 때 주인이 빈(賓)에게 베푸는 예 중 "주인이 빈에게 술잔을 한 번 올리는 일헌의 예를 행한다."[乃醴賓以壹獻之禮]는 구절에 대해, 정현은 "빈에게 헌할 뿐 연회에서는 아헌하지 않는다." [獻賓而已 卽燕無亞獻], "일헌은 주인이 손님에게 술을 드리는 것"[壹獻者主人獻賓而已]이라고 주(注)를 달았다. 능정감은 이에 대한 가공언의 주를 더 자세히 논하거나 반박하였고 그중 몇몇 중요한 사항을 김정희는 인용하였다. 「향음주례」 해석과 관련된 부분만 보자면, 연회에서 일헌할 뿐 아헌이 없다는 데 대해, 능정감은 가공언이 연례(燕禮)와 연회[燕]를 동일시하면서 향음주에서 연회가 없다고 소를 달았는데 오류라고 지적했다. 정현의 주를 따르자면 사관례와 사혼례 모두 연례는 없지만 연회가 있다는 것이다.[133]

⑤『완당선생전집』 권1 「예당설」(禮堂說)은 이미 알려진 대로 능정감이 예에 대한 기본적인 입장을 전개한 『교례당문집』 권4, 「잡지 1/복례 하」의 부분이다. 능정감은 리 대신 예를 통해 성인의 도를 구해야 한다고 논했다. 애초 성인의 도는 본래 평이하니 늘 예를 말할 뿐 리를 말해본 적은 없다고 했다. 능정감은 안연이 인(仁)을 질문했을 때도 공자가 극기복례(克己復禮)라고 대답하고, 안연 역시 공자가 자신을 문(文)을 통해 확장하고 예(禮)를 통해 수렴할 원칙을 제시해주었다고 언급한 것을 그 대표적인 사례로 꼽았다. 리를 언급하는 시초는 불교이며 불교에서 성과 리를 극히 심오하고 모호하게 언급한 것을 후대의 유자들이 성인의 말에 찬입시켰다는 것이다. 성인의 말을 변질시킨 이들이 바로 이단이라고 했다. 그러나 성인의 도를 따르자면 마음 혹은 성을 절제시키는 방법이 예이므로 심오함을 숭상해서 현실 너머 형이상학적인 이와 기에서 찾을 필요가 없다. 능정감의 위 문장으로부터 도를 이와 기의 형이상학적 논의로 해석한 주자학과 그의 예학의 거리를 짐작할 수 있고 또 그가 주자학에 대해 이단적 경향을 지닌다고 지적하는데서 왜 옹방강과 능정감이 서로를 외면했는지 양자의 주자학에 대한 거리를 짐작할 수 있다.[134]

⑥왕희손은 1837년 김정희에게 보낸 편지에서 『황청경해』에 빠진 『의

례』 연구서로 명말청초에 활동한 장이기(張爾岐, 1612~1678)의 『의례정주구독』(儀禮鄭註句讀)을 꼽으면서 이는 『의례』 연구의 선구이고 고염무와 그 학문이 나란할 정도이므로 반드시 『황청경해』에 수록되어야 한다고 강조했다.[135] 이후 『청사고』(淸史稿), 「유림」(儒林)은 고염무가 장이기를 삼례 연구에서 가장 정밀하고 탁월한 경학자로 꼽았다고 전하고,[136] 양계초 역시 청대 의례 연구사에서 능정감, 호배휘(胡培翬), 장이기, 소진함을 특히 뛰어난 의례 연구자로 꼽았다.[137]

김정희는 예학 연구에 관심이 크지만 의외로 『해외묵연』에 실린 왕희손에게 보낸 서찰에서는 언급이 없다. 그 이유는 알 수 없으나 『완당선생전집』 권6의 「제장직약의례정주구독권두」(題張稷若儀禮鄭注句讀卷頭)는 그가 예학을 계속 연구했으며 특히 왕희손이 추천한 장이기의 『의례정주구독』을 분명 공부했다는 것을 알려준다. 이 글은 김정희의 저작이 아니라 『의례정주구독』에 대해 부친 「사고전서제요」(四庫全書提要)의 소개 글이다. 이 글에 의하면 『의례정주구독』은 『의례』에 대한 정현의 주를 전부 기록하고 가공언의 소를 부분적으로 채록한 뒤에 자신의 의견을 덧붙였다. 그의 고증학적 업적은 첫째 경전의 구(句)를 나누고 편장 체제를 바로잡고 둘째, 당의 개성(開成) 석각 원본으로부터 주자까지 경문과 주소의 혼재를 바로잡고, 자구의 동이를 살펴 음과 의(義)의 오류를 바로잡았다는데 있다고 밝혔다. 이에 장이기의 이 저술이 학자들의 『의례』 연구를 도운 공은 고염무도 자신보다 낫다고 칭송했을 정도라는 것이다. 과연 왕희손이 추천할 만한 『의례』 연구의 기본서로서 김정희의 『의례』 연구의 중요한 조력자 역할을 했을 것으로 짐작된다.

2) 음운학(音韻學)

음운학과 관련해 김정희의 저작으로 찬입된 중국 학술 자료는 『완당선생전집』 내에서 발견되지 않았다. 물론 앞서 왕희손에게 보낸 서찰에서 보았듯이 김정희는 청대 음운학에 상당한 관심을 가지고 연구를 진행했다. 전집 권1의 「성운변」(聲均辨)은[138] 김정희의 중국 음운학 연구 성과에 대한 수용 태도, 그리고 조선 음운학에 대한 응용 실천의 관점에서 주목해 볼 필요가 있다.

중국과 한국의 음운학을 총체적으로 살펴 특히 반절법(反切法)과 관련해 논한 저작이다. 그는 글자의 음을 표시하는 반절법을 한자의 형성(形聲)의 원리에 의거하여 비판하였는데 형성의 원리는 음운학의 기본적인 방법론인 해성(諧聲)의 다른 이름이니만큼 반절법에 대한 이 논의는 음운학/해성법의 지류로 분류할 수 있겠다. 김정희의 논의는 다음과 같다. 육서(六書) 중 형성의 원리에 따르자면 글자의 소리는 형태와 떠날 수 없다. 예컨대 '강'(江)의 음[jiang]은 '물'[水; 氵]과 '공'(工)이 합쳐진 것이고 '하'(河)의 음[he]은 '물'[水; 氵]과 '가'(可)가 합쳐진 것이라고 풀이해야 글자에 내포된 형(形)을 반영하는 올바른 소리 풀이법이 된다. 그런데 반절법에서는 강(江)의 음은 '고'(古)와 '쌍'(雙)이 합쳐진 것이고, '하'(河)의 음은 '호'(乎)와 '가'(哥)가 반씩 합쳐진 것이라고 하니 전혀 형(形)이 반영되어 있지 않다는 것이다.

위진(魏晋) 시대 손염(孫炎)과 여정(呂靜)은 각각 『이아음의』(爾雅音義)와 『운집』(韻集)을 저술해 반절법을 만들어 옛 글자의 소리를 전한 공로가 있지만 그 폐해도 분명하다. 더군다나 첩운(疊韻)과 쌍운(雙韻)을 반절법에 이용하는 것은 더욱 그 폐해가 크다는 것이다. 최악의 폐해는 산스크리트

어를 한자로 번역하면서 어떠한 의미도 반영하지 않은 반절법이 등장한 것이라고 보았다. 최근 청대에 들어서도 홍방(洪榜), 정걸(丁杰), 강유고가 자모로써 글자의 소리를 논하는데 이들은 모두 후(喉)·설(舌)·순(脣)·아(牙)·치(齒) 오성(五聲)으로 글자를 분류하여 글자의 의미는 무시한 채 순수하게 소리 내는 방식으로 글자를 분류했고 우리나라도 자모(子母) 법칙으로 중국이 글자 소리를 표기하니 역시 오류라고 지적했다.

마지막 문단은 김정희의 청대 학술에 대한 일관된 태도를 다시 보여주는데, 명말의 진제(陳第) 이래 고염무, 강영, 대진, 단옥재 등이 이룬 성운학 기초를 토대로 최근 공광삼, 장술조(莊述祖), 유봉록, 미상의 장(張)씨 등의 여러 음운학 성과들을 종합하여 일정한 지침을 마련하고 절충해야겠다는 것이다[必有所以定針而折中者].[139] 김정희의 왕희손에게 보낸 편지에는 그 학술적 여정의 단면을 잘 보여주고 있다. 요컨대 이 글은 음운학의 한 분야인 반절법이라는 작은 주제를 논의했지만 강유고 등 청대 최신의 연구를 학습·비판하는 김정희의 학문 방법론을 보여주며 나아가 조선의 음운학의 현실에 적용하여 김정희의 학문의 지향점을 종합적으로 밝혀주는 바 이제까지 연구자들에게 별다른 주목을 받지 못했지만 재평가되어야 할 저작이다.

3) 역학(易學)

앞 절에서 살펴본 바 김정희는 왕희손에게 보내는 편지에서 역학에 관해 호위의 『역도명변』을 짤막하게 언급한데 그쳤지만, 필자가 조사한 바에 따르면 『완당선생전집』 권1, 그리고 권8의 「잡지」에 초록된 글들은 김정희가 송대부터 청대까지의 여러 역학 성과를 주목했다는 것을 알려준다. 『완당

선생전집』 내 중국의 역학자들의 문헌이 인용된 것을 표로 정리하면 다음과 같다.(〈표 2〉)

〈표 2〉 역학 관련 김정희의 중국자료 초록 목록

『완당선생전집』 내 초록 위치	원 글의 출처
권8, 「雜識」	①鄭玄, 『周易鄭注』, 「易贊易論」
권1, 「革卦說」	②程頤, 『易傳』
권8, 「雜識」	③惠棟, 『易漢學』 권1, 「辟卦雜卦」
권1, 「其子攷」	④惠棟, 『周易述』 권5
권1, 「周易虞義攷」	⑤王引之, 『經義述聞』 권2, 第 28則 「虞氏以旁通說象象顯與經緯」
권1, 「易筮辨」上	⑥焦循, 『易圖略』 권6, 「原筮」 제8
권1, 「太極卽北極辨」	⑦阮元, 『揅經室集』 권2, 「太極乾坤說」

①『완당선생전집』 권8, 「잡지」의 "虙羲作十言之敎曰, 乾坤震巽坎離艮兌消息, 無文字謂之易."는 정현, 『주역정주』(周易鄭注), 「역찬역론」(易贊易論)의 구절이다. "無文字謂之易"가 정현의 주에 해당한다.

②「혁괘설」(革卦說)은 『주역』 혁(革) 괘에 대한 정이(程頤) 『역전』 내 논의 중 한 구절이다. 여기서 정이는 인간의 본성이 모두 선하므로 현재의 자신을 변화시켜[革] 본성을 발휘하게 할 수 있다고 논했다. 『전집』 권3 「여권이재」(與權彝齋) 22에서 김정희는 권돈인에게 주역 연구서가 예로부터 많지만 『역전』이 으뜸이라고 강조한 바 있다.

③권8, 「잡지」에 『역한학』 권1 「벽괘잡괘」(辟卦雜卦)는 혜동 역학의 핵심을 잘 담고 있다. 혜동의 『역한학』은 옹방강이 크게 비난한 바 있지만 앞서 본대로 김정희는 이장욱에게 보내는 편지에서 존고(存古)의 입장에서 매우 귀한 연구서로 인식했고 왕희손에게 쓴 서찰에서는 『황청경해』에 빠졌지만 반드시 수록되었어야 할 저술로도 꼽은 바 있다. 김정희가 인용한 부

분은 송·원대 이래 역학이 선진으로부터 멀어지고 여러 이론이 난립하는 것을 비판하면서 한대의 역학으로 돌아가기를 주장한 부분이다. 김정희는 장혜언의 역학을 매우 중시했는데, 장혜언은 후한 우번의 역을 연구했고 우번의 역이 『주역』을 다 설명하는 것은 아니지만 그 편린을 담은 중요한 길이라고 했다.[140)]

④이미 밝혀진 대로 같은 권1의 「기자고」(其子攷)는 혜동(惠棟), 『주역술』(周易述) 권5 중 『주역』 명이(明夷) 괘를 해석한 부분이다.[141)] 『주역술』은 김정희가 왕희손에게 보낸 서찰에서 주역 연구서 중 박학의 대표로 꼽은 바 있다. 혜동은 우번(虞翻) 외에 정현, 순상(荀爽) 등을 참조한 것으로 알려져 있다. 『주역술』 역시 후지츠카가 정리한 김정희의 소장 도서 목록에서 그 이름을 찾아볼 수 있다.[142)] 김정희가 인용한 부분은 『주역』의 '명이' 괘 중 육오효사(六五爻辭)에 나오는 '기자지명이'(箕子之明夷)의 '기자'에 대한 혜동의 의견을 제시한 부분이다.

이제까지의 연구에서 주목하지 않았지만 기자를 은(殷) 말 태사(太師)라고 해석하는 것은 주공(周公)이 『주역』을 저술했다는 견해의 논거가 된다. 따라서 이 해석을 부정하는 것은 주공의 『주역』 괘사(卦辭) 서술을 의심하는 것이자 『주역』이 네 성인들의 손에 쓰여졌다는 오랜 신화를 흔드는 것으로서 청대 고증학의 혁명적 성격을 대표하는 논의라고 할 수 있다. 그 논의를 좀 더 살펴보자.

문왕이 아니라 주공이 괘사를 썼다는 설은 마융이 처음 시작했다. 그 근거는 '기자'(箕子)라는 글자가 은나라 주(紂) 왕의 숙부인 기자를 말하며 그렇다면 기자라는 글자가 쓰여진 『주역』이 성립할 즈음은 은이 망하고 주나라가 성립한 시기라는 것인데 문왕은 이미 사망하여 저술할 수 없었으므로 주공이 그 저자라는 것이다.[143)] 당의 공영달, 송대 정이(程頤) 모두 이 설을 따랐다. 그러나 한대 시수(施讐) 이래 몇몇 학자들은 이에 반대하여, '기자'를 해자(荄玆), 즉 '초목의 싹이 자라난다.'는 의미로 해석하거나 기자(其子)로 해석해야 한다고 주장하였다. 혜동은 '기자'(箕子)는 '기자'(其子)이다. 그중 기(其)의 고음(古音), 고의(古意)는 해(亥), 즉 하루의 끝이고 자(子)는 자(玆), 즉 하루의 시작이므로 '기자'는 어둠이 지나가고 밝음이 온다는 뜻으로 해석해야 한다고 주장했다. 이 설을 따르자면 기자를 주왕의 숙부로 해석해 『주역』의 괘사를 주공이 지었다는 설은 자연히 힘을 잃게 된다. 그렇다면 이 논의는 『완당선생전집』 권1, 「역서변」 하(下)와 관련 있다. 「역서변」 하(下)는 누구의 글인지 확인할 수 없었다.[144] 김정희 본인의 논의일 수도 있는데 주공이 효사(爻辭)를 지었다는 논의는 확실한 근거 없이 함부로 믿으면 안 되고 반드시 고증해야 한다는 내용이다.

⑤권1의 「주역우의고」(周易虞義攷)는 왕인지의 『경의술문』 권2의 제28칙(則) 「우씨이방통설단상현여경위」(虞氏以旁通說象象顯與經緯)의 한 구절이다. 우선 왕인지의 『경의술문』은 옹방강이 김정희에게 보낸 가경 22년 10월 27일자 제3봉 서찰에서 하나도 고칠게 없는 뛰어난 작품으로 자신의 『제경부기』에 채록할 것이라고 추천한 저술이다. 이때 옹방강은 김정희에게 『경의술문』을 보내주었다.[145] 이장욱 역시 왕인지를 당시 생존한 최고의 3명의 학자로 꼽은 것은 이미 서술한 대로이다. 왕희손은 특히 왕인지의 학술의 반이 『경의술문』에 있다고 이 저술을 추천한 바 있다. 김정희는 이장욱에게 보내는 편지에서 자신도 왕인지의 『경의술문』을 읽었고 현존하는 고학 연구자 중 가장 넓고 심오한 사람으로 꼽았다. 아울러 후지츠카가 정리한 김정희의 도서 소장 목록에서도 그 이름을 찾아볼 수 있다.[146]

김정희가 왕인지의 글 중 『주역』에 관해 인용해 놓은 부분은 한대 우번

(虞翻)이 방통(旁通)의 방법을 쓰는데 그 결과가 경전과 다르다고 논의한 부분이다. 그 예로 이(履) 괘와 예(豫) 괘, 이(離) 괘, 혁(革) 괘, 곤(坤) 괘, 소축(小畜) 괘를 예로 들어 설명했다. 한 연구자는 「역서변」의 논의가 김정희가 한대 역학을 부정하고, 정이의 역학을 긍정하는 근거로 보기도 했지만,[147] 일단 「역서변」의 저자는 김정희가 아니다. 또한 「여권이재」(與權彝齋) 22에서의 순상과 우번의 역학에 대한 발언을 무시했다는 점에서 김정희가 한대 역학을 부정했다는 판단도 재고의 여지가 있다. 김정희는 이 서찰문에서 방통과 소식에 대해서는 순상과 우번이 최고이며 방통과 소식을 버리면 『주역』을 이해할 수 없다고 권돈인에게 시수와 맹희 이래의 가법에 투철해야 한다고 조언했다.[148]

「역서변」처럼 따로 초록해 놓았다는 점이 그 글의 저자의 의견에 전적으로 동의한다는 것을 의미하지는 않는다. 물론 왕희손, 이장욱, 옹방강과의 주변적 상황을 볼 때 왕인지의 우번에 대한 견해를 매우 신뢰했을 것으로 짐작하는 것도 무리가 없겠지만, 「여권이재」 22에서 우번을 강력하게 추천한 것으로 보아 김정희는 우번의 역학 연구 성과를 그대로 다 신뢰하기보다는 조심스럽게 그 명암을 분리했다는 것이 적절할 것이다.

⑥「역서변」(易筮辨) 상(上)은 초순(焦循, 1763~1820)의 『역도략』(易圖略) 권6 중 「원서」(原筮) 제8이다. 초순은 점사(占士)들이 행하는 서점(筮占)은 『주역』의 본의와 다르니, 이들은 춘추시대 이래 『주례』(周禮), 「춘관」(春官)에 나오는 삼역(三易)에 대한 구서(九筮)와 다른 서법을 따로 만들어 썼고 이로부터 점사들의 서법은 경전의 의도와 달라졌다고 언급했다. 『완당선생전집』 권3 「여권이재」(與權彝齋)에서도 춘추시대 이래의 서법(筮法)을 비판하는 유사한 논의가 나온다.[149] 단 이 서간문이 서법 자체에 대한 김정희의 부정을 의미한다고 판단하는 것은[150] 조심스럽다. 이 서간문에서 김

정희는 분명 성인의 역을 제시한 네 가지 의도로 언역(言易), 동역(動易), 기구 제작[制器] 외에 서법[卜筮]을 들었다. 성인이 제시했음에도 서법을 그대로 수용할 수 없는 이유는 첫째 서법의 경우 기구 제작과 함께 춘추시대 이후 원래의 의미가 전승되지 않았기 때문이다. 춘추 이후로는 송대의 정형(程逈)의 서법이 그나마 나은 편이라는 것이다. 둘째 『주역』에는 성인의 뜻이 아닌 것들 예컨대 신선술, 기예 등이 들어 있다. 그런 만큼 『주역』에 제시되어 있다고 모두 성인의 뜻으로 신뢰할 수는 없다는 것이다. 셋째 복서는 군자가 아닌 백성들에게 도를 전달하고 보여주는 방편이므로 서법 그 자체 버릴 것은 아니나 군자가 굳이 사용할 필요는 없다고 언급했다.[151] 이 발언을 고려하자면 김정희의 서법 비판은 서법 자체를 비판하는 것이 아니라 성인이 제시한 서법에 대한 의미가 현재 제대로 밝혀지기 어렵고 아울러 애초에 그 사용처가 군자가 아닌 백성이라는 점에서 굳이 사용하지 않아도 된다고 정리하는 것이 적절할 것이다.

⑦「태극즉북극변」(太極卽北極辨)은 잘 알려진 대로 완원의 『연경실집』(揅經室集) 권2의 「태극건곤설」(太極乾坤說)과 자구가 거의 일치한다. 태극을 우주의 북극으로 해석해야지 주자학에서처럼 형이상학적으로 의미를 부여하는 것은 공허하다고 비판한 글이다.

그 외 『완당선생전집』에서는 권2 「여사계」(與舍季)로부터 김정희가 청대 이광지(李光地)의 것으로 보이는 『주역절중』(周易折中), 단목국호(端木國瑚)의 『주역지』(周易指)를 소장하고 있다는 것을 알 수 있다.

이상에서 살펴본 바 김정희가 초록해 놓은 청대 역학 연구는 김정희가 한대 역학을 중시하고 한대 이후 신화적인 논의들, 즉 사학과 문자학의 고증을 거치지 않은 채 주공이 효사를 작성했다거나 태극을 추상화시켜 놓은 것을 배격하는 논의들을 수용한 자취라고 정리할 수 있다. 위 초록들은 김정희가 옹방강의 의리 중심의 역학을 넘어 청대 실증적 역학 연구 성과를 주시했고 그의 학문이 의리를 넘는 존고·학고를 향한다는 것을 알려주는 중요한 메모들이라고 할 것이다.

김정희의 역학에 대해서 이제까지 연구자들은 별달리 주목하지 않았다.[152] 그나마 모두 김정희의 역학 관련 자료들에 대한 문헌학적 분석 작업이 제대로 이루어지지 않아 위의 표에 등장한 여타 경학자들의 연구 자료를 그대로 김정희의 것으로 오인하였고 혹은 김정희가 한대 역학의 경향인 동역(動易) 혹은 서법 자체를 비판했다고 판단하여 그를 18세기 이후 조선의 한대 역학에 대해 관심을 가졌던 학자군에서 제외하기도 했다.[153] 그러나 김정희는 소식과 방통에 관해 순상과 우번, 시수와 맹희 같은 한대 역학의 의의를 분명 인지하고 있었으며 한대 역학에 대한 청대 중요한 연구 업적들을 탐색했다. 그는 정약용(丁若鏞)처럼 직접 『주역』에 담긴 의리 자체를 논하기보다는 혜동, 초순, 왕인지 등의 『주역』에 대한 문헌학적 소학적 역사학적 연구 접근법을 주로하면서 『주역』에 담긴 의리, 선진의 고의를 밝히는 작업에 참여했다고 할 것이다.

4) 천문학(天文學)

김정희가 『해외묵연』에 수록된 왕희손에게 보내는 편지에서 천문학에 대한 의견을 제시한 것을 보면 그 이전에 그가 이미 천문학에 관한 연구도 진행했다고 짐작해 볼 수 있다. 필자의 조사에 의하면 『완당선생전집』 권1과 권8, 「잡지」에 수록된 단문들은 그가 중국의 천문학 관련 저술들을 부분적으로 초록해 좋은 글들로서 그의 연구 상황의 단면을 보여준다.(〈표 3〉)

〈표 3〉 천문학 관련 김정희의 중국자료 초록 목록

『완당선생전집』 내 위치	원 글의 출처
권1, 「天文攷」	①蔡沈, 『書經集傳』 권1, 「禹書」; ②張雲璈, 『簡松草堂詩文集』 권8, 「積氣成天說」; ③盛百二, 『尚書釋天』 권1
권8, 「雜識」	④凌廷堪, 『校禮堂文集』 권5, 「氣盈朔虛辨」
	⑤邵晋涵, 『爾雅正義』 권9, '二十八宿'
권8, 「雜識」	⑥李光地 등 編, 『御定星歷考原』 권1, 「十二月辟卦」; ⑦張守節, 『史記正義』; ⑧『唐開元占經』 卷68, 「老人星占二十九」
권1, 「日月交食攷」	⑨『新法算書』 卷13 중 「實會中會似會說」, 「食之徵」, 「食之徵」 第4, 「食大小遲速辯」 第6; 같은 책 권14 중 「日月每月不食」 第6과 「因食而知日有不同心圜」 제14

①『완당선생전집』 권1 「천문고」(天文攷)의 맨 앞부분은 태양의 공전 주기와 달의 공전 주기에 대한 채침(蔡沈, 1167~1230)의 전(傳)을 옮긴 글이다. 『서경』, 「우서/요전」(虞書/堯典)의 "요임금이 말했다. "아, 너희 희씨와 화씨여, 1년의 주기를 366일로 하고, 윤달을 가지고 4계절의 때를 정하여 1년[달력]을 완성하도록 하라. 백관을 잘 다스리면 여러 공적이 모두 드러나리라.[帝曰, 咨, 汝羲暨和, 朞三百有六旬有六日, 以閏月, 定四時成歲, 允釐百工, 庶績咸熙.]"에 대해, 채침은 "360은 1년의 상수이다. 따라서 해와 하늘이 만나는 데는 5일과 1일의 235/940이 많으니 기영이다. 달과 해가 만나는 데는 [1년의 상수보다] 5일과 1일의 592/940이 적으니 삭허이다. 기영과 삭허를 합하면 윤달이 발생하게 된다. 그러므로 한 해의 나머지 일 수는 모두 10일과 1일의 827/940이다."[三百六十者, 一歲之常數也. 故日與天會, 而多五日九百四十分日之二百三十五者, 為氣盈. 月與日會, 而少五日九百四十分日之五百九十二者, 為朔虛. 合氣盈朔虛而閏生焉, 故一歲閏率則, 十日九百四十分日之八百二十七.]라고 주를 달았다.[154] 기영(氣盈)이란 태양의 공전 주기가 1년보다 더 많음을 말하는데 그 기간은 5일과 1일의 235/940이며, 삭허(朔虛)란 달의 12번 공전 주기가 1년보다 적음을 말하

니, 그 기간은 5일과 1일의 592/940이다. 이 두 오차를 모두 더하면 10일과 1일의 827/940이라는 것이다.

④그런데 김정희가 채침의 논의에 동의하지 않는다는 것은 『완당선생전집』 권8의 「잡지」 부분에서 알 수 있다. 김정희는 「잡지」에서 능정감, 『교례당문집』 중의 「기영삭허변」(氣盈朔虛辨)을 인용했는데, 이 글 역시 태양의 공전 주기와 달의 공전 주기의 차이의 차이를 논한 글이다. 요약하자면, 태양이 황도(皇道)를 한 바퀴 돌아 제자리에 오는 세실(歲實) 즉 평균 태양년은 365일에 나머지 수[奇]가 있다. 달이 백도(白道)를 따라 한 바퀴 도는 합삭(合朔)이 있고, 이를 12번을 되풀이하면 354일과 나머지가 있다. 달을 기준으로 12번 합삭한 일(日) 수는 태양을 기준으로 한 날짜보다 11일이 모자라다. 이 차이가 3년이 쌓이면 그 차이를 없애기 위해 윤달을 만들게 된다고 설명한다.[155]

능정감은 이어 채침의 기영삭허론을 비판했다. 채침은 1년의 상수 360일과 1달의 상수 30일을 설정했는데 이는 단지 계산의 편의를 위해 설정한 값이며, 또한 360일보다 해의 공전이 5일 남짓 많은 것을 기영(氣盈)이라고 하고 360일보다 12합삭이 5일 남짓 적은 것을 삭허(朔虛)라고 했는데 윤달의 발생을 제대로 설명하지 못했다는 것이다.[156] 김정희는 능정감의 「기영삭허변」 전반부를 인용한 문단 뒤에서 『서경』에 대한 채침의 주를 직접 비판했다. 그는 능정감과 마찬가지로 채침의 상수를 비판하는데 논점은 능정감의 것과 약간 다르다. 360, 30의 상수가 근거가 없는 허수라는 점, 그리고 기영과 삭허는 상수보다 각각 많고 적은 날 수인데 이들을 합쳐 10일이라는 나머지가 발생한다는 것은 혼란스럽다고 했다.[157]

②와 ③은 천구 모델에 대한 논의이다. ②는 『완당선생전집』 권1의 「천문고」(天文攷)에서 『서경』 원문에 대한 채침전 바로 뒤에 등장하는 것은

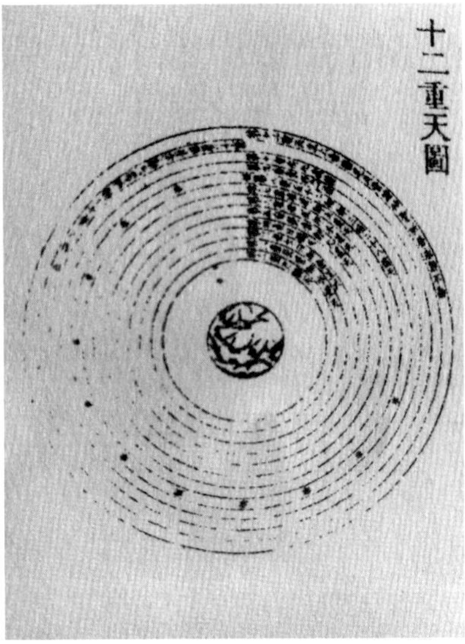

〈도판 19〉 십이중천도. 출처: 『고금도서집성』(古今圖書集成) · 『역상휘편』(曆象彙編) · 「건상전」(乾象典) 제25권.

'십이중천'(十二重天)을 논한 장운오(張雲璈, 1747~1829)의 「적기성천설」(積氣成天說)이다. 주지하듯이 십이중천설은 『초사』(楚詞), 「천문」(天問)에 나오는 '구천'(九天) 관념을 바탕으로 마테오 리치가 『천주실의』(天主實義)에서 소개한 프톨레마이오스의 구중천론을 수용하고 이에 동서세차천(東西歲差天) · 남북세차천(南北歲差天), 영정부동천(永靜不動天)을 더해 우주를 설명하는 이론을 말한다.(도판 19) 십이중천설은 김정희의 활동 이전 이미 1631년(인조 9) 정두원(鄭斗源)이 베이징(北京)에서 가져온 양마락(陽瑪諾 Diaz)의 『천문략』(天文略)을 통해서 우리나라에 알려졌다.

③장운오의 12중천에 대한 간략한 소개 뒤에 인용된 글은 성백이(盛百二, 1720~?)의 『상서석천』(尚書釋天) 권1에 수록된 글이다. 성백이는 12중천설의 약점을 논하는데 12중천 중 다섯 번째 화성천이 네 번째 일륜천과 교차하기도 하고 금성과 수성의 제3중천과 제2중천이 4번째 일륜천을 가로지른다는 것이다. 즉 12중천이 나란히 겹겹이 싸인 형태가 아니므로 차라리 12중천설보다는 제환(諸圜)으로 풀이하는 것이 더 적절하겠다는 것이다. 제환설에서 그 고리[圜]들이 크기가 다르고 높이가 다르다고 하니 12중천설을 보완한다고 논의했다.

⑤『완당선생전집』「잡지」에는 이십팔수'(二十八宿)에 관해 인용된 글도

있다. 소진함(邵晋涵)의 『이아정의』(爾雅正義) 권9에 등장하는 '이십팔수'(二十八宿)에 대한 설명이 그것인데, 『주례』, 『이아』, 『예기』, 『사기』, 『회남자』, 『한서』에서의 28수의 이름들을 비교했다.

⑥부터 ⑧까지는 북극성과 남극성에 대한 연구들을 초록한 부분이다. ⑥은 북두칠성에 관한 구절이다. 『한서』, 「천문지」(天文志) 이래 여러 문헌에 유사한 구절들이 등장하는데 정확하게 글자가 맞는 것은 강희제의 명으로 이광지(李光地) 등이 칙찬한 『어정성력고원』(御定星歷考原) 권1, 「십이월벽괘」(十二月辟卦)이다.

⑦바로 뒤이어 등장하는 남극성을 설명하는 구절은 『사기』 권27 「천관서」(天官書) 제오(第五) 중 "狼比地, 有大星曰南極老人, 老人見, 治安"과 이 구절에 대한 당나라 장수절(張守節)의 주해인 『사기정의』(史記正義) 중 "老人一星在弧南, 爲人主壽命延長之應, 常以秋分之曙見於景, 春分之夕見於丁. 見, 國長命, 故謂之壽昌, 天下安寧. 不見, 人主憂也"이다.[158]

⑧마지막 남극성에 대한 구절인 "石氏曰 老人星明 主壽昌"는 『당개원점경』(唐開元占經) 권68, 「노인성점이십구」(老人星占二十九)에 등장한다. 그 뒤에 마지막 천문에 관해 인용된 구절인 "星者金之散氣, 本曰火漢者, 亦金之散氣, 其本曰水漢, 星多多水, 少則旱,"는 『사기』 권27, 「천관서」 제오와 『사기정의』 등에 등장하는 "星者金之散氣, 本曰火. 星衆國吉少則凶. 漢者亦金之散氣, 其本曰水, 漢星多, 多水少則旱." 중에서 중간의 "星衆國吉少則凶. 漢者"가 생략된 구절이다.

⑨『완당선생전집』 권1 「일월교식고」(日月交食攷)는 『신법산서』(新法算書) 중 일식과 월식을 측정하는 것과 관련해 일식과 월식을 태양, 달, 지구의 거리와 각도, 측정 방법에 대한 여러 논의를 단편적으로 모아 놓은 부분이다. 이 저술은 명대 출간된 『숭정역서』(崇禎歷書)에 기원을 두

〈도판 20〉 마테오 리치(利瑪竇, Matteo Ricci), 요한 아담 샬 폰 벨(湯若望, Adam Schall von Bell), 페르디난트 페르비스트(南懷仁, Ferdinand Verbiest), (Special Collections of Memorial Library), University of Wisconsin–Madison, U.S.A 소장.

고 있다. 『숭정역서』는 명대 서광계(徐光啓)의 도움으로 탕약망(湯若望, J. Adam Schall von Bell, 1591~1666)이 서양의 천문학 이론을 편찬·번역한 천문학서인데, 청대에 이천경(李天經)이 도판, 해설, 표 등을 수정·보완하여 재출간한 뒤 다시 수정을 거치면서 몇 차례 서명도 바뀌게 된다. 1646년에는 아담 샬이 『서양신법역서』(西洋新法曆書)로 서명을 달았다가 1673년에는 남회인(南懷仁, Ferdinand Verbiest, 1623~1688)이 『신법역서』(新法曆書)로, 마지막에 『사고전서』에 수록될 때 『신법산서』로 제호를 바꾼 것이다.[159] 「일월교식고」에는 『신법산서』 권13, 「실회중회사회설」(實會中會似會說) 제2, 같은 책 권13, 「식지징」(食之徵) 제3, 같은 책 권13, 「식지징」 제4, 같은 책 권14 「일월매월불식」(日月每月不食) 제6, 같은 책 권13, 「식대소지속변」(食大小遲速辯) 제6, 『신법산서』 권14 「인식이지일유불동심환제십사」(因食而知日有不同心圜第十四)의 부분들이 순서대로 인용되어 있다. (도판 20)

5) 지리학(地理學)

위원(魏源)의 『해국도지』(海國圖志) 중 권31 「서남양/북인도남북인부부록」(西南洋/北印度西北鄰部附錄) 중 장춘(長春; 丘處機, 1148~1227)의 「서유기」(西遊記) 부분과 같은 책 권32 「서남양/북인도이외강역고」(西南洋/北印度以外疆域考) 일(一) 중 '오인도'(五印度)에 관한 구절, 오인도의 영역과 원 태조의 인도 침공 내용을 인용했다.[160]

김정희의 경학 연구는 완성된 글로 남아 있는 것이 많지 않다. 우리는 그와 관련해 남아 있는 문헌으로부터 그의 경학 연구의 방향, 방법론, 범위를 어느 정도 가늠할 뿐이다. 또한 연도가 분명한 자료들은 대부분 1840년대 이전까지의 자료로서 김정희 노년의 경학은 여전히 베일에 가려 있다는 한계를 지닌다. 이러한 한계 속에서 이상의 자료들이 보여주는 것은, 첫째 김정희는 옹방강을 위시한 청대 고증학자들로부터 학고(學古)의 중요성을 깊이 인식하고 있었다는 것이다. 따라서 김정희가 한대 경학에 대해 성인의 시대와 가장 가깝고 또한 사승관계에 따라 이전시대의 학문을 그대로 보존하려는 경향이 강하다는 점에서 상당히 존중했던 건 당연했다.

둘째 그가 청대 학술 성과에 대해서는 박종과 절충을 일관한다는 점이다. 옹방강의 경학을 이장욱으로부터 변론하는 과정에서도 관점이 공평하고 천착함이 없음을 학문적 강점으로 드는가 하면 완원의 『황청경해』는 그 이전 『통지당경해』에 비해 객관적인 태도로 자료를 모두 모으는 태도가 약화되고 편집의 관점이 강하게 특정 기준에 편향되었다는 점에 아쉬움을 여러 번 토로하는 데서도 여실히 드러난다. 이는 그가 옹방강이나 완원 등에게 경외를 표하면서도 이들 어느 누구의 관점과 학문적 역량을 전적으로 신뢰하지는 않았다는 점과 더불어 김정희의 경학 연구의 주체적 태도를 알려준다. 특히 옹방강에 대한 태도에서 뚜렷한데 김정희는 옹방강에 대해 만년까지도 경외와 애정을 표현했지만 그의 학문이 주자학을 전복시키는 부분들을 받아들이지 않았다는 한계 역시 분명히 알고 있었다. 이장욱과의 서찰에서 드러나듯이 옹방강은 중국 경학의 가장 중요한 경전인 『상서』가 위작이라는 점도 인정하지 않았고 능정감이나 장혜언과 같은 새로운 경학 방법론의 개척자들을 인정하지 않았다. 『주역』 연구에서도 유사하게 『주역』을 4성인이 저술했다는 신화적인 믿음을 버리지 않았다. 이에 그는 완원의 학문을 비판하여 둘의 관계가 소원해진 적이 있을 정도였고 『황청경해』에는 그의 저술이 실리지 못했다. 김정희의 『완당선생전집』에서 수많은 청대 학자들의 연구 성과 초록이 발견되는데 유독 옹방강의 것은 발견되지 않는다는 점도 같은 맥락에서 이해할 수 있다.

김정희는 완원, 능정감, 초순 등 양주학파의 대가들의 업적을 속속 수용하고 칭송했을 뿐만 아니라 상주파의 『춘추』, 『주역』에 관련된 금문경학 쪽의 업적에 대해서도 대단히 높이 평가했다. 경학 각 분야뿐 아니라 소학, 이에 더해 지리, 천문·산학에 걸친 학습의 범위와 결과는 청대 고증학자들과 어깨를 나란히 하기 위해 그가 부단히 힘쓴 자취를 보여준다. 본서를 통해 새로 발굴된 김정희의 중국 학술 연구 자료들은 〈표 4〉와 같은데, 김정희가 방대한 분야의 학문 분야에 대한 연구를 진행하여 그가 과연 동시대 박학(博學)의 대표임을 확인시키고 아울러 중국의 학술 성과를 수업하는데 어떤 업적에도 일방적으로 의존하지 않고 절충하려 한 주체적 관점을 여실히 보여준다.

이러한 연구를 통해 이룬 조·청 학술 교류사적 의미는 그가 중국의 내지(內地)와는 먼 이역에서 청대 고증학의 성과와 한계를 비평하고 내지의 학자들과 각자의 안목과 연구 성과를 교류하여 중화문화의 재건과 재생산에 함께했다는 점에 있다고 하겠다. 이는 중화관의 변화사라는 측면에서도 중요한 의미를 갖는다. 청나라의 건국 이후 중화문화의 관리 주체는 한족에서 이민족 만주족으로 전환되었고 조선의 문인들은 이제 중화문화를 만주족 대신 자신들이 담지한다는 소중화 의식을 갖게 되었다. 이후 18세기 후반에『사고전서』가 국가 주도로 편찬되었고 그 문화적 상징성은 중화문화를 만주족과 한족이 함께 소유하고 실천한다는 것에 있을 것이다. 19세기 전반 김정희를 포함한 조선과 청의 일군의 학자들 사이에서는 자신들이 공유하는 중화 학술에 기여하고자 상호협력하는 관계가 형성되었고 아울러 중화학계를 운영하는 동반자라는 의식을 발견할 수 있다. 비록 그 변화가 중화문화권 전체를 포괄하지 않을 뿐만 아니라 학계에서도 국부적인 범위에 해당하지만, 그들은 분명 중화 학술의 담지 주체가 민족상에서뿐 아니라 영토상으로도 확장되는 것을 실천하고 인지했다. 김정희는 서로 지역과 민족이 다른 학자들이 중화 문화권의 학술을 함께 구축하는, 20세기 이전 동아시아 학술사의 끝자락에서 의미심장한 명장면을 만들어 낸 것이다.

〈표 4〉『완당선생전집』 내 찬입된 청대 학술 자료 총목록[161)]

	『완당선생전집』 내 초록 제목 및 위치	원 글의 출처	본서 해당 면
1	권1, 「한유가법설」(漢儒家法說)	완원(阮元) 주편, 『황청경해』(皇淸經解) 권1390, 엄걸(嚴杰) 보편(補編) 『경의총초』(經義叢鈔), 「고경정사문집」(詁經精舍文集) 중 호진(胡縉), 「한경사가법고」(漢經師家法攷)	75
2	권1, 「예당설」(禮堂說)	능정감(凌廷堪), 『교례당문집』(校禮堂文集) 권4, 「잡저(雜著) 일(一)/복례(復禮) 하(下)」	105
3	권1, 「일헌례설」(壹獻禮說)	능정감, 『교례당문집』 권3	105
4	권1, 「혁괘설」(革卦說)	정이(程頤), 『역전』(易傳)	112
5	권1, 「기자고」(其子攷)	혜동(惠棟), 『주역술』(周易述) 권5	112
6	권1, 「주역우의고」(周易虞義攷)	왕인지(王引之), 『경의술문』(經義述聞) 권2, 제28칙(則) 「우씨이방통설단상현여경위」(虞氏以旁通說彖象顯與經緯)	112
7	권1, 「천문고」(天文攷)	① 채침(蔡沈), 『서경집전』(書經集傳) 권1, 「우서」(禹書) ② 장운오(張雲璈), 『간송초당시문집』(簡松草堂詩文集) 권8, 「적기성천설」(積氣成天說) ③ 성백이(盛百二), 『상서석천』(尙書釋天) 권1	118
8	권1, 「일월교식고」(日月交食攷)	서광계(徐光啓) 등 편, 『신법산서』(新法算書) 권13 중 「실회중회사회설」(實會中會似會說), 「식지징」(食之徵), 「식지징」 제4, 「식대소지속변」(食大小遲速辯) 제6; 같은 책 권14 중 「일월매월불식」(日月每月不食) 제6, 「인식이지일유부동심환」(因食而知日有不同心圜) 제14.	118
9	권1, 「역서변」(易筮辨) 上	초순(焦循), 『역도략』(易圖略) 권6, 「원서」(原筮) 제8	112
10	권1,「태극즉북극변」(太極卽北極辨)	완원, 『연경실일집』(揅經室一集) 권2, 「태극건곤설」(太極乾坤說)	112
11	권6, 「제가장사치안책권두」(題賈長沙治安策卷頭)	유대공(劉台拱), 『유단임유서』(劉端臨遺書) 권7, 「한학습유/매의전」(漢學拾遺/買誼傳)	77
12	권6, 「제장직약의례정주구독권두」(題張稷若儀禮鄭注句讀卷頭)	장이기(張爾岐), 『의례정주구독』(儀禮鄭註句讀)에 대한 「사고전서제요」(四庫全書提要)	105
13	권8, 「잡지」(雜識)	완원, 왕희손(汪喜孫) 합작, 「『황청경해』 찬문」(撰文)	82
14		완원, 『연경실일집』(揅經室一集) 권8, 「논어논인론」(論語論仁論)	53
15		『예기』, 「예운」(禮運)	105
16		진수기(陳壽祺), 『오경이의소증』(五經異義疏證)	105

	『완당선생전집』 내 초록 제목 및 위치	원 글의 출처	본서 해당 면
17	권8, 「잡지」(雜識)	황종희(黃宗羲), 『남뢰문정』(南雷文定) 권4, 「재답만계야상례잡문」(再答萬季野喪禮雜問)	105
18		능정감, 『교례당문집』 권4, 「잡지 一/복례(復禮) 下」	105
19		정현(鄭玄), 『주역정주』(周易鄭注), 「역찬역론」(易贊易論)	112
20		혜동, 『역한학』(易漢學) 권1 「벽괘잡괘」(辟卦雜卦)	112
21		능정감, 『교례당문집』 권5, 「기영삭허변」(氣盈朔虛辨)	118
22		소진함(邵晋涵), 『이아정의』(爾雅正義) 권9, '이십팔수'(二十八宿)	118
23		이광지(李光地) 등 편, 『성력고원』(星歷考原) 권1, 「십이월벽괘」(十二月辟卦)	118
24		장수절(張守節), 『사기정의』(史記正義)	118
25		『당개원점경』(唐開元占經) 권68, 「노인성점이십구」(老人星占二十九)	118
26		위원(魏源), 『해국도지』(海國圖志) 권31, 「서남양/북인도남북인부부록」(西南洋/北印度西北鄰部附錄) 중 장춘(長春), 「서유기」(西遊記); 같은 책 권32 「서남양/북인도이외강역고」(西南洋/北印度以外疆域考) 一 중 '오인도'(五印度)	123

2장
김정희와 일본 고증학

1. 일본 고학계에 대한 인식
2. 일본 고학 자료의 해외 유통

한국, 중국, 일본 삼국의 지적 교류는 수(隋)·당(唐) 시기 외교사절 혹은 유학생, 유학승을 주고받으면서 시작된 이래 삼국의 외교 관계에 따라 중단과 재개를 반복하며 진행되었다. 이 글이 주목하는 시기는 임진왜란 이후 삼국의 외교 질서가 다시 한 번 재편되고 이어 삼국의 지적 교류 역시 새로운 국면을 맞이하는 19세기 이후이다. 조선은 청대에 들어서도 명대에서처럼 사대(事大) 질서를 바탕으로 외교 관계를 진행하여 연행사(燕行使)와 칙사(勅使)를 주고받았고, 일본과도 교린(交隣)의 질서를 지속하면서 선조 이래 12차례 통신사(通信使)를 파견했다. 삼국의 관계에서 가장 큰 변화는 청과 일본이 공식적인 외교 관계없이 통상(通商)의 관계를 맺었다는 것이다. 이에 따라 양국의 문화 교류는 학자 간 직접적인 인적 교류가 아니라 주로 통상 무역을 매개로 진행되었다. 청은『사고전서』로 대표되는 중화문물의 복원·재생산 사업을 추진하면서 일본에 있는 고대 희귀본 서적에 관심을 기울이게 되었고 일본 역시 청의 서적 수입에 적극적이었다.

한편 조선은 연행사와 통신사를 갖추어 삼국 중 인적 소통에 가장 자유로웠다. 조선의 문인들은 19세기 이래 중화문화의 또 다른 주체로서 자부심을 가지고 청의 학술계에 커다란 관심을 가지고 있었고, 특히 1장에서 서술한 대로 연행사의 유관이 자유로워지면서 조선과 청의 문인 간 지적 교류도 더욱 활발하게 진행되었다. 조선 문인들은 연행을 통해 청대 학계뿐 아니라 일본 학계의 정보도 우회적으로 입수할 수 있었다. 물론 이들에 있어서 일본 학계의 정보를 입수하는 가장 대표적인 경로는 통신사행이다. 조선의 문인들은 통신사행을 통해 일본 경학계의 동향, 삼국 중 일본에만 존재하는 옛 중국 전적을 비롯해 일본에서 새로 간행한 서적, 금석학 관련 자료 등을 접했고, 그들 중 몇몇은 간혹 연행사를 통해 청의 문인들에게 그 자료들을 전달했다. 김정희는 당시 청의 학술에 가장 밝았던 학자이다. 중화문물에 대한 그의 관심 범위는, 중국의 경학계의 영향을 받고 아울러 몇몇 중요한 중국 경학 자료를 보유했던 일본으로 확대되었다.

조선 후기 지식인들의 일본에 대한 연구는 이미 한·중·일 삼국의 학자들에 의해 상당한 연구가 진행되어 왔다. 특히 일본 학술계의 동향과 경학 자료에 대한 조선 지식인들의 수용 상황에 관해서는 국내에서도 2000년대 이후 연구가 급격히 증가하였다.[1] 그러나 김정희가 일본 문화에 관해 어떤 정보를 소유하고 있었는지, 또 어떤 관점에서 그 정보들을 평가하는지는 거의 언급되지 않았다. 그 중요한 이유 중 하나는 김정희의 일본관을 설명해줄 자료가 많지 않다는 데 있다. 그가 남긴 일본 문물에 대한 시 몇 편과 짧은 메모들, 그리고 그의 장서목록, 청대 문인들의 기록, 후지츠카 치카시의 기록이 그 전부이다. 그러나 양적인 빈약함에도 불구하고 이들 자료는 김정희가 일본의 경학 자료, 전각·동경·도검 등등 금석학 자료, 그리고 약간의 문학 자료를 소유했으며, 이들 자료 중 몇몇은 역시 최신의 것이었고, 그가 그 자료들의 의의를 누구보다 잘 알고 있었다는 점을 알려준다. 이하에서는 김정희의 일본 경학 연구를 고찰할 것이다.

1. 일본 고학계에 대한 인식

(1) 일본 고학자

일본 학계는 에도막부가 들어선 이후 급격히 성장하였고 그 상황은 통신사행을 통해 조선에 알려졌다. 조선 문인들의 기록을 살펴보면, 1636년 통신사행 때만 하더라도 하야시 라잔(林羅山, 1583~1657)의 문학을 높이 평가하는 정도였지만 18세기에 들어 일본 유학계가 괄목할 정도로 성장했다는 언급이 등장한다. 이때는 바로 일본에서 후지와라 세이카(藤原惺窩, 1561~1615)와 야마자키 안사이(山崎闇齋, 1618~1682) 이래 주자학과 고학, 그리고 양명학이 공존하던 시기이기도 하다. 1719년, 1736년, 1748년, 1763년 4차례 방일했던 조선 통신사 일행은 일본의 문치 확대, 주자학파의 성장을 주목했고, 19세기 들어 몇몇 조선의 학자들은 일본 고학의 성과, 중국에서 일실되었으나 일본에는 존재하는 옛 한적(漢籍)들도 주목하게 된다. 김정희의 다음 글은 그 역시 위의 네 특징에 주목했다는 것을 보여준다.

그때는 [일본이] 중국과 통하지 못하여 중국 서적에 관해서는 모두 우리나라에 의존했다. 지금 足利學에 보존된 古經은 바로 당나라 이전의 구적들이다… 이는 진실로 천하에 없는 것들이다. 또한 皇侃의 『論語義疏』나 蕭吉의 『五行大義』와 같은 책은 모두 중국에는 일실되었는데 오히려 그쪽에 보존되어 있으니 얼마나 기이한 일인가. 晁監과 奝然은[2] 지금 고증할 수가 없다.

서경과 동도 사이에서 그들이 지은 문장은 천박하고 어그러졌을 뿐더러 말을 따라 곧장 문세를 나아가게 하여 俯仰과 轉折, 上下 吐納의 법칙에 맞지 않았고, 『武林傳』 같은 것은 심지어 구두도 할 수 없던 것이었다. 백여 년 이래 伊藤仁齋와 荻生徂徠의 학이 크게 융성해졌는데, 시·문에서 오로지 이반룡만을 숭상하므로 약간 속체를 변화시켰음에도 옛날에 물든 것이 이미 고질화되어 갑자기 고치기는 어려웠다. 지금 東都 사람 篠本廉의 문장 3편을 보니, 천박하고 어그러진 누습을 완전히 씻어내 문채가 빛난다. 또 이반룡의 문격을 쓰지 않으니 중국인이 짓는다고 해도 더할 것이 없다. 아! 長崎의 선박이 늘 중국과 왕래하는데, 비단과 동 무역은 오히려 부차적이고 천하의 서적을 산과 바다를 건너 실어 가지 않는 것이 없다. 옛날에는 우리에게 의지해야 했는데 마침내는 우리보다 먼저 보는 것도 있으니, 조본렴이 문채가 없으려 해도 안 되는 것이다. 그리고 한 가지를 엿보면 천하의 형세를 알 수 있다. 저들이 비단과 동, 서적 외에 또 중국에서 얻은 것이 없다고 할 수 있겠는가. 아. 고우산인이 쓰다.[3]

일본에서 중국 문화가 성대하게 전개된 것은 에도막부 이후의 일이다. 일본은 나라(奈良, 710~794)시대부터 아베노 나카마로(阿倍仲麻呂) 등의 견당사(遣唐使), 쵸넨(奝然)과 같은 학승(學僧)을 통해 중국 문화를 수용했는데, 그 흔적은 김정희의 시대에 남아 있지 않다. 이후 일본에서 가장 문물이 발달한 서경(西京)과 동도(東都) 사이의 지역에서도 문장은 비루했으니, 『무림전』의 예에서 보듯이[4] 한문 문어체로 글을 짓는 것도 할 수 없었다. 그런데 불과 백여 년 전부터 이토 진사이(伊藤仁齋, 1627~1705), 오규 소라이(荻生徂徠, 1666~1728) 등의 학자들이 일어나면서 학술과 문장이 크게 번성하였다. 물론 소라이 이래로 나라 안의 문장이 명대 의고파 일색이라는 문제점이 존재했는데, 사사모토 렌(篠本廉, 1743~1809)이 드디어 의고파로부터도 벗어나 뛰어난 문장을 제시한 것이다. 김정희는 일본인들이 중국으로부터 서적을 지속적으로 수입한 것이 이에 크게 일조하였다고 본다. 그는 심지어 이제 일본인들은 조선인들도 채 알지 못하는 중국 서적도 학습하게 되었다고 크게 한탄했다. 그리고 일본은 아시카가(足利) 학교에 당 이전의 중국 문헌들과 중국에서는 이미 사라진 황간의 『논어의소』나 소길의 『오행대의』를 보존하고 있다고 부러워했다. 이 두 서적은 각각 『칠경맹자고문보유』(七經孟子考文補遺)와 『일존총서』(佚存叢書)에 수록된 희귀본들로서 당시 조선 문인들에게는 널리 알려지지는 않은 총서들이다. 김정희는 분명 일본 학계의 주요 특징들을 인식하고 있었다. 실제 그의 장서 목록을 보면 18세기 이래 일본 학계의 주요 저술인 진사이의 『동자문』(童子問), 소라이의 『조래집』(徂徠集), 다자이 슌다이(太宰春台)의 『논어훈전』(論語訓傳)이 포함되어 있다.[5]

다음 「회인시체를 방하여 이전에 들은 것을 서술하여 일본 배에 부치니, 오사카 여러 명사들 중 이해하여 줄 이가 당연히 있으리라」는[6] 김정희의 일본학계에 대한 정보, 이에 대한 평가의 관점을 보다 잘 드러낸다.

경서를 풀이한 것이 어찌 그리 기이하게 뛰어난가
이등인재와 적생조래의 글을 진작에 보았네.
뒤에 나온 이 더욱더 깊고 정밀하지만
인재가 허술하진 않더라.
모름지기 평심하여 보아야 하오
일체의 문호 따윈 배제하고서. (제1수)
정리는 진정으로 노숙한 학자라
멀리 정주학으로 거슬러 올라가네.
이에 우리나라에까지 생각이 미쳐
『퇴계서절요』를 구했구나.
필법 또한 순후하고 고아할진대
생각건대 그 사람됨도 반드시 이와 같으리.
－나의 서재에 精里의 대련이 있음. (제2수)

준일한 삼택굴원이여[7]
무리 속에 우뚝이 빼어났구려.
강직하게 고의를 설명하는데
하급의 선비들은 비웃는구나.
소식을 끝내 미치지 못하여
바다 구름은 아득하니 그리움에 잠기네. (제4수)

당 나라 이전의 옛 글들이

아직도 족리학에 있구나.

고졸한 파체의 글씨는

제량 시대 글자와 너무도 같아.

어느 뉘라 알리요 백제 시대에

우리에게서 건너간 그 사실들을.

–족리학에 소장된 고서[글자]는 제량의 금석문과 같은데 백제 시대에 구입해 간 것임.–(제6수)

'칠경'과 『맹자』라

그 문장을 세밀하게 궁구하고 분석하였네.

옛날에 완원 선생을 뵈었더니

정예하다고 극히 감탄하였고,

수월독서루의 간행본을

번각하여 세상에 통행케 했네.

–내가 중국에 들어가서 완원 선생을 뵈었는데 선생은 『칠경맹자고문보유』를 크게 칭찬하시고 揚州 隨月讀書樓本을 판각하여 유통했음–(제7수)

수당 시대 여러 잔본들은

중국에서는 유실된 것들이라.

『일존총서』에 수록됐으니

[神馬의] 몇 가닥 터럭은 역시 진기하구려.

아! 『효경주』는 역시

매색의 위본이었네.

–『일존총서』는 수당의 잔본을 수집한 책임. 『孝經注』는 僞書임.(제8수)

인견화천이란 글자를

전달하여 「금색」에 전하였다네.

–내가 일찍이 일본에서 만든 거울을 중국의 여러 명사들에게 나누어 줬는데 풍운붕이 수집하여 [『금석색』 중] 「금색」 古刻에 넣었음–

소미재라 그 안의 한 늙은이는

조곤조곤 주연에 대해 말해주었네.

–내가 소미재를 뵙고 주연[이 宋 太宗에게 바친] 책에 대해 질문하였음–

바닷가 하늘에서 옛 꿈을 거듭 찾으니

고개를 돌려보매 어언 삼십 년.(제10수)[8)]

위의 시 제10수에서 연경행을 30년 전이라고 하고 스스로 바닷가에 있다고 읊는 것으로 보아, 이 시를 지은 시기는 김정희가 제주도에 적거하기 시작한 55세 경 즉, 1841년 직후로 짐작된다. 그는 이 시에서 일본의 경학자 중 오규 소라이, 이토 진사이, 고가 세이리(古賀精里, 1750~1817), 미야케 키츠엔(三宅橘園, 1767~1819)을 꼽아 높이 평가했고(각각 제1수, 제2수, 제4수), 족리학에 소장된 고서, 특히 『칠경맹자고문보유』와 『일존총서』의 중요성을 읊었다(각각 제6수, 제7수, 제8수).

위 고서들을 비롯해 김정희가 열거한 학자의 이름, 그리고 그들에 대한 평가는 그 자체로 일본 학계에 대한 김정희의 지식의 범위, 평가의 관점 그리고 조선의 일본 연구사에서 갖는 김정희의 위상을 드러낸다. 우선 위 인명과 서명은 에도막부 시기 두 학풍, 즉 고학과 주자학과 관련된다.

오규 소라이, 이토 진사이는 일반적으로 고학파로 분류되며, 『칠경맹자고문보유』를 편찬한 야마노이 카나에(山井鼎, ?~1728)와 부쓰 칸(物觀), 『일존총서』를 편찬한 하야시 줏사이(林述齋, 1768~1841), 미야케 키츠엔(三宅橘園, 1767~1819) 모두 고학파의 영향을 받은 학자들이다. 이하에서는 일본 학계에 대한 김정희의 서술을 분석해 본다.

김정희는 위의 시에서 오규 소라이와 이토 진사이의 학문적 정밀함을 높이 평가했다. 일본 고학은 진사이와 소라이를 거치면서 학계에 모습을 뚜렷이 나타내었다. 이토 진사이(伊藤仁齋, 1627~1705)는[9] 일본 학계에서 고학을 창도한 인물로 일컬어진다.(도판 21) 그는 처음에 송대 성리학을 공부하다가 명대 사상가 오정한(吳廷翰, 1491~1559), 특히 그 대표 저작인 『길재만록』(吉齋漫錄)의 영향을 받으면서 송대 성리학을 떠나 선진(先秦) 사상을 공부하게 된다.[10] 오정한은 왕정상(王廷相, 1474~1544)의 영향을 받아 주자학을 비판했던 인물로, 인성론에서 천리지성(天理之性)을 부정하고 기질지성(氣質之性)만을 인정하여 천리는 인욕에도 내재한다고 주장했다. 진사이 역시 주자학을 비판하고 기일원론(氣一元論), 기선리후론(氣先理後論)을 주장하여, "도는 실천으로써 말하므로 살아있는 글자이고, 리(理)는 존재함을 말하므로 죽은 글자"이며, "리는 단지 기(氣)의 조리(條理)"라고 하였다.[11] 그는 주자학에 의해 형이상학적으로 해석되기 이전의 고대 유가경전의 의미를 밝히고자 했다. 경전에 관해 그는 주자의 사서(四書) 체계를 부정하여 『대학』은 공자가 남긴 책이 아니라고 그 가치에 의문을 제시하는 반면, 공자의 말씀인 『논어』를 극히 존중했고 아울러 『맹자』 역시 『논어』를 자세히 풀이하여 『논어』를 제대로 이해하기 위한 필수 텍스트라는 점에서 중시했다.[12] 그가 해석한 바에 따르면, 공자는 인(仁)을 종지로 삼는데 그 본질은 애(愛)이며, 도(道)는 일반인들이 감각하

〈도판 21〉 〈이토 진사이 초상〉, 『선철상전』(先哲像伝) 제1집, 裳華書房, 明治30(1897)(사진 자료는 일본 국립국회도서관 온라인 서비스 https://www.dl.ndl.go.jp/api/iiif/1186674/manifest.json 제공) 『선철상전』은 하라 토쿠사이(原徳斎)가 1844년에 저술한 일본 명사 열전이다. 유학, 문학, 회화, 무사 등 각 방면의 뛰어난 선현들의 초상화, 열전, 인장 등을 수록했다. (좌)

〈도판 22〉 〈오규 소라이 초상〉, 『선철상전』(先哲像伝), 有朋堂書店, 1927(사진 자료는 일본 국립국회도서관 온라인 서비스 제공). (우)

고 경험하는 자연의 질서이며 일상생활에서 지켜야 할 도리이지 자연 너머의 질서가 아니다.[13] 그의 저술로는 사서를 풀이한 『동자문』, 『논어』와 『맹자』를 고증한 『어맹자의』(語孟字義), 『논어고의』(論語古義), 『맹자고의』(孟子古義) 외에 『중용발휘』(中庸發揮), 『대학정본』(大學定本) 등이 있다. 그가 에도 사숙인 "고의당"(古義堂)을 설립하여 양성한 뛰어난 학자들 중 한 명이 바로 오규 소라이이다.

오규 소라이(荻生徂徠, 1666~1728)는[14] 고의당 출신이지만 진사이가 공자의 사상 중 인(仁)과 애(愛)를 중시하여 이들이 곧 도(道)라고 풀이하는 것을 비판했다. 도란 추상적 윤리가 아니라 제도, 즉 선왕들이 세상을 다스린 예악형정(禮樂刑政)이며 이는 육경(六經)에 담겨 있다는 것이다. 그에 의하면 육경은 도를 이해하기 위한 중요한 전적이고 육경을 편집하고 남은 말들이『논어』이다. 그리고 그는 이들 고대 전적의 의미를 제대로 파악하자면 한문의 본래의 자순을 흐트러뜨리고 문맥을 착종시키는 화구(和句), 화훈(和訓)을 버려야 한다고 판단했다. 그는 진사이조차 일본식 한문 읽기의 오류에서 벗어나지 못했다고 비판했다.[15] 김정희가 위「방회인시」제1수에서 진사이에 비해 소라이의 학문이 매우 깊고 정밀하다고 평가한 것과 관련 있을 것으로 짐작된다. 소라이는 고문을 제대로 이해하기 위해 진한의 문장을 따르는 명대 의고주의자들의 문학론을 주목했고, 명대 의고파의 고문사관에 따라 이른바 고문사학(古文辭學)이라는 새로운 학풍을 수립하였다. 저술로는『논어징』(論語徵),『훤원수필』(蘐園隨筆),『변도』(辯道),『변명』(辯名),『정담』(政談) 등이 있다. 그의 문하에서는 다자이 순다이(太宰春台), 핫토리 난가쿠(服部南郭) 등 많은 경학자들이 배출되었다.(도판 22)

이들의 저술은 1719년부터 조선에 전해진 것으로 짐작된다. 1719년 9차 통신사의 서기였던 성몽량(成夢良)은 진사이의 차남인 이토 초에이(伊藤長英)로부터『동자문』을 구해왔고, 1748년 통신사의 제술관 박경행(朴敬行, 1710~?)과 서기 이봉환(李鳳煥, 1710~1770)은 진사이의 장남 이토 카다이(伊藤霞臺)로부터 진사이의 다른 저작들인『논어고의』,『맹자고의』,『중용발휘』,『대학정본』,『고학지요』(古學之要) 등을 입수하기도 했다.[16] 1763년~1764년 통신사행 중에는 원중거(元重擧, 1719~1790)가 소라이의『조래집』(徂徠集),『변도』,『변명』을 일본에서 입수해 읽었다는 흔적이 있고, 이언진(李彦瑱)은 에도에서 소라이의 중요 학술 저술인『학칙』을 입수했던 듯하다.[17] 정사였던 조엄(趙曮, 1719~1777)은『해사일기』(海槎日記)에서 역시 소라이의 중요 저술로 간주되는『논어징』을 일본에서 기증받아 읽었다고 기록했다. 이후 1811년 통신사 정사 김이교(金履喬) 역시 귀국 시『논어징』을 기증받았다고 했다.[18]

그러나 일본 고학의 성과가 당시 조선 문인들에게 제대로 이해된 것으로는 보이지 않는다. 원중거의 경우를 살펴본다. 원중거는 소라이를 가장 먼저 언급한 조선 문인이다. 그는 귀국 후 소라이의『논어징』을 읽어본 듯, "[소라이는] 뒤에 나가사키(長崎)의 당나라 상선으로부터 왕세정(王世貞)과 이우린의 문집을 얻어 보고서 …정학(正學)이라고 여기면서 배웠고, 스스로 왕리지학(王李之學)이라고 이름하였다.『논어징』을 저술하여 맹자 이하를 모두 하나같이 비방 모욕하고, 정자·주자에 이르러서는 더욱 심하였다. 그 학설은 진사이에 비해 더 경박하고 어그러졌지만 온 나라 사람들은 그를 따르면서 해동부자(海東夫子)라고 칭하였다"고,[19] 소라이가 진사이에 비해 주자학을 강하게 비판했다고 비난했다. 그는 소라이를 "불교와 노장처럼 성과 덕을 논하는 기발함이 없고, 육왕학처럼 양지양능의 변도 없다."고 비교 평가한 바 있는데,[20] 이는 소라이의 학문을 심학(心學) 계열로 간주하면서 같은 심학 계열인 불교, 육왕학에 비해 정교한 개념 장치가 없는 저급한 이론으로 간주했음을 드러낸다. 같은 계미 통신사의 정사였던 조엄은 더 노골적으로 진사이와 소라이의 학술이 이단에 가깝다고『해사일기』에 기록했다. 특히 소라이가 문장은 매우 뛰어나지만 맹자 이하를 다 헐뜯고 주자(朱子) 주(註)를 위주(僞註)라 하였다는 점에 주목하면서, "호를 서하(西河)라고 한 청국인 모기령(毛奇齡)이 주자를 공격 배척하여 스스로『육경원사』(六經原辭)를 지은 것과 같으리라. 그러니 이로부터 말하건대, 양명(陽明)의 학술이 천하에 범람하고 주자의 학문은 조선에서만 행해진다고 할 만하다."고 비판했다.[21] 역시 진사이와 소라이가 청대 모기령과 유사하게 양명학을 추존한다고 판단한 것이다.

그러나 소라이는 양명학(陽明學)이 마음을 주자학처럼 마음에서 구할 뿐 선왕의 도에서 구하지 않는다고 비판했다. 탐구해야 할 것은 마음이 아니라 성인이 제정한 시서예악이라는 것이다.[22] 그가 고문사를 주목한 것도 고문사를 연구해 성인이 말한 사실들을 명료하게 이해하기 위한 것이지 고문 자체를 학문적 목표로 삼은 것은 아니었다.

이덕무(李德懋, 1741~1793) 역시 진사이에 대해 "양명을 존중하여 지나치게 높은 체하는 자로 보인다."고 했다.[23] 그는 진사이에 대해 "천하에 어찌 사단(四端)이 없는 사람이 있겠는가? 이 [사단이 없는 사람이 있다는 생각]은 바로 고염무와 이토 진사이가 서로 동일하게 생각한 점인데, 다월초(越椒) 등이 태어나면서부터 선하지 않았다는 말을 왜곡되게 비호했고, 형체를 가지고 성(性)을 논하여 스스로 성을 이해하지 못하는 쪽으로 귀결되었다."라고 하면서[24] 진사이가 주자학을 벗어나 성을 기질로 환원시켜 버렸다고 비판했다. 그는 소라이의 학문 요지 역시 제대로 파악했던 것으로 보이지는 않는다. 그는 "이토 진사이는 정주(程朱)를 배척하여 스스로 한 학파를 세웠으며, 오규 소라이(物部徂徠)는 인재(仁齋)처럼 정주를 배척하지는 않았으나 이반룡과 왕세정을 추존해서 선각(先覺)이라 여겼다… 왕·이는 문장으로도 남을 굴복시키지 못하는데 이른바 학문이라는 것을 볼 수 있겠는가."[25]라고 반문했다. 그는 소라이의 학문적 목표가 명대 의고파의 고문을 통해 선진시기 성인의 도를 파악하는 것임을 간과한 채 그의 문장과 학문이 명대 의고파에 머물러 있다고 오인한 것이다.

원중거·조엄·이덕무 모두 조선의 일본학에서 손꼽히는 이들이지만

〈도판 23〉 하나가와 토이에(羽川藤永), 〈조선인내조도〉(朝鮮人來朝図), 池長孟 콜렉션, 『부사산백화』(富士山百畫), 91.2×69cm, 고베(神戸) 시립박물관 소장. 하나가와 토이에(羽川藤永)가 관정(寬延) 원년(1748)에 일본을 방문한 제10회 조선통신사단의 행렬 모습을 그린 작품이다. 작품은 통신사단의 장대한 행렬을 채색으로 세밀하게 묘사했는데, 투시도법을 적용한 건물의 모습은 바로 18세 중반 등장한 우키노에(浮世絵)의 전형적인 특징이다. 통신사단이 에도(江戸)에서 9대 쇼군(將軍)의 즉위를 기념해 하례를 올린 후, 혼마치(本町)에 위치한 에치고야(越後屋) 포목점을 지나 숙소인 아사쿠사 혼간지(淺草本願寺: 현 東本願寺)로 돌아가는 모습이다.

일본 고학의 최종적 학문 목표가 무엇인지 이해하지 못했거나 간과했다. 다만 이들은 소라이가 명말 왕세정과 이반룡의 의고문파를 숭상한 점을 비판하면서도 일단 일본에 문장이 성장하는 계기가 되었다는 점은 높이 평가하는 정도였다. 그들은 한송절충론이 사상계의 근간을 이룬 정조시대를 만나고서도 주자학을 비판·극복하는 일본 고학의 경향을 제대로 이해·평가할 수 없었던 것이다.

그런데 이후 세대의 조선 문인들은 일본 고학자들에 대한 평가에서 이전 세대와 다른 변화를 보인다. 정동유(鄭東愈, 1744~1808)는 진사이의 학문 요지를 명료하게 제시하고 긍정했다. 1806년 완성한 『주영편』(晝永編)에서 정동유는 진사이가 주자학에 대해 선진 유학에 벗어났다고 지적하고 주자가 존중하는 『대학』에 대해서도 체용(體用)과 같이 선진 유학에 없던 형이상학적 관념이 선진 유학을 왜곡한다고 비판했다는 점을 정확히 이해했다. 분명 정동유는 진사이의 고학이 육왕학이 아니라 주자학을 벗어나 선진 유학으로 복귀하려는 것임을 인식하고 있었다. 그는 진사이가 육왕의 찌꺼기라고 비판받는데 개의치 않는 태도를 긍정하는 듯 서술하면서, "맹자가 말하기를 '호걸지사는 문왕을 기다리지 않고 일어난다.'고 했으니 이와 같은 사람[진사이]을 일컫는 것이다. 천고에 유일한 사람이라고 해도 좋은데 누가 왜국에는 유술(儒術)이 없다고 했는가."라고 진사이야말로 천고에 보기 드문 진정한 유학자라는 찬사를 보냈다.[26]

정약용(丁若鏞, 1762~1836)의 경우 아들에게 소라이를 소개할 때, 일본에서는 해동부자라고 일컬어진다는 사항만 언급하여 긍정적으로 이야기했고[27] 1813년 완성한 『논어고금주』(論語古今註)에서 소라이의 제자인 다자이 슌다이의 『논어』 주석을 중시했다는 것은 널리 잘 알려져 있다. 김매순(金邁淳, 1776~1840)은 소라이의 제자인 슌다이의 논의가 완원의 것과 공통점이 있다고 정확히 지적했다. 즉 공자의 인(仁)을 현실적인 안민(安民)으로 풀이하고 예(禮)를 의례제도로 해석하고 마음에 사욕이 존재하는 것도 엄연한 리(理)라고 논의하여, 주자의 형이상학적 불교적 경향성을 비판했다는 것이다. 다만 완원은 슌다이와 달리 주자학을 공공연하게 비판하지 않고 맹자도 존중했다고 덧붙였다.[28] 그렇다면 청대 고증학과 일본 고학의 태도는 완원의 학설에 관심을 기울인 김정희의 것과도 유사하다고 할 수 있다. 실제로 김정희 역시 1장에서 서술한 대로 주자학에 거리를 두고, 양주학파(揚州學派)나 상주파(常州派)와 같이 선진 유학에 대한 제도론적 현실적 접근에 크게 관심을 보였으며 특히 선진 예학에 관심이 많았다. 김정희가 「방회인시」 제1수에서 진사이와 소라이를 칭송하면서 편견을 가지고 문호를 나누지 말자고 언급한 것도 반주자학과 주자학을 나누지 말자는 것으로 이해할 수 있다. 일본의 고학, 청대 고증학, 조선의 한송절충론 모두 주자학 너머 선진 유학의 본의를 고증한다는 사상적 목표를 공유하고 있었고, 그래서 김정희는 위 「방회인시」 제1수에서 진사이와 소라이를 너무나 뛰어나고 깊이 있다고 찬탄할 수 있었다.

김정희는 「방회인시」 제4수에서 미야케 키츠엔(三宅橘園, 1767~1819)을 언급했다. 키츠엔은 1811년 대마도에서 조선 통신사와 필담 창화를 나누었으며, 이로 인해 일본에서 명성을 얻어 제자가 천여 명에 이르렀다고 한다. 저술로는 『귤원유문』(橘園遺文), 『조어심상』(助語審象), 『계림정맹』(鷄林情盟), 『박유온재』(薄遊溫載) 등이 있다. 키츠엔은 1811년 통신사 일원인 이현상(李顯相), 김선신(金善臣), 이명오(李明五)와 필담을 나누고 그 내용을 『학림정맹』으로 편찬했으며, 나가사키를 여행한 후에 저술한 『박유만재』 5권에 김선신의 발문을 받은 바 있다. 후지츠카 치카시(藤塚鄰)에 의하면 키츠엔은 이현상에게 송별서를 주었고 김정희가 이를 초록해 간직하고 있다고 한다.[29] 키츠엔의 사상은 국내외에서 잘 알려지지 않았지만 송별서에서 그 단서를 찾을 수 있다.

> "염락의 학문은 훌륭하지 않은 것은 아니나 옛것과 괴리된 것 또한 적지 않다. 窮理의 설에서 공자를 드러내고 老佛을 숨기며, 天과 命을 이야

기하고 모두 理라고 여기는데, 이는 공자의 옛것이 아니다. 그런데도 元明 이래 바꾸는 이가 없다… 후대 유가자들은 모두 독서하는 것이 거칠고 경솔하며 또한 지엽을 귀하게 여기고 줄기를 버리며 유파에 의지하고선 연원을 소홀히 했다. 오로지 『논어』와 『맹자』를 주장할 뿐 공자가 손수 산정한 『시경』·『서경』·『주역』을 잡초처럼 버렸다. 그래서 『논어』와 『맹자』를 해석하는데 그 진실함을 상실하였다… 당신의 재능으로 문왕에 직접 닿고 공자의 학문에 헌신하고 古學을 천명하여 조선에서 아름다운 이름을 떨친다면, 역시 커다란 공훈이 되지 않겠는가."[30]

키츠엔은 송명학의 형이상학적 개념들이 공자의 고학과는 다르다는 점을 분명히 지적했다. 원명 이래 유학자들은 주자학의 형이상학을 걷어내지도 못했고 『논어』와 『맹자』 외에 『시경』·『서경』·『주역』마저 소홀히 하여 공자 사상의 원형을 회복할 수 없다는 것이다. 키츠엔은 "훌륭하지 않은 것은 아니다."라고 주자학을 일방적으로 비판하지 않으면서도, 주자학을 넘어 『시경』·『서경』·『주역』과 같은 고전을 통해 고학을 회복하려는 의지를 표명했다. 이는 일본 고학의 고증적 태도와 주자학을 절충하려는 경향이라고 해석할 수 있다. 그러면서 그는 이현상에게 조선에서 고학이 올바로 진행될 수 있도록 노력하라고 충고했다. 당시 이현상, 김선신 등은 일본 문인들에게 조선 경학계의 주자학풍의 존재만을 알리고 청대 고증학풍의 수용와 절충에 대해서는 언급하지 않았다. 이에 키츠엔은 조선에도 유학에 대한 실증적 접근이 시급하다고 이현상에게 넌지시 촉구한 것이다. 아쉽게도 키츠엔에게 전달되지 못했으나 당시 조선에서는 고증학이 정약용, 성해응, 신작, 김정희 등에 의해 활발하게 연구되는 중이었고 그 일원인 김정희가 키츠엔의 학문이 고의(古義) 즉, 고학의 의미를 강

〈도판 24〉 구사바 하이센, 『진도일기』(1811) 중 〈신사노박도〉(信使鹵薄圖). 타쿠(多久)시립향토자료관 소장(사진 자료는 사가(佐賀)대학교 전자도서관 제공).

경하게 주장하니 뛰어나다고 칭송한 것은 당연했다.

김정희는 이상의 일본 고학 연구자 외에 일본 주자학의 주요 인물 중 하나인 고가 세이리(古賀精里, 1750~1817)를 「방회인시」 제2수에서 언급했다. 세이리는 당시 일본 학계의 거두로서 대표적인 주자학자였고 서예가였다. 그 역시 1811년 조선 통신사와 시문을 주고받았다. 김정희는 「방회인시」에서 그가 주자학자이며 글씨가 순박하고 옛스럽다고 칭송하였다. 세이리의 제자인 구사바 하이센(草場珮川, 1788~1867)의 『진도일기』(津島日記)에 의하면 1811년 6월 24일 조선의 객이 자신의 스승의 묵적을 구한다고 글을 보내왔다고 하였으며,[31](도판 24) 『대례여조』(對禮餘藻) 6월 23일 객관필담 기록에 의하면 부사서기 이명오가 세이리의 글씨에 대해 필력이 굳세어 마치 문징명의 골력을 연상케 하니 조맹부를 일찍이 배운 듯하며 그 필법은 순수하고 고아하고[淳古] 근엄하다고 높이 평가하였다.[32] 이는 역시 「방회인시」 제2수에서 '淳古'하다고 표현한 김정희의 평가를 떠올리게 한다.

(2) 희귀 일장한적(日藏漢籍)

김정희와 같이 선진 유학에 대한 재발견을 목표로 하는 입장에서 경학사의 중요 문헌을 발굴하는 것이 중요하다는 것은 두말할 필요가 없다. 일본에서 간행된 『칠경맹자고문보유』(七經孟子考文補遺)는 중국에서 오래전에 일실된 중국 경학 자료를 모은 총서로서, 조선에서 김정희가 가장 먼저 주목했던 것으로 추정된다. 이 총서는 서문에 의하면 진사이의 장자인 이토 카다이와 소라이로부터 수업을 받은 야마노이 카나에(山井鼎, 1690~1728)가[33] 『고문』(考文)을 짓고 소라이의 아우인 부쓰 칸(物觀)이 「보유」를 저술했다. 카나에는 1718년 소라이의 문하를 떠나 사이조(西条) 번후[侯]의 초청으로 유관(儒官)이 되었고, 족리학 소장 당나라 고본 '칠경'과 『맹자』, 송판본(宋板本) 『오경정의』(五經正義) 등을 저본으로 하여 『칠경맹자고문』을 1726년 편찬하였다. 카나에의 사후 부쓰 칸은 번후의 명으로 『칠경맹자고문』을 교감·보충하고 아울러 소라이의 서문을 붙여 1731년에 『칠경맹자고문보유』를 출판했다.(도판 25)

〈표 5〉 『칠경맹자고문보유』(七經孟子考文補遺)의 판본 3종

판본	경전
古本	『禮記』, 『周易』, 『論語』, 『孟子』 각 一通
宋版本	『五經正義』 一通, 『古文周易』 三通, 『略例』 一通, 『毛詩』 二通, 皇侃 『論語義疏』 一通, 『古文孝經』 一通, 『孟子』 一通
正德, 嘉靖, 萬曆, 崇禎本(汲古閣本)	『十三經注疏』 一本

내용 구성을 살펴보면, 『역』(易) 10권, 『서』(書) 20권, 부(附)『고문고』(古文考) 1권, 『시』(詩) 20권, 『좌전』(左傳) 60권, 『예기』(禮記) 63권, 『논어』(論語)

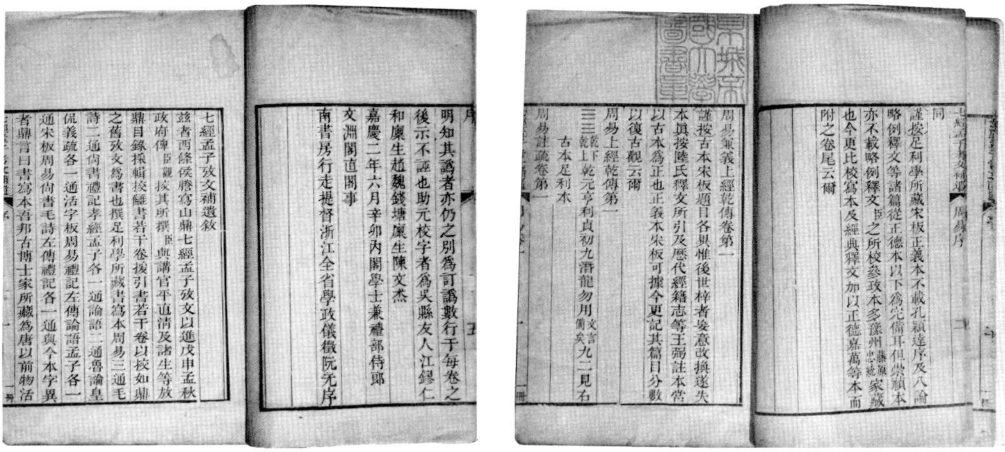

〈도판 25〉 야마노이 카나에(山井鼎) 편, 부쓰 칸(物觀) 찬수(纂修), 『칠경맹자고문보유』(七經孟子考文補遺) 16책, 목판본, 1797, 서울대 중앙도서관 소장. 왼쪽 사진은 부쓰 칸이 정보(享保) 15년(1730)에 쓴 보유 서(序)와 완원(阮元)이 가경(嘉慶) 2년(1797) 양주중간본(揚州重刊本)을 기념하여 쓴 서문이다. 『칠경맹자고문』은 족리학(足利學)에 소장된 각 경전의 당대 이래 명대까지 여러 판본들을 비교하여 내용 구성과 글자의 동이(同異)를 고증했다. 오른쪽 사진은 그중 『주역』의 판본을 비교하는 부분이다.

10권, 『효경』(孝經) 1권, 『맹자』(孟子) 14권이 수록되어 있다. 「범례」(凡例)를 보면 『칠경맹자고문보유』는 〈표 5〉와 같이 세 가지 판본을 쓰고 있다. 그중 고본(古本)은 카나에에 의하면 당(唐) 이전 박사가 전한 것이며 청대 학자들이 특히 주목한 판본이기도 하다.

경학 연구에서 문헌학적으로 중요한 의미를 갖는 이 총서에 대해 1764년 조선 통신사들은 여러 번 전해 들었다. 이시가네 노부아키(石金宣明, 1721~1758)는 조선 통신사단에게 일본에는 중국에서 이미 일실된 문헌 중 송판 '칠경', 『맹자』, 『고문효경』, 전주(傳注)로는 황간의 『논어의소』(論語義疏), 『맹자직해』(孟子直解) 등이 있고, 그 외에 명대 수입된 급고각본 만력·가정 각본이 있다고 했다. 이 필담 자리에는 성대중·원중거도 있었으며 이 필담의 내용은 남옥(南玉)의 1764년 통신사행 기록인 『일관

〈도판 26〉 타니분쵸(谷文晁, 1763~1841), 〈하야시 줏사이 초상〉, 〈근세명가초상〉(近世名家肖像), 27.2×981.7cm, 19세기, 동경국립박물관(東京國立博物館) 소장.

기』(日觀記) 2월 25일 기사에 있다. 그 외 원중거가 큐이칸(宮維翰), 오쿠다 겐케이(奧田尙齋)와 각각 대화할 때도 이 책들의 존재는 분명 조선 통신사들에게 전해졌다. 귀로길에서 성대중은 다키 카쿠다이(瀧鶴臺)에게 『칠경맹자고문보유』를 보여주기를 청한 바 있다. 실상 조선 통신사는 직접 소라이 문하의 학자들을 대면해 『칠경맹자고문보유』를 소개받았고[34] 그중 카쿠다이는 성대중에게 『칠경맹자고문보유』를 전하려고도 했지만, 결국 『칠경맹자고문보유』가 조선에 당시 수입되었다는 증거는 보이지 않는다.[35]

조선에서 『칠경맹자고문보유』가 『사고전서』에 수록될 정도로 중요한 문헌이라는 점을 인식한 흔적은 19세기 들어서 보이기 시작한다. 이규경은 『칠경맹자고문보유』를 고증하는 글을 지은 바 있다.[36] 그는 아울러 완원이 『칠경맹자고문보유』를 『사고전서』에 수록하였다는 것도 알고 있었고, 완원이 이 총서의 판본을 고증한 「각칠경맹자고문병보유서」(刻七經孟子考文竝補遺序)를 인용하기도 했다.[37] 그러면서 그는 『칠경맹자고문보유』가 선진 고서라고 하기에는 전래 경위가 의심스럽지만 당 이전의 판본이라는 점은 분명하니 판본의 오류를 교정한다면 훌륭한 경학의 자료임에 틀림없다고 그 의의를 높이 평가했다.[38] 그리고 『칠경맹자고문보유』에 대해 언급한 또 다른 이가 이상적(李尙迪, 1804~1865)이다. 이상적 역시 일본 학계가 백 년간 커다란 변화를 일으켰으며『칠경맹자고문』,『칠경맹자고문보유』가 완원에 의해 간행되었다는 사실을 기록했다.[39]

다음「방회인시」제8수에서 언급한『일존총서』는 조선 학자 중 김정희만 언급한다는 점에서 주목된다.『일존총서』는 에도 초기 손꼽히는 주자학자였던 하야시 라잔의 8대손, 하야시 줏사이(林述齋, 1768~1841)가 편찬한 총서이다. 줏사이는 당시 에도막부의 대학두(大學頭)로서 주자학을 선양하고 이단의 사상을 금하는 관정개혁(寬政改革)의 기치를 받들었고 막부 직속 학문소(学問所)인 창평횡(昌平黌)에서 주자학을 강의하였다.(도판 26) 그가『일존총서』를 발행한 배경으로는 두 가지 상황을 꼽을 수 있다. 직접적으로는 막부의 학문 진흥정책 즉, 중국으로부터 고증학 관련 서적을 적극 수입함과 동시에[40] 일본 내 고적을 조사하여 문고를 세워 수장하고 간행하는 정책을 꼽을 수 있다. 그러나 한편으로 소라이 학파의 전통도 배제할 수 없다. 당시 일본 유학계에서는 카나에 이후 요시다 코톤(吉田篁墩), 카리아 에키사이(狩谷掖齋), 콘도우 세이사이(近藤正齋) 등을 필두로 옛 경전을 교감하는 학풍이 확대되었다.[41] 비록 이학이 금지되면서 소라이학이 쇠퇴했지만, 카나에가 소라이의 문하일 뿐만 아니라 줏사이 역시 슌다이의 제자였던 오오시오 고우쇼(大鹽鼇渚)의 문하였다는 점에서 소라이학과 무관하지 않다. 요컨대 소라이의 고학 정신은 카나에 이후 교감학이라는 또 다른 형태의 고학으로 줏사이의 관정 주자학에서 변모·흡수되었다고 할 수 있다. 이러한 일본 고학의 전개 속에서 줏사이는 중국에서 산실된 경서 17종, 111권을 편찬하였다. 수록된 문헌들은 〈표 6〉과 같다.

〈표 6〉『일존총서』(佚存叢書) 수록 문헌

문헌명	(시대)편찬자명
『古文孝經』一卷	(漢)孔安國傳
『五行大義』五卷	(隋)蕭吉撰
『臣軌』二卷	(唐)則天武后勅撰, (唐)闕名注
『樂書要錄』殘三卷	(唐)則天武后勅撰
『兩京新記』殘一卷	(唐)韋述撰
『李嶠雜詠』二卷	(唐)李嶠撰
『文館詞林』殘四卷	(唐)許敬宗等奉敕編
『文公朱先生感興詩』一卷(附 武夷棹歌 一卷)	(宋)朱熹撰, (宋)蔡模注, (宋)陳普注(武夷棹歌)
『泰軒易傳』六卷	(宋)李中正撰
『左氏蒙求』一卷	(元)吳化龍撰
『唐才子傳』十卷	(元)辛文房撰
『王翰林集注黃帝八十一難經』五卷	(明)王九思集注
『蒙求』三卷	(唐)李瀚撰
『崔舍人玉堂類稿』二十卷, 『西垣類稿』二卷(附一卷)	(宋)崔敦詩撰
『周易新講義』十卷	(宋)龔原撰
『宋景文公集』殘三十二卷	(宋)宋祁撰

줏사이는 1799년에 천폭산인(天瀑山人)이라는 이름으로 서문을 붙여 『일존총서』를 목활자본으로 간행하기 시작해 1810년까지 60책으로 완간하였다.[42] 사실 줏사이는 1811년 조선 통신사와 대담을 나누었고, 그 필담 내용은 그를 수행한 문인인 마츠자키 고도(松崎謙堂)가 『접선암어』(接鮮諳語)에 기록해 두었다. 김정희는 「방회인시」 제8수에서 아마도 공안국전 『고문효경』을 위서라고 지칭한 듯하다. 물론 이 사항은 줏사이도 알고 있었다. 그는 공안국전 『고문효경』이 위서라고 해도 오늘날 희귀하여 수록했다고 발문에 수록 경위를 밝혔다.[43]

이상에서 보자면 김정희는 조선 학자들 중에서는 일본 학계의 주요 성과 중 가장 최신의 정보를 입수했고, 「방회인시」 열 수 중 한 수에서 주자학자를 읊은 데 비해 여섯 수에서 고학의 성과를 읊었다는 점으로부터 당시 에도 중기 흥성했던 주자학보다는 고학을 훨씬 주목했다는 것을 알 수 있다. 그는 원중거, 이덕무, 조엄 등 이전 세대 일본학 연구자들과 달리 19세기 조선의 한송절충론적인 기류 아래 일본 학계를 인식했던 것이다. 일본 학계에 대한 유문(遺文)의 양이나 질에서 보자면 김정희는 동시대 정약용이나 이규경은 말할 것도 없고 이전 세대 이덕무, 원중거 등에도 미치지 못한다. 그가 어떤 분야에서건 독립적인 저술을 전혀 남기지 않았다는 점을 감안하더라도 양적인 면에서 조선의 일본학에서의 비중은 작아 보인다. 그럼에도 그는 19세기 조선의 고증학적 기류 속에서 일본의 고학 기풍과 그 성과를 높이 평가하고 아울러 『칠경맹자고문보유』와 『일존총서』를 가장 먼저 조선에서 주목했다는 점에서 일본 경학에 대한 그의 관심은 조선의 일본학 연구사에서 주목될 만하다. 그리고 무엇보다 눈여겨볼 대목은 그 일본학계의 문헌이 청과 조선의 중화문물의 복원 사업에 중요한 역할을 한다는 것을 '자각'했다는 점이다. 최신의 학술 정보를 입수했고 그 학술사적 의의를 인식했다는 점에서 김정희는 주위에 많은 일본 정보를 수집한 어떤 이 못지않게 주목할 만하다.

2. 일본 고학 자료의 해외 유통

주지하다시피 임진왜란 이래 한·중·일의 외교 질서에는 커다란 변화가 생겼고 이 변화는 삼국의 지적 교류에도 커다란 영향을 미쳤다. 일본은 수대 이래 명대까지 중국에 학승과 학자들을 파견하여 학문을 수입했었다. 그러나 에도막부시기부터 중일 교류는 이전과 다른 방식으로 전개된다. 에도막부의 성립 이후 1960년대까지 중일 간 국가 차원의 외교 관계는 존재하지 않았고 통상무역만 가능했기 때문이다. 에도막부는 1612년 천주교 금지령을 내리고 1633년 일본인의 출경(出境)과 외국인의 일본 입국을 모두 봉쇄했다가 1635년에는 큐슈의 나가사키항만 개방하고 중국과 네덜란드 상선만 출입을 허용했다. 청 역시 1655년부터 여러 차례 상인과 민간의 선박이 해외로 나가는 것을 엄금했고 1683년에야 청의 상선은 일본 나가사키에 드나들 수 있었다. 중국의 상선은 일본에서 '당선'(唐船) 혹은 '화선'(華船)이라고 불렸는데, 영파(寧波), 남경(南

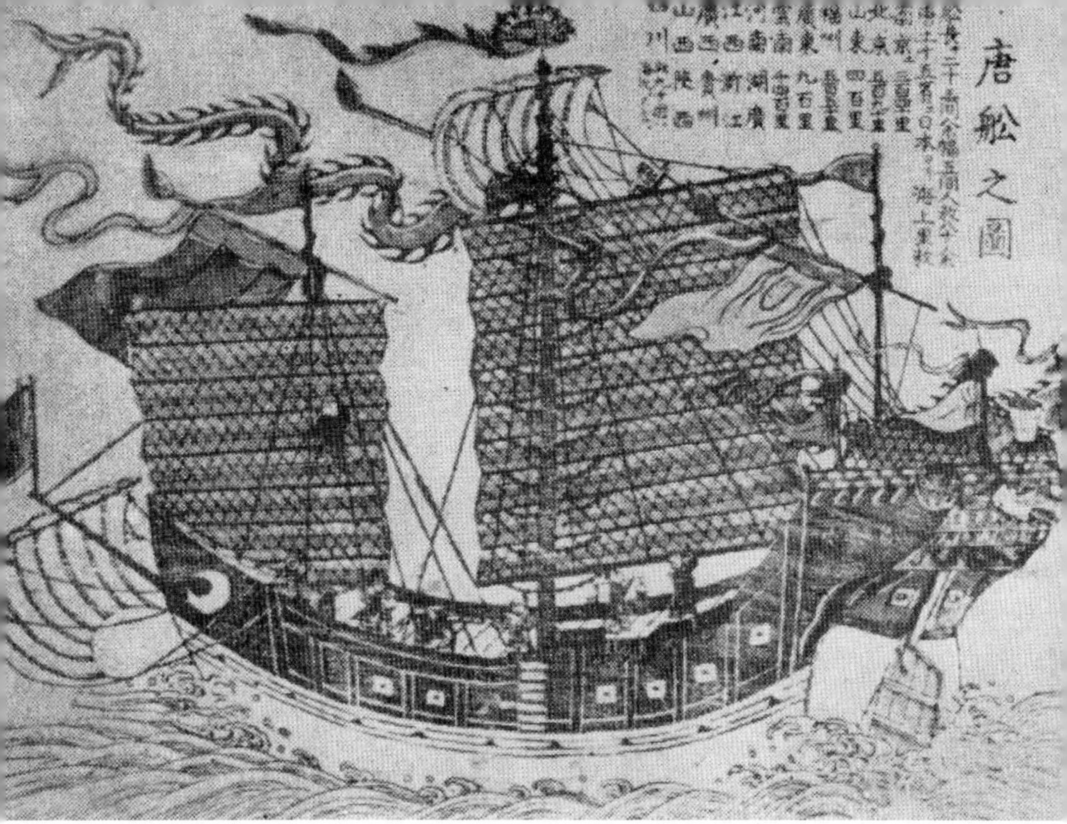

〈도판 27〉 〈당선(唐船)〉, 에도시대 나가사키(長崎)에서 제작된 판화. 일본 교토 리츠메이칸(立命館) 대학 ARC 소장.

京), 복주(福州), 강절(江浙) 등지에서 출발한 상당한 규모의 상선이 매년 지속적으로 청과 일본을 왕래했다. 예컨대 처음 나가사키로 간 1683년에 당선은 24척이었으나 불과 5년만인 1688년에는 193척으로 급격히 늘어났다.(도판 27) 그러나 에도막부는 일본의 금(金)·은(銀)이 해외로 대량 유출되는 위기를 감지하고 해외 선박의 수를 제한하는 '정향령'(貞享令)을 선포했다. 이후 당선은 1년에 70척으로 제한된다. 그러나 강희제 이래 청 정부는 관상(官商)뿐 아니라 민상(民商)의 일본 항해도 적극 권장했다. 국내 상업의 성장, 이에 따른 화폐의 수요 증가로 인해 일본으로부터 동(銅)

을 대량 수입해야 했기 때문이다.[44)]

당선을 통해 청과 일본 사이에는 여러 상품이 오고갔는데, 그중에는 중국 서적도 있었다. 중국 서적들은 주로 남경과 영파에서 오고갔으며, 청대 전기부터 시작해 점차 대규모로 일본에 유입된다. 특히, 에도막부의 8대 장군이 1716년 즉위한 이후 중국 서적의 수입은 급격히 증가하였다. 예컨대 1711년 남경에서 수입된 서적은 93상자였는데, 19세기 에도 후기에 들어 서적의 비중은 점차 늘어 문화(文化)년간(1804~1817) 청에서 유입된 상품 중 서적의 비율은 70%~80%에 이르게 된다. 1804년 나가사키에서 서물개역(書物改役; 서적 심사관)을 맡았던 향정원중(向井元仲)이 편찬한 『상박재래서목』(商舶載來書目)에 따르면, 1693년부터 1803년까지 청의 상선이 나가사키에 들여온 서적은 4,781종에 이르렀다.[45)] 또 다른 연구에 따르면 1714년부터 1855년간 나가사키에 수입된 서적은 총 6,111종, 57,240부였다.[46)] 두 자료 모두 상당량의 중국 서적들이 일본으로 수입되었음을 보여준다. 특히 주목할 만한 점은 일본이 조선보다 17년 빠른 1760년에 『고금도서집성』을 수입했다는 점이다. 김정희가 조선보다 일본이 중국 서적을 먼저 보는 것도 있다고 한탄한 대표적인 예가 될 것이다. 일본이 중국 서적을 얼마큼 빨리 수입했는가는 이상적의 언급에서 단적으로 드러난다. 그는 일본인의 저술을 상당히 보았는데 일본이 빠르게 청의 학술계의 성과들을 흡수하는 예로 『언록』(蔫錄)을 꼽았다. 그에 의하면 『언록』은 담배에 관한 오오쿠키 겐타쿠(大槻玄沢, 1747~1801)의 저술로서 1796년에 완성되었는데 이미 건륭(1736~1795) 말년에 간행된 서적들인 옹(翁; 未詳)의 『광신문』(廣新聞),[47)] 원매(袁枚)의 『수원시화』(隨園詩話: 1790刊), 완규생(阮葵生)의 『다여객화』(茶餘客話: 1771 以前 刊), 조익(趙翼)의 『해여총고』(陔餘叢考: 1790刊) 등을 인용했다고 한다.[48)]

물론 당선을 통해 학문적인 수혜를 본 것은 일본뿐만이 아니었다. 일본은 백제로부터 유학을 수입한 이래 중국에서 간행된 문헌들을 소장하고 있었고 그중에는 앞 절에서 살펴본 대로 청대 이미 일실된 판본들도 존재했다. 이 일실본들은 당선을 통해 청으로 유입되었다. 에도시기 나가사키로부터 청으로 유입된 서적들을 기록한 『장기지속편』(長崎志續編)에 의하면 청은 1794년에 『칠경맹자고문보유』를 비롯해 일본에서 판각한 고학 관련 저술 25종 등 여러 서적들을 수입했고, 『일존총서』는 1801년에 부분적으로 전편과 후편 8부를 수입하기 시작하여 『일존총서』가 완간된 1811년 이후 1818년에 총서 전편을 수입했다.[49] 『일존총서』에 수록된 『고문효경』, 『논어집해의소』는 포정박(鮑廷博, 1728~1814)의 『지부족재총서』(知不足齋叢書)에도 수록되었다.

우선 『칠경맹자고문보유』는 청에 전해져 『사고전서』에 수록되었다. 김정희가 「방회인시」에서 읊은 것처럼 완원은 양주(揚州) 강춘(江春)의 수월독서루(隨月讀書樓)에서 이 문헌을 빌려 1797년 항주에서 건상본 32책으로 판각하였다. 그는 이 총서가 옛 원형 그대로는 아니지만 현존하는 불완전 당대 판본들을 보완해준다고 평가했다. 카나에가 판본의 동이에 대해 결론을 내리지 못한 부분에 대해, 완원은 당(唐)의 〈개성석경〉(開成石經), 육원랑(陸元朗)의 『경전석문』(經傳釋文), 공영달(孔穎達)의 『오경정의』(五經正義) 등 중국에서 가장 오래된 칠경들 그리고 이후의 여러 전(傳), 주(註), 소(疏), 고증학적 성과들을 참조해 판본을 교감했다. 그의 연구에 의하면, 총서의 『주역』은 당나라 때의 휘자를 아직 사용했고, 『상서』는 고자(古字)를 사용하며, 『논어』는 육조시대 판본이고 『맹자』도 현재 유통되는 판본들보다 뛰어나다고 한다. 총서의 칠경들은 분명 당의 〈석경〉과 그 이전의 판본을 쓴 귀중한 자료라는 것이다. 아울러 그는 위에서 언급한 세 칠경 판본과 비교했을 때, 『칠경맹자고문보유』가 세밀하고 정교하여 취할 것이 있다고 평가했다.[50] 또한 그는 『십삼경주소』를 교감하면서 각 주소를 비교하는 가운데 일본에서 전해진 『황간논어의소』와 『칠경맹자고문보유』도 이용하였다.[51]

완원뿐 아니라 여타 청대 고증학자들도 이 총서를 연구했다. 김정희의 주변 문인들을 중심으로 이를 살펴본다. 반조음(潘祖蔭, 1830~1890)은 일본에서 각한 공안국전 『고문효경』에 대해 청대 강희말년에 중국에 들어와 『지부족재총서』에 수록·판각된 사실을 기록하고, 아울러 그 서문을 쓴 노문초(盧文弨)의 연구를 인용하여 『고문효경』의 판본 연구 상황을 전한다. 즉 당의 문헌들을 참고해 볼 때 『고문효경』은 공안국(孔安國)의 것도 아닐뿐더러 수대 유현(劉炫)의 것도 아니며, 송대 홍안초본(弘安鈔本)을 영인하여 각한 것이라는 것이다.[52] 왕희손(汪喜孫)은 1837년 이상적에게 부탁해 김정희 형제에게 전달하라고 한 글에서 『칠경맹자고문보유』와 『논어황간소』는 보배라고 칭송했고, 1845년 이조망(李祖望)은 『계불사재문집』(鍥不舍齋文集) 권3 「왕맹자선생해외묵연책자답문십육칙」(汪孟慈先生海外默然冊子答問十六則)의 서문에서 실제 김정희가 대신한 권돈인의 견문이 『칠경맹자고문보유』의 저자인 카나에나 부쓰 칸보다 아래 있지 않다고 이 저자들을 뛰어난 해외 학자의 기준으로 언급했다.[53] 왕희손과 이조망은 이미 『칠경맹자고문보유』를 잘 알고 있었던 것이다. 그리고 옹방강은 「일본유금경가」(日本鎏金鏡歌)에서 "근래의 『칠경맹자고문보유』에는 족리본과 명 천보·숭정년간의 판본 그리고 급고각본이 섞였다."고 판본 상황을 밝혔다.[54] 역시 『칠경맹자고문보유』에 대해 파악하고 있었던 것이다. 오랫동안 일본 학계에 무지했던 청의 학계는 19세기가 되어 이제 일본의 고학을 주목한 것이다.

김정희는 『칠경맹자고문보유』가 『사고전서』에 수록되었다는 사실을 1810년~1811년 연행에서 완원을 통해 전해 들었다. 후지츠카 치카시에 의하면 김정희는 귀국해 일본을 통해 『칠경맹자고문보유』의 원본을 얻어 완원에게 다시 보냈다.[55] 『칠경맹자고문보유』는 앞서 기술한 대로 1764년 조선의 통신사단에 알려졌지만 조선 문인들은 이를 직접 보거나 얻을 수 없었다. 김정희가 귀국 후 『칠경맹자고문보유』의 일본 원본을 청에 보냈다는 점으로부터 1764년 이후 김정희가 연행했던 1810년 전후한 어느 시점에서인가 『칠경맹자고문보유』가 조선에 유입되었다고 짐작할 수 있다. 『칠경맹자고문보유』가 조선에 유입되었어도 그 존재가 널리 알려진 것으로는 보이지 않는다. 『한국문집총간』에 수록된 문집들을 대상으로 조사해보면, 당시 조선에서는 김정희 외에 이상적과 이규경만이 그 존재를 알고 또 『사고전서』에 편입되었다는 점도 알고 있었다. 세 사람 중 이규경과 김정희는 나이가 엇비슷하고 이상적은 20년 가까이 아래이다. 김정희의 경우 「방회인시」에 의하면 24세 상당히 빠른 나이에 완원을 통해 『칠경맹자고문보유』에 관한 이야기를 들었다. 두 사람이 김정희보다 먼저 『칠경맹자고문보유』를 알기는 어려워 보이며 그 정보는 김정희로부터 직간접적으로 두 사람에게 전달되었을 가능성이 높아 보인다.

김정희가 청뿐 아니라 일본의 학계에 대해서도 상당한 정보를 갖추고 그 학술적 의의를 인식하고 있었다는 점은 위의 절에서 언급했듯이 『일존총서』의 존재를 조선의 문헌 중 김정희의 기록에서만 찾을 수 있다는 점에서 확인할 수 있다. 이 총서는 허종언(許宗彦, 1768~1818)에 의해 청에 유입되었다. 한 연구에 의하면 허종언은 절강성(浙江省) 호주부(湖州府) 덕청현(德淸縣) 출신인데, 덕청현은 중국의 대일무역의 거점인 절강성 가흥부(嘉興府) 평호현(平湖縣)과 인접하여 일본으로부터 수입된 문헌에 대

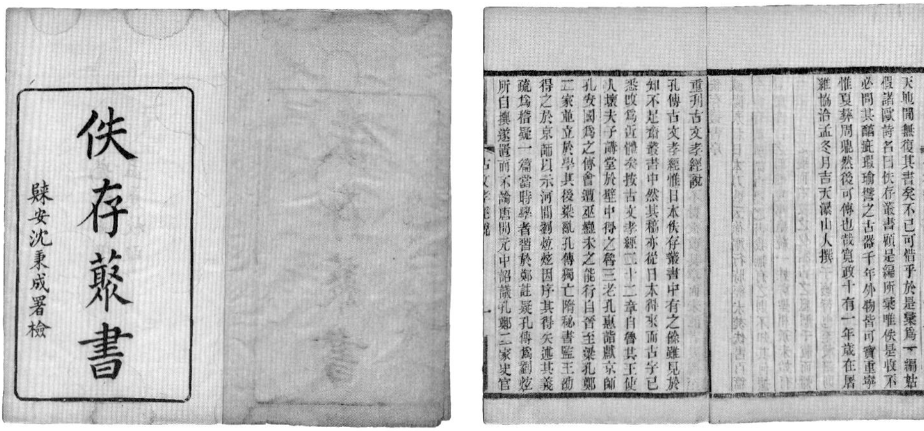

〈도판 28〉 하야시 줏사이(林述齋) 편, 『일존총서』(佚存叢書) 36책, 24.8×15.8cm, 1882, 서울대학교 규장각 한국학연구원 소장. 사진의 자료는 『일존총서』의 청나라 목판본이다. 화면 왼쪽에는 청의 심병성(沈秉成, 1823~1895)이 판각 책임을 담당했다는 것을 표시하는 어구가 있다. 화면 오른쪽은 일본에서 간행할 당시 천폭산인(하야시 줏사이)가 쓴 서문이다.

한 정보를 입수하기 수월했을 것이고, 그래서 그는 최초로 『일존총서』를 수입한 1801년으로부터 불과 3년이 지난 1804년에 『일존총서』 내 「오행대의」를 교정 출판할 수 있었을 것으로 추정했다.[56] 그리고 허종언은 사돈지간인 완원에게 총서를 주었고, 완원은 그중 10종을 선정하고 제요(提要)를 부기해 『사고전서』 미수록 서적을 편집할 때 편입시켰다. 그 10종은 『악서요록』(樂書要錄), 『신궤』(臣軌), 『양경신기』(兩京新記), 『문관사림』(文館詞林), 『태헌역전』(泰軒易傳), 『난경집주』(難經集注), 『옥당유고』(玉堂類稿), 『서원유고』(西垣類稿), 『주역신강의』(周易新講義)이다. 완원은 사고전서 미수록 문헌 175종을 1807년 황제에게 진상하였으며 이 문헌들은 '완위별장'(宛委別藏)이라고 불린다.

이 10종의 문헌 역시 동시대 청대 학자들에 의해 연구되었다. 앞서 이야기한바 허종언이 『오행대의』를 교감했고, 장문호(張文虎, 1808~1885)는

『양경신기』를 교감했다. 장문호에 의하면 일본에서 판각된 『양경신기』는 원본 5권 중 제3권에 해당하며 궐문(闕文)과 위자(僞字)가 매우 많다. 이에 그는 이 판본을 교감할 때 당대에 존재했을 원본 『양경신기』를 바탕으로 내용을 보완한 송대 송민구(宋敏求)의 『장안지』(長安志), 『태평어람』(太平御覽), 『옥해』(玉海) 등과 비교했다고 한다. 그는 『장안지』가 이미 원본으로부터 믿을 수 없는 기이한 이야기를 뺀 대부분의 문장을 수록했고, 그 문장들은 『태평어람』과 『옥해』에 재인용되었다고 밝혔다. 아울러 편찬자인 캇사이가 원본 『양경신기』가 간행된 이래 중국에서 송대 『옹록』(雍錄)과 명대 『칠수류고』(七修類藁)만 이를 인용했다고 총서 내 『양경신기』의 의의를 부풀린 오류를 지적했다.[57] 『일존총서』 외 『전당시일』(全唐詩逸) 역시 귀향한 일장한적(日藏漢籍)으로 건가년간 이후 많은 청대학자들의 관심을 받았으며, 포정박이 『지부족재총서』에 수록하였다.(도판 28)

그런데 과연 『일존총서』의 존재를 김정희가 어떻게 알았을까. 후지츠카는 역시 그 존재를 알려준 이가 1811년 연행시 만났던 완원이라고 추정했다.[58] 기실 완원을 제외하고 김정희가 『일존총서』의 존재를 접했을 다른 경로는 현존 문헌상으로 찾기 어렵다. 김정희 관련 제 문헌들, 『접선암어』 등 일본 쪽 기록, 그 외 청대 여러 문인들의 문집들에서도 『일존총서』의 존재가 조선에 알려진 경위는 찾아보기 힘들다. 『일존총서』는 1810년에 완간되었으므로 그 존재는 통신사행단 중 1811년 제12차 통신사를 통해서만 알려질 수 있다. 실제 1811년 통신사행에 참석한 이현상이 김정희의 부친 김노경의 시편 대련을 일본에 소개했다는 점으로부터[59] 미루어 짐작하건대 1811년 통신사 참여자들과의 긴밀한 친분으로 『일존총서』를 얻었을 가능성도 배제하기 어렵다.

그러나 당시 직접 조선 통신사 일행을 접견한 캇사이의 문인인 마츠자키

고도의 『접선암어』를 비롯해 『대례예조』, 『진도일기』 등 어떤 문헌에도 『일존총서』가 양국 문인들 사이에 거론된 흔적은 없다. 사실 줏사이와 그의 제자들은 조선 통신사단에게 자신의 고학적 성과를 전달하기에 이들에 대한 반감이 너무 컸다고 보인다. 애초 『접선암어』와 같이 일본 측에서 양국 사신 접견 기록을 남기는 일도 조선 사신에 대한 반감에서 시작되었다. 고도에 의하면, 이전 조선 사신들이 망령되게 스스로를 높이고 이를 조선 쪽 제술관과 서기 등이 기록하게 하는 데 대해 줏사이가 부당하다고 여겨 기록하게 되었다고 밝히고 있다.[60] 고가 세이리의 『대례예조』나 그 제자가 기록한 『진도일기』가 조선에 대해 비판적인 내용을 가시적으로 드러내지 않은 것과는 대조적이다.

당시 통신사의 제술관이었던 이현상 외에도 정사였던 김이교, 이현상의 아들인 이주경(李周經), 정사 서기였던 김선신 등은 김정희와 교분이 있었지만, 김정희가 『일존총서』를 입수한 경로에 관한 자료가 존재하지 않아 과연 이 총서가 조선 통신사를 통해 수입되었는지 심지어 김정희가 그 실물을 보았는지도 정확하지는 않다. 다만 「방회인시」에서 언급한 바, 『일존총서』를 제외한 다른 일본 문물들, 예컨대 소라이와 키츠엔의 저술, 세이리의 대련, 족리학의 고문헌들, 『칠경맹자고문보유』, 그리고 본 논문에서 언급하지 않은 켄카도의 전각, 일본 동경, 회화 작품, 금석탁본 등은 직접 보았다고 기술했으므로, 『일존총서』 역시 직접 읽어보았을 것으로 추정할 수 있다. 만약 조선 통신사를 통해 전해졌다면 김정희 외에 다른 조선의 문인들도 『일존총서』를 언급할 만한데 주변 문인 중 그 존재를 언급한 자취는 찾기 힘들다. 남은 가능성은 『일존총서』가 청나라로부터 우회적으로 김정희에게 전해지는 경우이다. 문헌상 확인할 수는 없지만, 완원과 옹방강뿐 아니라 김정희와 친분이 있었던 중국 문인들이 그 존재를 알고 있었으므로 김정희에게 전했을 가능성이 높다. 어떤 경우에서건 김정희가 일본 고학계의 정보에 관해 당시 조선에서 최신의 정보를 입수하고 있었다는 점은 분명하다.

김정희는 1810년 연행 때 옹방강으로부터 헤이안 시기 일본 승려 쵸넨(奝然)이 송에 『정주효경』(鄭注孝經)을 바쳤다는 사실을 들었고,[61] 완원으로부터는 『칠경맹자고문보유』의 가치를 듣고 이후 일본으로부터 『칠경맹자고문보유』 원본을 얻어 완원에 전달했다. 이렇게 그는 일본에 존재하는 문헌들의 중요성을 인식하고 청에 건네줌으로써 중화문명의 복원 사업에도 참여했고 그의 주변인들도 일본 희귀본의 청으로의 유입에 매개 역할을 했다. 1811년 통신사행의 일원이었던 이현상은 구사바 하이센으로부터 『진당총록』과 『언록』을 입수했고,[62] 이현상의 아들인 이주경은 1827년 연행시 이 서적들을 가지고 가서 섭지선(葉志詵)과 이장욱(李璋煜)에게 보여주었다.[63] 이에 이장욱은 이주경에게 시를 주었는데, "[구양수가 언급했던 대로] 수많은 일실된 책들은 일본에 있구나, 경설을 논할 때 아직 서조후(西條侯)가 있었나. 그대의 선친이 사신으로 가서 족리학에 있는 비급을 가벼운 배에 실어왔구나."라고 읊었다.[64] 또한 이장욱은 이주경을 통해 김명희가 『언록』 외에 일본인이 주석한 『효경심득경의』(孝經深得經義)와 『행화원초시집』(杏花園抄詩集) 등 3종을 소장하고 있다는 말을 듣고 초록해 달라고 부탁하였다. 이 3종의 서적은 이장욱이 밝히고 있듯이 이주경의 선친인 이현상이 통신사행에서 얻어 온 것으로 짐작된다.[65]

조선의 대외 정책의 근간은 사대교린이었으며, 일본은 유구, 여진과 함께 조선의 교린국으로 국교를 이어나갔다. 중화질서가 아직 유지되던 임진왜란 이전까지 조선은 70여 차례에 걸쳐 일본에 사신을 파견했고, 임진왜란 이후에는 12차례 통신사단을 파견했다.[66] 동시에 조선은 초기부터 일본에 대한 정치, 외교, 역사 등 다방면의 정보를 수집하여 신숙주(申叔舟)의 『해동제국기』(海東諸國紀) 이래 현재 『해행총재』(海行摠載)에 수록된 많은 통신사 기록들을 남겼다. 이후 조선의 문인들은 18세기 이후 일본의 새로운 학술 흐름, 즉 양명학과 고학의 성장을 마주했다. 그러나 아쉽게도 1783년~1784년 통신사 일원이었던 조엄, 원중거, 성대중 그리고, 이들과 교분이 깊었던 이덕무, 유득공 등 대표적인 일본 연구자들은 일본의 새 학술 변화에 호의적이지 않았다. 무엇보다 기본적으로 이들은 고학의 학문적 목표조차도 올바로 이해한 흔적을 남기지 않았다. 이들에게는 아직 주자학을 비판하는 견해의 학문적 정당성을 논하는 것이 낯설었던 것으로 짐작된다. 아울러 이들은 『칠경맹자고문보유』와 같이 선진유학 연구에 중요하지만 중국에서는 이미 오래전에 일실되고 일본에만 남아 있는 중요 희귀본도 입수하지 못했던 것으로 보인다.

이후 19세기 들어서야 청나라 학계에는 완원과 허종형 등을 중심으로 일본에 남아 있던 일실 경학 자료들을 주목하고 연구하게 되었고, 조선에서도 이들 자료에 대한 태도에 변화가 생겼다. 정약용처럼 슌다이의 『논어』 주석을 주목했던 학자가 있는가 하면, 이규경 역시 『칠경맹자고문보유』의 내용과 경학사적 의의는 물론 청대 학자들이 이 총서를 연구하기 시작했다는 것도 인지했다. 그 외 정동유는 일본 고학자에 대해 상당히 높이 평가하기도 했다. 당시 청대 학술계의 동향에 가장 밝았던 김정희가 유사한 학문적 목표와 방법론을 가진 일본 고학의 성과에 대해서도 관심을 가졌다는 것은 그다지 놀라운 일이 아니다. 실제 그가 남긴 「회인시체를 방하여 이전에 들은 것을 서술하여 일본 배에 부치니, 오사카 여러 명사들 중 이해하여 줄 이가 당연히 있으리라」 총 10수에서 주자학자를 1명 언급한 데 비해 6명의 고학자와 그 성과를 언급한 것으로 보아, 그가 얼마큼 일본 고학에 주목했는가 짐작할 수 있다.

그럼에도 김정희는 조선의 일본 연구사에서 별다른 주목을 받아본 적이 없다. 그가 일본에 관해 남긴 저술의 양이 매우 빈한하기 때문이다. 그러나 그가 남긴 시, 메모 등은 그가 역시 선진 유학을 연구하는데 중요한 『칠경맹자고문보유』 외에도 『일존총서』와 같은 최신의 정보를 가장 먼저 입수했다는 것을 알려준다. 뿐만 아니라 그는 일본의 대표적인 고학자인 진사이, 소라이 등의 학문적 목표와 성과를 매우 높이 평가했다. 19세기 일본 학계의 주요 최신 성과를 단독으로 제시했다는 점에서 그의 일본 학계에 대한 보고는 조선의 일본사상 연구사에서 분명 언급되어야 할 사항이다. 다만 아쉬운 점은 그가 일본 고학의 성과를 어떤 방식으로 수용했는지 혹은 동아시아 학계의 공통 관심사인 선진 유학 연구의 지식 유통에서 얼마큼의 기여를 했는지 거의 자취가 남아 있지 않다는 점이다. 김정희가 완원에게 『칠경맹자고문보유』 원본을 전해주었다는 후지츠카 치카시의 보고가 유일한 정도이다. 그가 동아시아 지식의 유통에서 뚜렷한 자취를 남긴 것은 금석학 분야이며 이는 다음 장에서 다루기로 한다.

3장
김정희와 한중일 금석학

1. 조청朝淸 간 금석학 연구 교류

2. 일본 금석 자료의 유통

1. 조청朝淸 간 금석학 연구 교류

(1) 청대 학계의 한국 금석 자료 연구

한·중·일 삼국의 문화 교류는 학술, 예술, 상업에 걸친 여러 분야에서 진행되었는데 그중 금석학은 가장 마지막으로 진행된 분야 중 하나이다. 청대 들어 고증학이 크게 성장하면서 『사고전서』 편찬 등 중국 문물을 정리하는 국가적인 학술 사업이 대대적으로 진행되었고, 학자들은 더 나아가 일실된 옛 전적, 금석 자료 등을 수집하기에 힘썼다. 이들은 중국 밖으로도 눈을 돌려 조선과 일본에서 이들 자료들을 입수하고자 했다. 19세기 초만 하더라도 금석학 연구서 중 한국 금석학에 대한 정보는 극히 미미했다. 손성연(孫星衍, 1753~1818)과 형주(邢澍, 1759~?)가 엮은 『환우방비록』(寰宇訪碑錄) 12권(1802년 간행), 왕창(王昶, 1725~1806)의 『금석췌편』(金石萃編) 160권(1805년 간행)은 중국 금석학에서 손꼽히는 역작이지만,

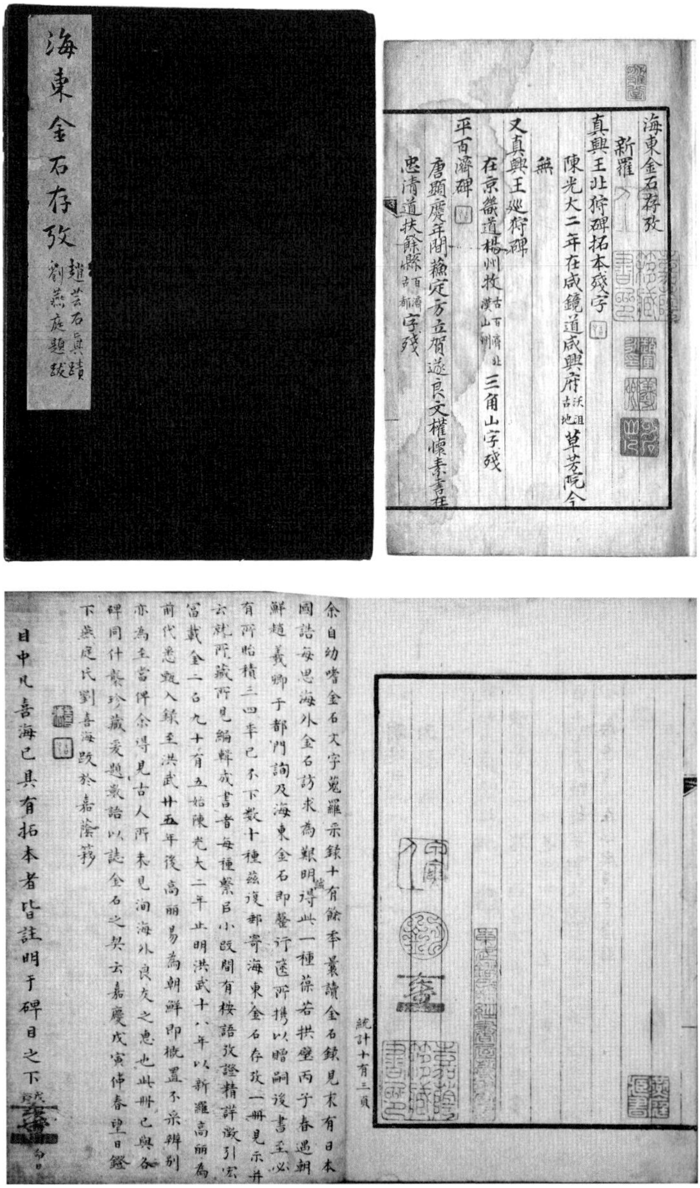

〈도판 29〉 조인영(趙寅永), 『해동금석존고』(海東金石存攷), 26×18cm, 과천 추사박물관 소장. 위쪽 우측의 사진은 조인영이 친필로 신라 · 백제의 비석에 대해 적은 부분이고, 아래 사진은 이 책을 받은 유희해의 발문이다. 조인영은 97종의 한국 금석학 자료를 해설 정리하여 유희해에게 넘겨주어 『해동금석원』의 바탕이 되도록 했다.

한국 금석학 자료는 『환우방비록』에는 〈평백제비〉(平百濟碑) 1종만 있고, 『금석췌편』에는 〈평백제비〉와 〈낭공대사탑명〉(朗空大師塔銘) 2종만 수록되는 정도였다.

그러나 18세기 후반 이후 연행사들의 유관(遊觀)이 자유로워진 이래 김정희와 조인영(趙寅永), 홍현주(洪顯周) 등 동시대 조선 문인들과의 교류가 진행되자 청대 학자들의 한국 금석학 연구도 활발해지기 시작했으며 그 정보의 양과 질은 이전과 비교할 수 없을 정도로 성장했다. 청대 조선 금석학 연구의 대표적 산물은 두말할 나위 없이 유희해의 『해동금석원』(海東金石苑, 1832刊)이며, 그 완성에는 조인영의 조력이 매우 컸다. 이 저술은 알려진 대로 조인영의 『해동금석존고』(海東金石存攷)를 바탕으로 완성되었던 만큼 『해동금석존고』의 정리본이라고 해도 무방하다. 조인영이 무려 97종의 한국 금석학 자료를 넘겨주었고 정고본(定藁本) 『해동금석원』에는 총 85종의 금석 자료가 수록되어 있다.[1](도판 29) 본서에서는 그간 선행 연구를 통해 그 전모가 많이 밝혀진 유희해를 제외한 청대 한국 금석학의 연구자들, 옹수곤·섭지선·옹방강·이장욱 등의 사례를 통해 조·청 금석학 교류의 과정과 결과를 살펴본다.

1) 옹수곤

옹수곤(翁樹崑)은 1813년과 1814년 사이 홍현주(洪顯周)에게 여러 한국의 비문 연구에 대한 도움을 요청했다. 우선 〈인각사비〉(麟角寺碑) 탁본에 결문이 있다고 보완을 부탁했고, 비석의 제작년도와 제작 배경, 입석지의 연혁과 주변 유적에 대한 정보를 요청하고 비석의 기문을 쓴 이들에 대한 역사적 기록도 보내줄 것을 부탁했다. 그는 1814년 한 서찰에서 홍현주에게 무려 32종의 비석 탁본을 한꺼번에 부탁하기도 했다.

뿐만 아니라 옹수곤은 탁본을 뜨는 방법부터 연구 성과를 정리하는 방법까지 홍현주에게 세세히 알려주고 비석의 치수를 잴 자인 '방한건초동척'(仿漢建初銅尺)을 보내기도 했다. 아울러 그는 한국의 비문을 최대한 보내줄 것과 무엇보다 다른 청의 문인들에게는 보내지 말고 본인에게만 비문을 보내줄 것까지 요청했다는데서 그의 한국 비석 연구에 대한 상당한 열정을 짐작해 볼 수 있다.[2] 김정희는 옹수곤의 아버지 옹방강과 김정희의 인연, 그리고 옹수곤과 서로 동갑이라는 점에서 더욱 교분이 두터웠다. 옹수곤은 1815년에 그에게 〈신라인각사비〉(新羅麟角寺碑) 탁본을 다시 한번 부탁했다. 〈인각사비〉는 죽허(竹虛) 스님이 왕희지체를 집자해 고려 충렬왕(忠烈王)의 재위 기간인 1295년에 세웠다. 이 비각은 왕희지 집자본 중 가장 잘된 예에 속하여 옹방강 등 청대 문인들이 비상한 관심을 기울였다. 옹수곤은 그 탁본을 홍현주에게서 받았는데 중간에 결실된 부분이 있으므로 1815년 김정희에게 다시 온전한 구탁본을 부탁한 것이다. 그리고 중간의 결자, 결구를 채워달라고 하고 인각사의 내력 등 비문 고증을 부탁했다.[3] 그는 또 1813년에 이채의 장손인 이광문(李光文, 1778~1838)에게 『고려사』(高麗史) 중 몇몇 인물전을 보충해달라고 요구하는가 하면[4] 1812년~1813년 연공정사(年貢正使)로서 연행했던 심상규(沈象奎, 1766~1838), 역관 김한태(金漢泰, 1762~?) 등과 교류하면서 한국 금석학 연구에 대한 협조를 요청하기도 했다.

옹수곤의 요청은 금석학 연구 경과 전반에 걸쳐 있고 또 조선의 문인들이 그에게 끊임없이 협력을 제공했다는 점에서 그의 연구는 한·중 학술 협력의 대표적 사례가 될 것이다. 그 결과가 북경도서관에 소장된 옹수곤의 찰기 수고본 『해동문헌』(海東文獻) 그리고 이와 해제 내용이 일치

〈도판 30〉 김정희, 〈무장사아미타불조성기비부기탑본〉(鍪藏寺阿彌陀佛像造成記碑附記搨本), 각각 33.9×25.8cm, 34.8×23.3cm, 20세기 탁본, 국립중앙박물관 소장. 김정희는 1817년 4월 29일 경주에서 〈무장사아미타불 조성기비〉 파편 2개를 찾아냈다. 이전에 홍양호(洪良浩, 1724~1802)는 1760년에 이 비석의 한 조각을 발견하고 신라시대 김육진(金陸珍)이 왕희지체로 썼다고 보았지만, 옹방강과 김정희는 왕희지의 「난정서」(蘭亭書) 등을 집자한 비문이라고 보았다. 김정희는 이 비석 측면에 발굴 경위와 비석의 가치를 밝혔다.

하는 『비목쇄기』(碑目瑣記)이다. 전자는 미완성본으로서 옹수곤이 한국 금석학 자료 30종, 편액·석각문 2종에 대한 연구를 정리 중이었다는 것을 보여준다.[5] 후자는 서유구(徐有榘, 1764~1845)의 『임원경제지』(林園經濟志, 1842), 「이운지/예완감상」(怡雲志/藝翫鑑賞)의 부록 '동국금석'(東國金石)에 여러 차례 인용되었다. 장서가로 유명한 유위탄(劉位坦, 1802~1861)

〈도판 31〉 〈무장사아미타불조성기비탑본〉(鍪藏寺阿彌陀佛像造成記碑搨本)의 부분(사진은 한국금석문종합영상정보시스템.(gsm.nricp.go.kr/) 제공) 이 비석은 통일신라 소성왕(昭聖王)의 왕비 계화왕후(桂花王后)가 왕이 세상을 떠나자 명복을 빌기 위해 아미타불상을 만들고 무장사에 봉인한 내력을 밝힌 비석이다. 『삼국유사』(三國遺事)의 '무장사미타전'(鍪藏寺彌陀殿) 조(條)에 소개되어 있다. 조선시대 홍양호, 김정희에 이어 일제시대 시기에도 부분이 발견되어 현재 국립경주박물관에 보관 중이다. 옹방강, 김정희는 사진 맨 왼쪽 줄 맨 아래 '숭'(崇) 글자가 현존 자료 중 유일하게 동진(東晋)시기 쓰여진 〈난정서〉 중 '숭'자의 모습을 증명해 주는 것이라고 보았다.

이 쓴 서문에 의하면 『비목쇄기』는 미완의 저술로 유희해의 『조선금석지』(朝鮮金石志)보다 수록한 비문의 양은 적지만 비문 고증을 위해 인용한 저술은 더 많다.[6]

아울러 옹수곤은 조선 문인들이 한국의 비석을 발굴하는데도 도움을 주었다. 김정희가 〈무장사비〉(鍪藏寺碑)를 찾아 나섰을 때 확신을 준 인물이 그였다. 일찍이 옹수곤은 기존의 〈무장사비〉 비석 조각에 대해 앞의 한 줄이 더 있겠다는 추측을 1815년 김정희에게 전달했고, 김정희는 2년 후 옹수곤의 말대로 한 조각을 더 찾아냈다.[7] (도판 30) 〈무장사비〉는 특히 중국 문인들에게도 중요한 서예사적 단서를 제공한다. 〈무장사비〉에 등장

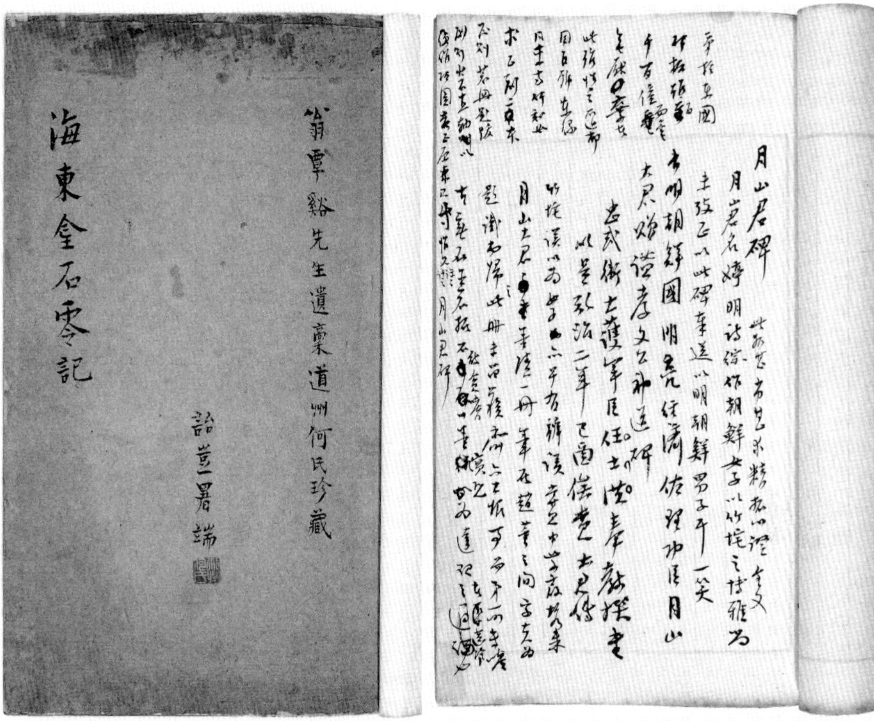

〈도판 32〉『해동금석영기』 유고본, 표지(좌)와 본문(우) 29×19cm, 과천문화원 소장. 청대 저명한 서예가였던 하소기(何紹基)의 증손 하이기(何詒豈)가 소장했던 것을 후지츠카가 입수했다. 박현규는 2011년 「『海東金石零記』의 저자와 실상」에서 『해동금석영기』의 저자가 옹방강이 아니라 그 아들 옹수곤이라고 판단했다.

하는 '崇' 자는 옹방강이 주장하는바 〈난정서〉(蘭亭敍) 진본에 '崇'자의 글자 윗부분 갓머리의 점 3개와 유일하게 닮았기 때문이다.(도판 31) 옹방강은 점 3개로 쓰인 '숭' 자가 왕희지체의 원본에 가깝다는 중요한 단서라고 주장하면서 〈무장사비〉는 이를 증명하는 자료라고 그 사료적 가치를 매우 높이 평가했다.[8] 옹방강(翁方綱) 역시 금석학의 대가였던만큼 한국 금석학 연구에도 관심을 기울였고, 『해동금석문자기』(海東金石文字記) 미완성본과 한국의 금석 자료에 대한 몇 편의 제시(題詩)를 남겼다.[9] (도판 32) 옹방강은 이 저술에서 금석 자료 하나하나마다 홍현주, 김정희, 김노경, 김명희 등 보낸 사람의 이름과 견해를 보록하였다.[10)]

2) 섭지선

섭지선(葉志詵, 1779~1863)도 한국 금석학을 연구했다. 섭지선은 옹방강의 사후 옹방강의 문집 편찬을 맡았던 옹방강의 제자로서 김정희가 사귄 당대 금석학의 대가 중 한 명이자[11)] 김정희와 가장 금석 교류가 많았던 인물이기도 하다. 그는 김정희에게 수백 점에 해당하는 금석기물을 선사하여 당대 최고의 금석 수장가의 저력을 보여주었다.[12)] 그는 『금산정고』(金山鼎考), 『계고록』(稽古錄) 등의 금석학 저술을 남겼는데 한국 금석학을 연구하여 현재 남아 있는 문헌에 의하면 1817년 이래 1829년까지 김정희에게 조선 금석 자료 탁본 수십 종과 관련 역사도서인 『동국사감』(東國史鑑), 『계원필경』, 『기전고』(箕田攷) 등을 보내달라고 여러 차례 요청한 기록이 있다.[13)] 김정희가 보낸 금석학 관계 자료들은 서로 학술 교류 중인 청의 문인들 간에 어느 정도 유포되었던 듯 그는 김정희가 유희해와 옹방강에게 보내준 일본 소재 일본, 중국 비석 탁본을 보았다고 하기도 했다. 후지츠카 치카시(藤塚鄰)가 김정희로부터 섭지선에게 전달된 조선 금석 탁본 자료는 유희해의 『해동금석원』의 자료가 되었을 것이라고 추정할 때는 이러한 상황을 고려했을 것이다.[14)] 과연 섭지선은 『고려비전문』(高麗碑全文) 4책을 저술하였고 이 연구서는 요전손(繆荃蓀)의 『예풍장서기』(藝風藏書記) 권5에 실려 있는데, 후지츠카는 『고려비전문』이 당에서 명대까지 58종의 자료를 수록하여 『해동금석원』과 연구의 상세함에 관해 상호 보완적이라고 평가하기도 했다.[15)]

3) 이장욱

이장욱도 한국 금석학을 연구하였다. 그가 김정희에게 1827년 보낸 서찰에서는 다른 청대 한국 금석학 연구자들과는 다른 고민을 엿보게 한다. 그는 옹방강의 『양한금석기』(兩漢金石記, 1777刊), 완원의 『산좌금석지』(山左金石志, 1794刊), 손성연의 『환우방비록』(1797刊) 등의 체제(體制)를 본받아 『해동금석문자발미』를 저술하고자 하는데 김정희의 힘을 빌 수밖에 없으니 도와달라고 요청하였다. 세 저술은 모두 건가년간의 대표적 금석학 저술로서 『환우방비록』의 경우 작품마다 서체, 찬서인명, 석각연월, 후대의 기록 및 석음(碑陰)의 글자, 석각의 소재와 전와(磚瓦)의 소장자를 밝혔다. 가경 이전 비각목록 중에서 가장 상세하다고 평가된다. 1830년에는 김정희에게 다시 서찰을 보내 김정희가 작성한 것으로 추정되는 『해동금석』의 목록을 보내달라고 부탁하고 유희해의 『해동금석문자고』(海東金石文字考)를 탐탁지 않지만 참고했다는 것을 밝히기도 하였다.[16] 요컨대 이장욱은 이전 세대의 최고 저작들을 검토하여 조선 금석학 역시 최고의 체제를 적용하여 면밀하게 연구하겠다는 학문적 포부를 품었던 것이다.

최근의 한 연구에 의하면 이장욱에게는 『동국금석문』(東國金石文)이라는 저작이 있었다고 한다. 한필교(韓弼教, 1807~1878)의 『수사록』(隨槎錄)에 따르면 이장욱은 홍석주(洪奭周)에게 『동국금석문』 10권을 보여주었는데 삼국시대부터 임진 이전까지 자료가 풍부하다고 하였다.[17] 과연 이장욱의 두 저술이 동일한 것인지 혹은 두 종의 저서를 완성했는지 여부는 알 수 없으나[18] 어쨌건 이장욱이 김정희 등 조선 학자들의 도움을 받아 조선 금석학에 관해 상당한 연구 결과를 낳은 것은 분명하다.

그 외 청대 손꼽히는 서예가였던 등완백의 아들 등전밀(鄧傳密, 1795~1870)은 김노경에게 조선의 금석학 자료와 관련 역사서를 부탁했다.[19] 4장에서 자세히 살펴보겠지만 이후 청대 금석학 세대들 중 오식분(吳式芬, 1796~1856), 섭명례(葉名澧, 1811~1859), 반조음(潘祖蔭, 1830~1890)도 이상적(李尙迪, 1803~1865), 오경석(吳慶錫)과 교유하면서 한국 금석학 연구를 이어갔다.

청대 학자의 한국 금석학 연구가 이렇게 진행되는 동안 조선 학자들의 중국 금석학 연구 역시 활발하게 진행되었다는 것은 쉽게 짐작할 수 있다. 김정희뿐 아니라 이유원(李裕元) 역시 최신의 중국 금석학 연구 업적을 수용한 사례에 속한다. 이하에서 살펴보는 것처럼 이유원의『임하필기』는 일반적으로 조신의 문인들이 관심을 집중했던 석학(石學) 외에 금학(金學) 자료도 담고 있어 조선 후기 금석학 연구에서 의미있는 사례가 될 것이다.

(2) 조선 학계의 중국 금석 자료 연구: 이유원(李裕元)의 경우

이유원(李裕元, 1814~1888)은 19세기 중·후반에 활동한 관료이자 학자였다. 그는 당시 국내 정치와 동북아시아 외교의 역사적 현장에 서 있었던 주요 관료일 뿐더러, 중국의 고증학적 성과를 널리 수집·선별하여 기록으로 남기고, 문학과 서예, 음악 분야에서 주목할 만한 자취를 남겼다. 이유원의 저작에 대한 그간의 연구도 이유원의 활동 영역을 따라 꾸준히 그 영역을 확장·심화해 왔다.[20] 본 절에서 주목하는 바는 그가 18세기 서예와 금석학과 관련해 중요 분야로 떠오른 비학(碑學)을 탐구하면서『금석색』(金石索)을 연구했다는 점이다. 이러한 사실은 한·중 학술 교류 중 금석학 관련 중요한 사례가 된다.

이유원의 저작 중 『임하필기』(林下筆記)는 대부분 중국의 고증학적 저술들에서 발췌한 글로 구성되어 있다. 그중 권3, 권4에 해당하는 「금해석묵편」(金薤石墨編) 전체와 권33, 권34의 「화동옥삼편」(華東玉糝編) 일부는 중국과 조선의 금석학적 문헌에서 발췌한 글들과 전언(傳言)들로 구성되어 있다. 이 글들은 중국의 금석학 연구에서 어떠한 경향 혹은 어떠한 단계의 성과를 반영한 것일까. 「금해석묵편」「서」(序)에서 이유원이 스스로 밝힌 참고문헌들을 살펴본다.

> 근래에 闕裏에 소장된 본 및 제가에서 소장한 것을 얻어 1부의 도록을 만들고, 『博古圖[宣和博古圖]』, 『考古圖』, 『西淸古鑑』, 『積古齋鐘鼎彝器款識』, 『漢隸字源』, 『隸辨』, 『隸釋』 등의 책과 담계[翁方綱]가 교정한 『隸韻』을 참고하여 모아서 한 편을 만들고 '금해석묵'이라 이름하였다.[21]

이유원이 밝힌 금석학 관련 8종의 저술이 갖는 금석학적 의미를 살펴보기 위해 중국 금석학 저술들의 일반적인 체제를 살펴본다. 금석학은 연구 대상에 따라 두 분야로 나뉜다.[22] 길금(吉金)으로 통칭되는 종정이기(鍾鼎彝器), 칼[刀], 도장, 무기, 옥기, 거울, 와당 등의 기물들을 연구하는 금학(金學), 그리고 제반 석각을 다루는 석학(石學)이 그것이다. 그리고 연구 방법은 대상 금석물에 대한 기록, 모사(模寫), 고석(考釋)·평술(評述)로 나누어 볼 수 있다. 기록은 금석물을 목록으로만 제시하거나 혹은 기물의 도상을 함께 제시하는 작업을 말하며, 모사는 기물을 그림으로 모사하거나 명문을 탁본하는 작업, 고석·평술은 기물과 명문의 제작을 둘러싼 역

〈도판 33〉 주찬(周瓚), 〈적고도〉(積古圖), 67.5×38cm, 견본채색, 1802, 중국국가도서관 소장. 완원이 자신의 서재 적고재(積古齋)에서 아들 완장생(阮長生), 그리고 함께 『적고재종정이기관지』(積古齋鐘鼎彝器款識)를 편집한 주위필(朱爲弼)과 함께 자신의 집안에 소장된 고동서화를 탁본을 뜨고 있다.

사적 사실과 가치를 밝히는 작업을 말하는데, 기물들은 종류, 제작 연대 혹은 출토된 지역에 따라 분류된다.

이유원이 언급한 문헌들의 경우, 송대 『고고도』(考古圖)와 『선화박고도』(宣和博古圖)는 기물의 형태에 관심을 두기 시작한 초기 저작물로서 이후의 저작들에 비해 고증이 엄밀하지 못할뿐더러, 금물과 석물 모두를 대상으로 하면서도 기물 자체를 제외한 명문(銘文)을 주 연구 대상으로 하므로 금학의 독자성을 자각하지 못한 단계의 성과물로 평가된다. 청대 금석학은 점차 이전 연구물의 업적을 종합하고 오류를 수정하고 보완하면서 비약적으로 발전하였고 주요 금석 저술만 1,400여 종이 넘는다.

청대 금석학의 역사를 네 시기로 구분할 때 이 글에 관계되는 세 번째 시기까지의 금석학의 경향을 살펴보면 다음과 같다.[23] 처음 청초의 금석학은 경학에 대한 보학(補學)으로서의 성격이 강하였다고 평가되는데, 대표적인 학자로는 고염무(顧炎武), 염약거(閻若璩), 주이존(朱彝尊) 등을 꼽을 수 있다. 다음의 건가(乾嘉)년간에는 금석학이 전문화되는 단계라고 말할 수 있다. 황실에서 수집한 금석 자료 외에 민간 자료를 대상으로 판본의 차이와 그 예술적 가치를 논하기도 하였다. 이유원이 저술의 토대로 삼은 『서청고감』(西淸古鑑), 『적고재종정이기관지』(積古齋鐘鼎彝器款識)는 금학 분야의 대표적인 저작으로 꼽히며 석학 분야의 대표적인 저작으로는 옹방강(翁方綱)의 『양한금석기』(兩漢金石記)를 꼽을 수 있다. 다음 도광(道光)·함풍(咸豊)년간 이후로는 금석학이 더욱 정밀하고 확대된 모습을 보인다. 금학에서 앞서 말한 바 길금류 외 거울과 칼 등 여러 기물들로 그 대상이 확대된 것은 이 시기에 이르러서이다. 석학 분야에서는 더욱 정밀하게 음운학, 훈고학 등 주변 고증학적 방법론을 본격적으로 수용하게 된다. 이 시기 대표적인 금석학자로는 하소기(何紹基), 포세신(包世臣) 외에 풍운붕(馮雲鵬) 등을 꼽을 수 있다.

1) 이유원의 금학(金學) 연구와 『금석색』

이상과 같은 금석학 연구사를 참고로 이유원이 밝힌 문헌들은 금학 그리고 석학 관련 예서 자전류로 구분할 수 있다. 여대림(呂大臨) 찬 『고고도』와 휘종(徽宗) 칙찬(敕撰), 왕보(王黼) 편찬(編纂) 『선화박고도』 송대 2종, 건륭 14년(1748刊) 어제 편찬 『서청고감』과 완원 편찬 『적고재종정이기관지』(1804刊) 청대 2종까지 모두 금학 관련 문헌들이다. 이들 저술들은 이미 이전부터 조선의 문인들이 금석을 연구하는 참고자료로 활용되어 빈번히 언급되어 왔다. 『서청고감』의 경우 박지원(朴趾源, 1737~1805)은 중국 성경(盛京)에서 전사가(田仕可)라는 고동서화에 밝은 이가 고기(古器)를 탐구하는데 참고서적으로 삼고 있더라고 전했고,[24] 이덕무(李德懋,

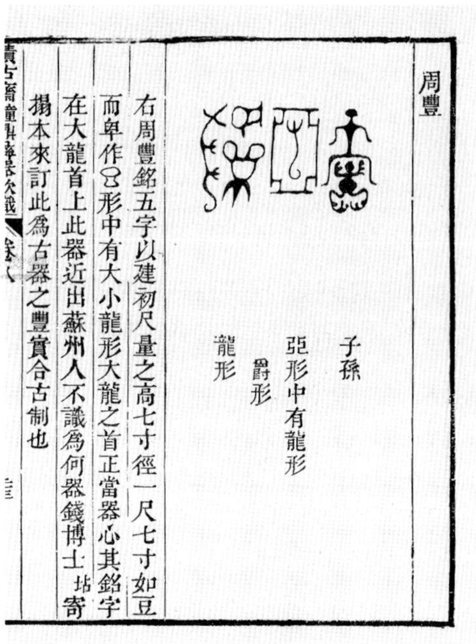

周豐

子孫
弖形中有龍形
爵形
龍形

右周豐銘五字以建初尺量之高七寸徑一尺七寸如豆而卑作弖形中有大小龍形大龍之首正當器心其銘字在大龍首上此器近出蘇州人不識爲何器錢博士坫寄搨本來訂此爲古器之豐實合古制也

〈도판 34〉『적고재종정이기관지』(文選樓叢書阮亨揚州阮氏刊本) 권2 중 '주풍'(周豐). 풍(豐)은 고대 예기(禮器)의 일종이다.

1741~1793)는 『서청고감』의 발간 경유를 밝힌 바 있다.[25] 아울러 『서청고감』은 한치윤(韓致奫, 1765~1814) 편 『해동역사』의 인용저서 목록에 수록되어 있기도 하다.[26] 『적고재종정이기관지』는 이상적과 김정희(金正喜)가 언급했다. 김정희의 경우 1818년 정월 22일 청의 문인 섭지선으로부터 받은 서한에 의하면, 『적고재종정이기관지』는 주위필(朱爲弼, 1770~1840)에 의해 정리되고 후서(後敍)가 붙여졌는데 문자의 해석에 견강부회가 있고 억측이 있으며 다루는 기물의 진위가 불분명하여 의심스런 바가 많다고 한다.[27] 김정희는 요컨대 1818년에 『적고재종정이기관지』의 발간과 그 연구사적 가치에 관해 이미 정보를 얻은 것이다. 또한 그가 신관호

에게 빌려 주려 했던 '『고기관지』(古器款識) 일 함(函) 삼 책(冊)'이라는 것도 『적고재종정이기관지』 전(全) 3책일 것으로 짐작된다.[28] 『적고재종정이기관지』에 대한 평가는 이유원도 공유하고 있었다.

이유원은 "옛 기물 중 제기류인 정(鼎)·내(鼐)·이(彝)·고(觚)의 구별에 대해서는 적고재[阮元]의 『적고재종정이기관지』의 주위필의 후서가 있는데, 글과 그림이 끝내 서로 부합되기 어렵다. 그래서 한 번 그림을 상고하면서 명료하게 읽어보려고 했는데, 지금까지 이루지 못하고 있으니 매우 한스럽다."고 했다.[29] 실제로 『적고재종정이기관지』에는 기물 자체가 아니라 명문들만이 탁본 혹은 그림으로 제시되어 있고 이에 대한 설명도 명문의 내용과 탁본의 소재에 그치므로, 기물의 정보 범위는 극히 제한적이다.(도판 34) 그렇다면 이유원의 금석학적 정보는 이전 조선에 알려진 정보들을 재편집한 것일까.

이유원은 밝히지 않았지만 한국고전번역원의 국역본 주석에 의하면 제3권은 대부분 풍운붕이 1822년 완성한 『금석색』에서 발췌한 것이며, 제4권 역시 『금석색』을 포함해 『예석』(隷釋), 『예속』(隷續) 등에서 발췌한 것이다. 우선 위 인용문에서 「금해석묵편」의 참고문헌을 밝히는 문단 바로 위에 기술된 「금해석묵편」의 연구사적 의의를 검토해 본다. "살펴보건대 탕반(湯盤)과 공정(孔鼎)이 상나라, 주나라로부터 시작되었는데, 동씨[董逌], 설씨[薛尙功] 등[30] 여러 사람에 이르러서야 주나라 정(鼎)과 진(秦)나라 권(權)이 두루 실리게 되었다. 그러나 이는 대부분 [제사에 쓰이는] 길금으로 주조된 것이며 석묵(石墨)은 오히려 적었다. 하우(夏禹)는 구루(岣嶁)의 비(碑)가 있고, 주(周) 선왕(宣王)은 기양(岐陽)의 석고(石鼓)가 있고, 공자는 계자(季子)의 명(銘)이 있지만, 뒷사람들은 오히려 이를 반신반의하였다. 삼대 이전에는 금속을 많이 사용했는데, 진나라의 이사

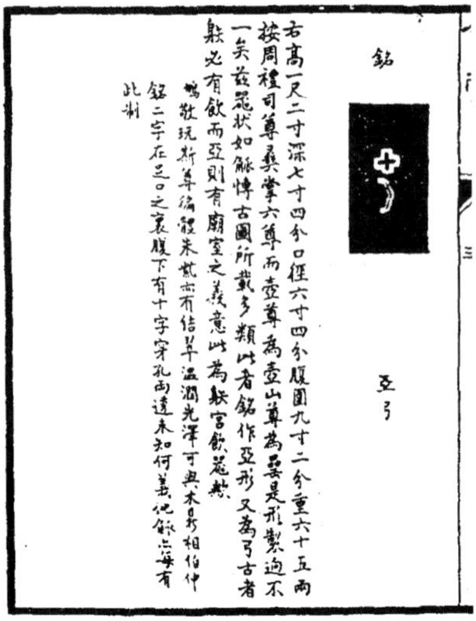

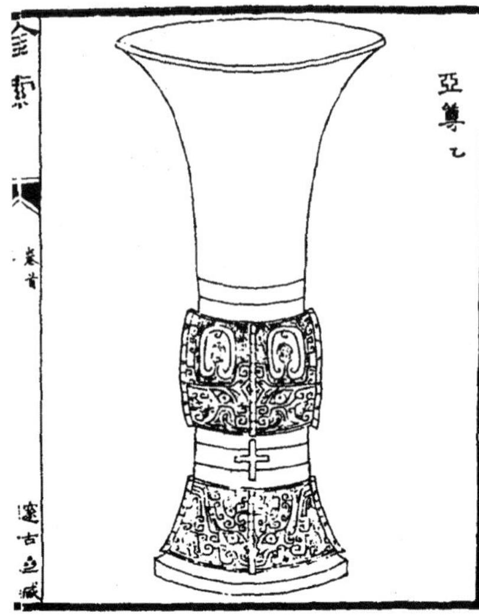

〈도판 35〉『금석색』 권1, 서울대학교 중앙도서관 소장 중 '아준'(亞尊) 각 기물 소개 방식은 정교한 그림과 설명으로 구성되어 있다. 설명에는 제작년대, 한대 자[漢尺]를 기준으로 한 높이와 둘레, 무게, 재질, 명문(銘文)의 내용, 제작의 목적, 기물 소장자 등으로 구성되어 있다.

(李斯)가 돌에 새긴 이래로 한대에 공덕을 기록하여 송축한 것은 대부분 악석(樂石)에 속한다. 양(梁) 원제(元帝)의 『비영』(碑英) 한 책은 지금 볼 수 없다. [송대] 구양수(歐陽脩), 조명성(趙明誠) 등 여러 사람으로부터 [명대] 도목(都穆), 조함(趙崡)의 무리에 이르기까지 번갈아 저록하였는데, 고증과 근거가 더욱 상세하여 더러 경사(經史)의 누락이나 잘못된 부분을 바로잡기도 하였으니 구차히 한 것이 아니었다."고 한다. 이 글은『금석색』의 제 서문 중 양장거(梁章鉅)가 쓴 서문의 앞부분을 거의 그대로 인용한 것이다.[31] 이유원은『금석색』과 「금해석묵편」의 금석연구사적 의의를 동일시하는데, 사실 체제와 내용 면에서 볼 때도 양자는 매우 유사하다.

『금석색』과 「금해석묵편」의 연구 대상과 체제를 비교하면 다음과 같다.

『금석색』은 금색 6권과 석색 6권의 총 12권으로 구성되어 있는데, 이렇게 금물과 석물을 함께 싣는 저술 체제는 중국 금석학 저술사에서 처음 등장했다고 알려져 있다. 「금해석묵편」 역시 금물과 석물을 나누어 각각 『임하필기』 3권과 4권에 두었는데, 3권의 항목들인 '궐리묘정주범동기십사'(闕里廟廷周笵銅器十事) '종정지속'(鍾鼎之屬), '과구지속'(戈戳之屬), '양도지속'(量度之屬), '잡기지속'(雜器之屬), '천도지속'(泉刀之屬), '새인지속'(璽印之屬), '경감지속'(鏡鑑之屬), '와전지속'(瓦甎之屬)은 마지막 '와전지속'을 제외하고 『금석색』의 금색 6권의 제목과 순서 그대로이다.[32] 또한 각 속(屬) 내 기물들의 순서와 설명은 『금석색』 내의 순서 그대로이고 설명은 부분적으로 발췌한 것으로 판단된다.[33](도판 35)

『금석색』은 『서청교감』·『적고재종정이기관지』와 달리 금학과 비학을 모두 포괄할 뿐만 아니라 이전 금석학 저술들의 미비함을 보완하고 오류를 수정한다는 매우 야심찬 저작이다. 풍운붕의 「자서」(自敍)에 의하면 『금석색』은 이전의 여러 금석가들이 늘 석물에 대해서는 상세하고 바르지만 금물에 대해서는 소략하고 오류를 범한 점을 보완하며, 체제도 금색과 석색으로 새로 나누었다는 의미를 갖는다고 한다. 『금석색』에 부친 여러 문인들의 서문들도 『금석색』이 이제까지 가장 광범위하고 정밀하게 연구했다는 점을 꼽고 있다. 예컨대 신종익(辛從益)의 「서」(序)에 의하면, 『선화박고도』가 수록한 것은 모두 금기(金器)인데 직접 보고 손으로 모형을 탑(搨)한 것이 아니며 그 밖의 송대 연구물인 『소당집고록』(嘯堂集古錄) 등도 여전히 실증에 문제점을 가지고 있다. 뿐만 아니라, 이유원은 물론 김정희도 이미 알고 있었듯이 『금석색』 이전 시기의 금학 대작인 『적고재종정이기관지』의 경우는 기물과 이에 대한 설명, 서문의 내용이 일치하지 않는다. 반면 『금석색』은 풍운붕의 자서(自敍)에 의하면 옹방강, 완원,

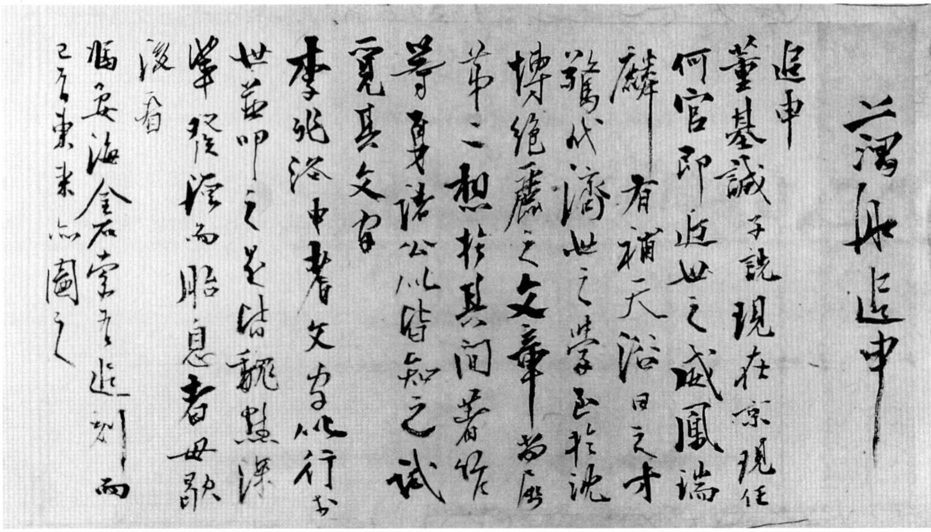

〈도판 36〉 김정희, 〈이상적에게 보내는 편지〉, 1855~1856경, 22.0×40.0cm, 과천 추사박물관 소장.

섭지선 등 건가(乾嘉)년간 석학의 업적들을 발전시켜 그 연구 대상을 확대하여 이전 금학의 연구 대상이 2~3할이라면 새로운 발견유물에 대한 연구가 7~8할을 차지한다.[34]

요컨대 『금석색』은 음운학, 훈고학 등 주변 고증학의 성과를 본격적으로 수용하여 연구 내용을 보다 풍부하고 정밀하게 정비함과 동시에 금학을 보완하여 석학과 균형을 이룬 편집 체제를 갖추어, 도광·함풍년간 이후 금석학의 성과를 전면적으로 제시한 저술이라고 평가할 수 있다.

『금석색』은 조선에서 김정희나 신위 등 금석학에 깊은 관심을 지닌 문인들의 저술에서 거의 보이지 않는다. 다만 김정희의 저술에는 『금석색』과 관련된 정보가 두 건 정도 발견된다. 앞 장에서 살펴본 대로 『완당전집』 9권 「회인시체를 모방하여 전에 들은 것을 나란히 기술해서 일본 배에 부치니 오사카의 여러 명사들 중 알아줄 자가 있으리라[仿懷人詩體 歷

敍舊聞 轉寄和舶 大板浪華間諸名勝 當有知之者]」 중 『금석색』 권6 마지막 '일본국경'(日本國竟) 중 여섯 번째 자료는 김정희가 섭지선 등에게 전해 주었다는 사실을 노래했다. 후지츠카 치카시(藤塚鄰)는 『금석색』에 일본 거울 외에도 상당량의 섭지선 소장품의 탁본이 수록되어 있는 점을 들면서 일본 거울을 김정희가 섭지선에게 전하고 섭지선이 풍운붕에게 전했을 것으로 추정한다.[35]

김정희의 두 번째 『금석색』에 대한 기록은 김정희 스스로가 그 저술에 조력한 『금석색』이 다시 조선 내 금석학 연구자들에게 공유되었다는 데 대한 희미한 단서가 된다. 김정희가 이상적에게 보냈던 한 편지에서 그 정황을 짐작해 볼 수 있다. 김정희가 과천 시절 이상적에게 보낸 편지 중 한 통의 겉봉에는 추각(追刻)된 『금석색』을 찾아봐 달라는 부탁이 적혀 있다.(도판 36) 과천 시절이라면 김정희의 몰년과 그 이전 해이며, 편지 본문에 "눈은 내리지 않고 삼 일 동안 비가 매황절(梅黃節)에[36] 내리듯 하니 또 춥지는 않고 따듯하여 거의 북극축이 거꾸로 도는 듯합니다."라고 하는 것으로 보아 이 편지를 쓴 때는 겨울이다. 김정희가 1856년 10월 10일에 사망했으므로 글 쓴 시기는 1855년에서 1856년에 걸친 겨울로 추정된다. 그는 편지의 겉봉에 "풍안해의 『금석색』이 추각된 것이 있어 우리나라에 존재하니 아울러 [찾아봐] 주시기 바랍니다."[37]라고 이상적에게 부탁하였다. 정확히는 알 수 없지만 분명 당시까지 이미 조선의 몇몇 문인들은 『금석색』을 읽었다. 분명한 것은 청의 『금석색』이 조선의 「금해석묵편」으로 재생산되어 조선 내 공공의 지식으로 전환되고, 이에 조선의 금학 연구 수준을 제고할 계기를 마련했다는 점이다. 이것이 『금석색』의 금석학사적 가치를 뚜렷이 인지했던 이유원의 업적이라고 할 것이다.

2) 이유원의 석학(石學) 연구와 『금석색』

석학(石學)의 경우 이유원이 스스로 인용했다고 밝힌 문헌들은 현대 금석학 연구에서 역시 주요 저술로 꼽는 송대 누기(婁機)의 『한예자원』(漢隸字源)과 홍적(洪適)의 『예석』(隷釋), 청대 고애길(顧藹吉)의 『예변』(隷辨)과 옹방강이 교감한 『예운』(隷韻)이다. 이들 석학의 연구 업적들 역시 이미 조선의 문인들에게 널리 알려져 왔다. 송대의 금석학의 저술들은 조선 초기 문집들에서도 간간히 보이며 특히 청대 저작물인 『예변』, 『예운』, 『서청고감』, 『적고재종정이기관지』 역시 조선 후기 몇몇 문인들이 숙지하던 서적들이다. 『한예자원』은 홍대용(洪大容)이 반정균(潘庭均)으로부터 선사받은 적이 있고,[38] 김정희는 조면호(趙冕鎬)에게 한대 비석을 설명해 주고 이 책을 소개해 주었다.[39] 한편 김정희가 『한예자원』보다 낫다고 한 『예변』은[40] 이덕무가 정조 2년 연경의 서점가에서 조선에 없던 서적들을 기록하는데 나열되기도 했는데,[41] 성해응은 한대 석물에 대한 중국 고증학 연구사를 설명하면서 『예변』을 인용했다.[42] 김정희에 이르면 『예변』과 『예운』은 예서 학습과 관련되어 거론되는데 그는 『예변』을 예서를 배우는 초보자들의 학습서로, 『예운』은 예서가 능숙한 경지에 이른 이들이 보아야 할 학습서로 설명하기도 한다.[43]

역시 이유원은 언급하지 않았지만 금학에서처럼 「금해석묵편」 중 석각 명문을 다룬 '비갈지속'(碑碣之屬)의 대부분은 『금석색』 「석색」과 『한예자원』 권1을 발췌·인용한 것이다. 「비갈지속」 1은 『금석색』 권7(「석색」 1), 「비갈지속」 2는 『금석색』 권8(「석색」 2), 「비갈지속」 3은 『금석색』 권9, 10(「석색」 3, 4), 「비갈지속」 4는 『금석색』 권11(「석색」 5)의 순서는 그대로 두되 내용은 발췌했으며, 「비갈지속」 5는 『한예자원』 권1을 역시 순서는 그대로 두고 설명을 발췌·인용했다. 앞서 언급한 『금석색』의 청대 금석학사에서의 의미 그리고 「금해석묵편」이 19세기 중·후반 조선의 금석학 연구에서 갖는 의미를 다음과 같이 정리할 수 있다. 이유원은 김정희까지의 한 세대 전 금석학의 대가들이 건가년간의 금석학 성과를 발판으로 삼은 데 비해, 보다 자료가 풍부하고 그 해석이 정밀해진 도광·함풍년간 금석학의 성과를 토대로 삼아 조선 금석학의 수준을 제고할 계기를 마련했다. 아울러 그는 전서와 예서에 대한 『금석색』의 풍부한 자료와 정교한 해석이 학서(學書)를 위한 중요한 자료라고 역설한 바 있는 만큼, 『금석색』이 그를 포함한 조선 문인들의 서예 창작에 신뢰할 만한 교본이 되었을 것이라는 서예사적 의미도 빼놓을 수 없을 것이다.

2. 일본 금석 자료의 유통

(1) 일장(日藏) 중국 석각(石刻) 자료

청대 금석학은 해내를 넘어 조선과 일본으로 그 연구 영역을 확장했고 그 와중에 중화문화 연구를 위한 상호 협력은 자연스럽게 진행되었다. 해외 자료를 연구하자면 중국 내의 경학 금석학 자료 연구와 비교할 수 없을 만큼 해외 학자들과의 협력이 필요했고 이 새로운 연구 동향은 물적 자원의 확대이면서 동시에 중화문화 연구자의 활동지역 범위, 연구 주체의 변화를 지시한다고 할 수 있다. 조선 문인들의 연구 협력은 조선 금석학 연구뿐 아니라 이하에서 살펴볼 일본 내 금석학 자료의 연구에서 더욱 힘을 발휘했다.

앞 장에서 살펴본 것처럼 경학 자료의 경우 일본은 에도막부의 성립 이후 1960년대까지 청과 국가 차원의 외교 관계를 전개하지 않았어도 통상무역은 허용했고 경학 자료는 무역을 통해서도 쉽게 교류가 가능했다. 그러나 금석학의 경우 경학 자료와 달리 상인들을 통해 입수할 수 없었고, 이에 청의 학자들은 청과 일본 양국 모두와 공식적 외교를 진행한 조선 문인들의 힘을 빌어 일본 금석학 자료를 입수하게 된다. 본서는 특히 일본과 중국, 양국에서 제작된 석각 자료, 일본에서 제작된 동경(銅鏡)이 일본 문인들로부터 조선의 1763년~1764년의 계미 통신사단과 19세기 연행사단을 거쳐 청에 이르는 경위를 살펴보고, 아울러 청대 학술 사업에 반영된 성과와 의의도 제시할 것이다.

일본으로부터 조선을 거쳐 청으로 전달된 금석학 자료 중에는 오랫동안 일본에 보존되어 있던 중국 고비 모본이 있다. 바로 〈역산비〉(嶧山碑) 중모본(重模本)이다.[44] 〈역산비〉는 진대(秦代) 이사(李斯)가 소전체(小篆體)로 쓴 석각을 말한다. 진시황은 재위 28년(B.C. 219)에 역산(嶧山)으로 동순(東巡)하여 진나라가 봉건제를 철폐하고 군현제(郡縣制)를 실시하는 것을 칭송하는 노래를 짓고 돌에 새기게 했으며, 이사가 소전으로 글씨를 썼다고 한다. 그런데 아쉽게도 『사기』(史記), 「진시황본기」(秦始皇本紀) 28년에 "시황제가 동쪽으로 군현을 순행하다가 추성(鄒城) 소재 역산에 올라 비석을 세우고, 노나라의 여러 유생과 진나라의 덕을 기리는 송을 돌에 새기는 것을 의논하고, 봉선과 산천에 망제를 지내는 것을 의논했다."라는 기록이 있을 뿐,[45] 진나라 때 세운 석각 7종 중 〈역산각석〉만 그 비문 내용을 전하지 않았다. 현존하는 〈역산비〉 중모본에 의하면, 비문은 '시황소'(始皇詔) 144자의 큰 글씨와 '이세소'(二世詔) 79자의 작은 글씨로 구성되어 있다. 원석은 당나라 때 기록에서부터 훼손되었다고 전하며, 송대부터는 모본 각석 그리고 몇 종의 모각 탁본만이 존재했다.

그중 한 종류의 모본이 아마도 견당사(遣唐使)나 견수사(遣隋使)를 통해 일본으로 흘러들어갔던 것으로 추정된다. 1000여 년이 지난 1763년 일본에 파견된 조선의 계미 통신사단은 이 자료를 일본 문인으로부터 건네받는다. 계미 통신사단은 정사 조엄(趙曮), 부사 이인배(李仁培), 종사관 김상익(金相翊), 제술관으로 남옥(南玉), 서기 성대중(成大中), 원중거(元重擧), 김인겸(金仁謙) 등 500여 명으로 구성되었으며, 1763년 8월 한양을 출발해 9월 7일 부산항을 떠나 동경(東京)에 도착해 국서를 전달하고 이듬해 7월 조선으로 돌아왔다. 이들은 일본에서 여러 일본 문인들을 만났으며 그중 몇몇은 사행단에게 약간의 금석 자료를 전달했다. 한천수(韓天壽, 1727~1795)는 일찍이 토리이 탄바노카미(鳥居丹波守) 집안에서 소장하고 있던 〈역산비〉 모각본을 손수 제작해 갑신년 3월 11일에 통신사단 4~5명 각각에게 선사했으며 같은 해 4월 9일에는 〈화산비〉(華山碑) 모각본도 선사했다.[46] 이 탁본들 중 하나는 19세기 김정희도 소유했다. 청의 문인 섭지선은 1834년 김정희에게 쓴 편지에서, 전에 김정희가 옹방강에게 보낸 〈역산비〉 중모본을 자신이 본 적이 있는데 지금 행방이 묘연하다고 언급했다. 후지츠카 치카시는 김정희가 일본에서 각한 『진역산비첩책』(秦嶧山碑帖冊)을 소장했으며 1935년 제출된 학위논문 「조선조(朝鮮朝)에 있어서 청조(淸朝)문화의 유입(移入)과 김완당(金阮堂)」에서는 이 각첩을 당시 최남선이 소장하고 있었다고 했다.[47] 『진역산비첩책』에 부친 김정희의 제문은 다음과 같다.

> 이것은 송대 원우 8년에 세워진 역음당에 번모한 것이니, 오히려 정무순화본보다 백 년 뒤이고 오래된 것이 아니다.
>
> 예당학인 제.[48]

김정희는 일본에서 건너 온 모본은 송대 제작된 역음당본(嶧陰堂本)과 같다고 했다. 따라서 중국에서 가장 오래된 것으로 알려진 정무순화본(鄭橅淳化本), 즉 정문보가 순화년간 모각한 것보다 백 년 뒤의 것이라고 했다. 과연 일본에 소재한 〈역산비〉 역음당본의 중모본은 〈역산비〉 연구사에 어떤 의미를 지니는 것일까. 그 의미는 중국 〈역산비〉 모본 제작의 역사에서 드러난다.

〈역산비〉는 진시황 28년에 세운 비석으로서 진대의 7개의 비 중 가장 오래된 것이라고 하는데, 그 비문의 내용이 『사기』에 수록되지 않았을 뿐더러 원석은 이미 당 천보년간 이전에 소실되고 그 저본의 정체를 알 수 없는 목각 혹은 석각의 비석이 다시 세워졌다는 기록만 전한다. 청대까지 전해지는 〈역산비〉 모각은 이후에 북송대 다시 건립된 두 종(種)이 가장 오래된 것이다. 위에서 김정희가 언급한 것이 그 두 종이다. 그중 정무순화본은 순화(淳化) 4년(993년) 정문보(鄭文寶)가 남당(南唐) 서현(徐鉉)의 모본(摹本)을 장안에 중각(重刻)한 것으로 '장안본'이라고도 한다. 역음당본은 이후 원우(元祐) 8년(1093)에 추령(鄒令) 장문중(張文仲)이 이사(李斯)의 소전을 발견하고 이를 추현 역음당에 새겼다는 것으로 '추현본'(鄒縣本)이라고도 불린다. 정무순화본은 현재까지도 존재하지만 역음당본은 원(元)나라 지원(至元, 1271~1294)년간에 훼손이 심해 옆에 새로 다시 세웠다고 한다.[49](도판 37) 일본 소재 〈역산비〉 중모본은 우선 중국 최고(最古)의 〈역산비〉 모본 2종 중 하나인 역음당본의 중모본으로서 이하에서 서술하는 것처럼 송대 모각본 연구에 중요한 두 가지 단서를 제공했다.

김정희는 계미 통신사단이 일본에서 가져온 역음당본과 동일한 본을 옹방강에게 전해주었다. 옹방강이 1816년 경 김정희에게 보낸 서찰에 보면, 일본 구각 진역산본을 잘 받았다고 하면서 〈역산비〉를 읊은 짧은 시

〈도판 37〉 〈역산비〉 원대 모각 탁본. 1.9×0.48m, 중국 산동성 쩌우청시박물관(鄒城市博物館) 소장.

를 함께 보낸다고 언급한 구절이 있다.[50] 그 시가 『복초재시집』 권68의 「진역산비구본」(秦嶧山碑舊本)이라고 추정되는데, 일본 소재 〈역산비〉 중모본의 의의를 설명할 단서를 제공한다. 본서에서는 옹방강이 그 시와 거의 동일한 내용을 담아 쓴 「발역산비」(跋嶧山碑)와 함께 일본 소재 〈역산비〉 모본의 중국 전래의 의미를 살펴본다.

1

① 〈진역산비〉는 일본에서 새겼는데

[당나라 때] 대추나무에 새긴 肥本보다 앞섰다고 하네.

② 대추나무 각본은 누가 제작한 것인가.

두공은 처음에 홀로 높이 솟은 산의 꼭대기에 있다고 추측했네.

–홀로 높이 솟은 산의 진대 비석은 두보가 젊을 때 지은 시구에 나오는데 중각인지 생각하지 못했다.[51]–

당나라 때 새긴 것은 나무인가 돌인가.

③ 그 탁본이 동유의 『廣川書跋』에 전한다네.

夏竦이 수장하다 동유의 『광천서발』에 전하니,

기질은 혼연하고 중후하다 하는데 과연 그러한가.

④ 두보는 비수를 기준으로 고금을 구분하지만, [동시대의] 〈之罘〉석의 모본이 훨씬 더 살졌네…

⑤ 이는 원우년간 역음본이라, 서현이 이보다 또 백 년 전이라네.

허신이 『설문해자』에 진비를 기록하고, 서현은 교정하였고, '攸' 자의 부수는 [서현의 동생 徐鍇가 편찬한] 『說文解字系傳』에도 마찬가지로 교정되어 있다.

[이사의] 『창힐편』 7장이 진나라 때 전서로 쓰여 있다 한들 어찌 작은 차이로 우열을 다투겠는가.

'水'의 부수는 없앨 수도 있고 아닐 수도 있으니 이때는 분명 뜻에 따라 선택했을 것이네….

⑥ 내가 하송, 동유로부터 서현과 허신으로 거슬러 올라가 공부해 보니,

두보의 시와 두기의 부가 억지는 아니었네.

–그 지방 사람이 중각했다는 것은 두기의 『술서부주』에도 보인다–….

⑦ 세상에 전하는 일곱 개의 판본과 무엇이 어깨를 나란할 것인가.

–양사기와 도목은 모두 세상에 7개의 모본이 있다고 했는데 지금 내 서재에 그중 셋이 있다.–

해동의 김 군이 서신을 보내왔는데 묵흔과 옥저에[52] 중봉이 둥글어라

〈역음당본〉보다 낫고, 섭지선을 위해 교정보고 있는 [송대 순희년간]

『廬山陳氏甲秀堂秦篆譜』를 압도하는구나.[53]

2

① 오른쪽 역산비 구본은 조선의 진사 김추사가 일본국에서 중각한 것을 인편에 부쳐 준 것이다. ② 자목에 새겨졌다고 전하는 것보다 이전의 판본이라고들 한다. 생각해보면 두보의 시에서 자목에 전하는 각본이 살져 본 모습을 상실했다고 한 것은, 글씨를 비교하는데 마르고 단단한 것을 귀하여 여겨 한 말이다. 그리고 이 本은 마른 것에 가까우므로 자목에 새긴 것보다 이전의 것이라는 이야기가 있지만, 사실 자목본이 살졌는지는 이미 밝혀낼 수 없다. ③ 송대 동유는 『광천서발』에서 견증한 역산비 잔각에 대해서 말하기를 기질이 혼후하고 무게감이 있다고 했는데 역시 어느 시기의 본인지 말하지 않았다. ④ 양사기와 도목은 모두 세상에 전하는 일곱 개의 본이 있다고 했는데, 나는 단지 그중 네 본을 보았을 뿐이다. 원우 8년의 역음당 중각본만이 이 일본 구각과 모두 일치한다. ⑤ 이 [일본 소장본]은 원우본의 원본으로서 당 이전의 모각본일 것이다. 협본 즉 서현·정문보가 전하는 모본과 비교하면, 이 본은 서현·정문보의 본보다 나은 바가 있다. 전에 내 친구 전대흔이 『설문해자』의 역산본이 '汶' 자 라는 데 근거해, 서현본이 오기했다고 의심했다. 그러나 『설문해자』는 서현이 교정보았는데 어떻게 진대에 '水' 자를 따라 새긴 일을 모를 수 있겠는가.

그리고 서현의 판본에서 '攸' 자는 이 판본[일본 모본]과 동일하니, 당 이후의 중각 〈역산비〉의 '유' 자는 모두 '亻丨'를 따르고 '水'를 따르지 않았음을 증명할 수 있다. 허신이 언급한 〈역산비〉 석각은 '攸' 자를 '汥'이라고 새겼으니, 진대 석각의 고문이 분명 이러했다는 것을 알 수 있다. ⑥ 그러므로 두보가 '살져서 본래의 모습을 잃었네.'라고 한 것은 반드시 글자의 살짐으로만 [판단할 수] 없는데 실언을 한 것이다. 이사가 분서갱유를 한 후 지은 『창힐편』(倉頡篇) 7장 역시 사라져 전하지 않으니 무엇으로부터 규명할 것인가.[54]

〈역산비〉의 모본은 명대 7종이 존재했다. 옹방강이 1-⑦, 2-④에서 말한 명대 양사기(楊士奇)의 이야기는 『동리속집』(東裏續集) 권21의 「추현역산비」(鄒縣繹山碑) 발문을 의미한다. 양사기는 전에 진사효가 쓴 글에서 보니 〈역산비〉에는 7가지 번본 즉, 장안본, 소흥본, 포강본, 응천부학본, 청사본, 촉중본, 추현본이 있다고 기록했다.[55] 옹방강은 세 본을 소장하고 있고 4본을 직접 보았다고 한다. 그는 이러한 자신의 경험과 기타 문헌들을 통해 〈역산비〉의 모본 고증을 전개했다.

〈역산비〉는 원석이 유실된 이래 당송대부터 모각본에 관한 이야기가 지속되었다. 당대에는 세 가지 종류의 전언이 있다. 첫째, 두보의 시구다. 옹방강이 위 시에서 읊은 대로 두보는 「이조팔분소전가」(李潮八分小篆歌) 중 "역산비는 들에서 불탔으며, 대추나무 모본은 글씨가 살져 진실한 모습을 잃었네."라고 했다(1-②, 1-④, 2-⑥). 둘째, 두보와 비슷한 시기에 활동한 것으로 알려진 봉연(封演)은 『봉씨견문기』(封氏聞見記) 권8에서 북위 시기 〈역산비〉 원석이 불에 타게 되자 당시 어느 관리가 옛글을 새로 돌에 새겨놓았다고 했다.[56](1-②) 셋째, 역시 천보년간에 활동했던 두기(竇臮), 두몽(竇蒙)은 『술서부주』(述書賦注)에서 〈역산비〉를 다시 세웠다고 했다. 그러나 세운 주체는 봉연과 달리 지방관리가 아니라 지방 사람들이라고 했고, 또 돌이 아닌 나무에 새겼다고 했다(1-⑥).[57] 그래서 옹방강은 당나라 때 두보, 두기의 말대로 나무에 새긴 것인지 아니면 봉연이 언급한 대로 돌에 새긴 것인지 자문한 것이다. 옹방강은 자목에 새긴 비본은 남아 있지 않아 고증할 수 없으므로 믿을 수 없다고 했다.(2-②, 2-⑥)

송대에도 모본 각석은 두 번 더 제작되었다. 북송 순화4년(993) 정문보(鄭文寶, 953~1013)는 자신의 스승인 서현(徐鉉, 917~992)이 소장했던 모본을 중각하여 장안의 국자감에 두었다고 비석 뒷면에 각한 제기(題記)에서 밝혔다.[58] 그런데 서현과 정문보의 〈순화본〉은 몇몇 전자(篆字)가 『설문해자』에 기록된 전자와 다르다. 이에 대해 전대흔(錢大昕)은 『잠연당금석문발미』(潛研堂金石文跋尾)에서 서현이 모본을 만드는 과정에서 실수했다고 하지만, 옹방강은 서현이 『설문해자』의 주석서를 폈을 정도이니 실수했을 리는 없고 〈순화본〉 판본 자체가 『설문해자』에서 언급하는 진대 고문의 원본과 다르기 때문일 것이라고 했다.(1-⑤, 2-⑤) 실제 서현은 송 태종의 명을 받들어 구중정(句中正), 갈단(葛湍), 왕유공(王惟恭) 등과 함께 『설문해자』를 교정보았고, 이것이 이른바 '대서본'(大徐本)이다. 옹방강은 고문의 '문'(汶) 자가 당대 이후 중각본에서는 '유'(攸) 자로 기록되며 이는 서현본, 일본 중각본도 마찬가지라고 했다. 그리고 옹방강은 언급하지 않았지만, 일본 중각본과 완전히 일치한다고 한 추현본도 '유' 자로 기록했다.

옹방강은 일본에서 가져온 것이 장문중이 역음당에 번각해 놓은 각석보다 나을 뿐 아니라 역음당본보다 100년이나 앞선 장안본보다도 낫다고 본다. 전서로서 옥저와 중봉, 각을 둥글게 한 서체적 특징도 뚜렷하다는 것이다. 이는 일본 중각본이 중국 소재 〈역산비〉 제 모본 연구에 제시해 주는 두 번째 중요한 정보이다. 옹방강은 수·당대 일본과의 문화교섭에 대해 어느 정도 해박한 지식을 갖추었다.[59] 옹방강은 일본의 〈역산비〉 모본이 당 이전 중국에서 건너간 것이라는 점을 전제로, 일본의 중모본이 중국 소재 역음당본의 원본에 대한 모본이라고 확신한 것이다.

〈역산비〉 모본에 대한 논의는 북송대 세 가지 설 이후 남송대 동유(董逌)의 기록에서 계속되지만 옹방강은 이를 신뢰하지 않았다. 동유는 『광천서발』(廣川書跋)에서 진백수(陳伯修)가 〈역산명〉을 보여주었는데 전에 하송(夏竦)이 얻었던 것이라 더욱 신뢰가 간다고 하면서, 글자가 기질이 혼후하여 삼대의 기상이 남아 있다고 했다.[60](1-②, 2-②) 그러나 옹방강은 동유의 말도 고증불가능하다고 여겨 믿지 않았다. 동유가 어떤 본을 대상으로 평한 것인지 불분명하기 때문이다.

〈역산비〉는 진대 일곱 석각 중 하나에 해당하는 매우 귀중한 고대 역사 자료이자 중국 서예의 가장 오래된 금석학 자료 중 하나이다. 그런데 원 석각은 이미 당나라 이전에 일실되었다. 당에서 제작된 복각이 목각인지 석각인지 그 출처는 어떤 비석 혹은 탁본인지조차 불분명한 상황에서, 송대 제작된 장안본과 역음당본 중 후자와 일치하는 일본 소장 중각본은 중국 소재 〈역산비〉 모본에 대해 두 가지 판단 근거를 제시했다.

첫째, 일본 중각본의 '유' 자(字)를 통해 서현의 모본에 대한 고염무의 의심이 잘못된 것이라고 확신할 수 있었다. 장안본과 두 가지 역음당본을 비교하면서 당대 이후 모본에서는 '유' 자가 통용되었다는 점을 확신하고, 이로써 서현이 진대 〈역산비〉에서 '문' 자가 쓴 것을 몰라서 오기한 것이 아니라는 점을 방증할 수 있었다. 둘째, 일본 중각본이 중국의 역음당본과 동일한 판본이라는 점에서 중국의 역음당본 역시 그 원본이 매우 오래된 당 이전의 것이라고 확신할 수 있었다. 더구나 이는 중국 소재(所在) 〈역산비〉 모본 일곱 가지 중 가장 오래된 장안본, 역음당본보다 소전체의 전형에 더 가까운 글씨를 보여준다. 일본 소재 〈역산비〉 중모본은 〈역산비〉 제 판본의 시대 구분에 관한 중요 기준 자료인 것이다.

(2) 일본 석각(石刻) 자료

조선을 거쳐 청으로 전달된 일본의 금석학 자료 중 기록으로 확인할 수 있는 일본 석각 모본 4종, 그리고 몇 점의 동경(銅鏡)이 있다. 우선 석각 모본은 일본에서 조선에 유입된 후 세 경로를 통해 청에 전달되었다.

조선인이 자료를 입수한 정황은 박현규가 언급한 대로 1763년~1764년 일본에 파견되었던 계미 통신사로 거슬러 올라간다.[61] 계미 통신사는 몇몇 일본 문인들로부터 약간의 일본 금석 자료를 받았다. 우선 사행단은 일본 문인들이 제작한 인장 여러 과를 받았다.

사와다 토코(澤田東江, 1732~1796), 키무라 켄카도(木村蒹葭堂, 1736~1802), 후쿠하라 쇼메이(福原承明), 나카무라 산지스(中村三實) 등 일본 문인들은 통신사행단의 일부에게 인장을 선물하고 그 인보를 남겼다. 남옥의 『일관기』(日觀記)에 의하면 계미년 12월 24일 세숙(世肅, 木村蒹葭堂의 字)과 복상수(福尙修, 福原承明)에게 인장을 부탁했다는 기록이 있고, 갑신년 복원상수가 인장을 새겨 보내고 인보를 만들었다는 기록이 있으며, 같은 해 3월 11일에 사와다 토코가 남옥과 성대중으로부터 의뢰받아 제작하여 이들에게 건네주었고, 5월 15일에는 나카무라 산지스가 도장 9과(顆)를 주었는데 동강의 것보다 뛰어나다는 기록이 있다.[62]

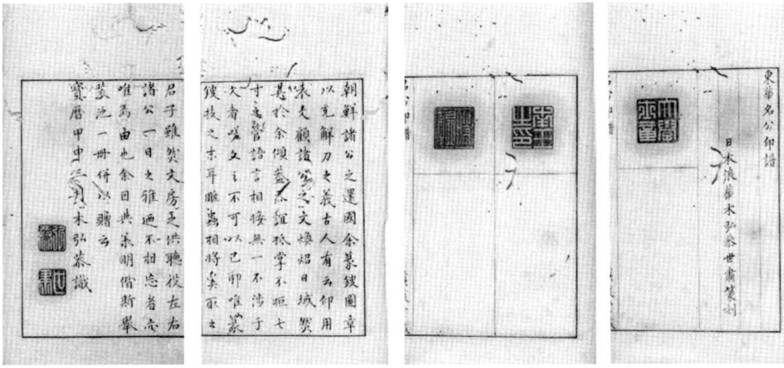

〈도판 38〉 〈동화명공인보〉(東華名公印譜), 25.7×15.0cm, 일본 오사카 나카노시마(中之道) 도서관 소장(사진 자료는 『朝鮮通信使と京都: 2013年 高麗美術館 特別展』 중).

〈도판 39〉 키무라 켄카도 외, 〈성대중인〉(成大中印) 6과(顆), 각 2.7×2.8×3.6cm, 수산석(壽山石), 1764, 일본 아마가사키(尼崎) 시 교육위원회 소장(사진 자료는 일본 교토(京都)대학 인문과학연구소 제공). 사진 왼쪽은 성대중이 1764년 일본 통신사행에서 받은 6과의 인장이다. 일본 교토(京都)대학 인문과학연구소가 제공하는 '조선통신사 관계자료 목록' 데이터베이스에는 키무라 켄카도(1과), 후쿠하라 쇼메이(1과), 나카무라 산지스(3과), 사와다 토코(1과)가 성대중에게 제작 · 선물한 인과 6과가 등록되어 있다. 인장의 측면에는 제작자의 이름이 새겨져 있다. 사진 오른쪽 위의 백문인(白文印: 좌)과 주문인(朱文印: 우)은 사와다 토코가 제작한 것이다. 그는 당시 조선통신사에게 20과의 인장을 제작했다고 하며 사진 속 인장은 그중 성대중을 위해 제작한 인장 1과이다. 백문인 글자는 '성대중인'(成大中印), 주문인 글자는 '사집'(士執)이다. 사진 오른쪽 아래 백문인(白文印: 좌)과 주문인(朱文印: 우)은 키무라 켄카도가 제작한 것이다. 백문인 글자는 '창산성대중사집인'(昌山成大中士執印), 주문인 글자는 '윤집기중'(允執其中)이다. 측면에는 '낭화목홍공각'(浪華木弘恭刻)이라고 새겨져 있다. 창녕(昌寧)은 성대중의 본관이고, 사집(士執)은 그의 자(字)이다. '윤집기중'은 『논어』에 나오는 구절로 "중심을 진실하게 잡는다."는 의미이며, 아마도 성대중의 자인 '사집'의 의미('선비가 [마땅한 바를] 잡는다.')와 상통하는 고전 어구라 새겨진 것으로 짐작된다.

실제로 오사카에 있는 나카노시마(中之道) 도서관 소장 『동화명공인보』(東華名公印譜)는 일본인이 준 조선인 인보 14매로 이루어져 있다.[63](도판 38) 또한 필자의 조사에 의하면 아마가사키(尼崎)시 교육위원회의 '이원식

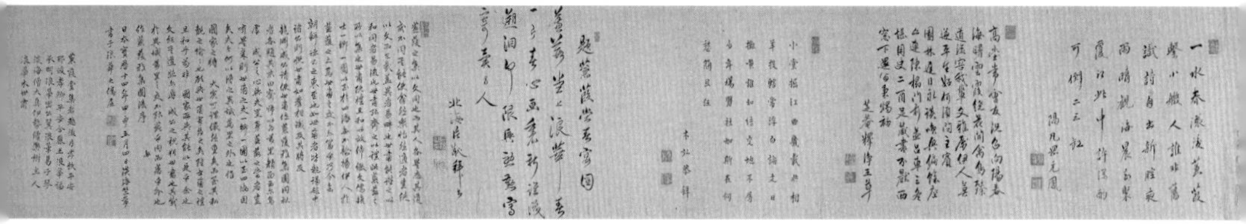

(李元植) 컬렉션'에 성대중을 위해 제작한 인장 6과가 포함되어 있다.[64](도판 39) 사와다 토코, 키무라 켄카도, 후쿠하라 쇼메이, 나카무라 산지스가 1764년에 제작한 것이다. 키무라 켄카도는 조선 통신사원을 위해 20과의 인장을 제작하였고, 그중 성대중에게 준 인과 앞면에는 '창산성대중사집인'(昌山成大中士執印), '윤집기중'(允執其中)이 새겨져 있고 측면에는 '낭화목홍공각'(浪華木弘恭刻)이라는 글자가 새겨져 있다. 사와다 토코가 제작한 인장으로 백문(白文) '성대중인'(成大中印)과 주문(朱文) '사집'(士執) 인장도 있다. 김정희는 계미 통신사 일행이 일본으로부터 가져온 것으로 추정되는 인장 혹은 인보, 고매원에서 제작한 묵, 회화 작품을 노래한 적이 있는데, 그중 "전각에 한대의 규범이 있으니 정묘하고 고아하구나, 겸가당이여."라고 읊은 대상이 바로 키무라 켄카도가 제작한 인장으로 짐작된다.[65]

키무라 켄카도는 일본 서예사에서 고체파(古體派)라고도 불리는 '장기파'(長崎派)에 속한다. 장기파는 중국 문물의 수입에 용이한 장기 지역을 중심으로 활동했다. 이들은 중국으로부터 수입한 명대 서관(徐官)의 『고금인사』(古今印史)나 오구연(吾丘衍)의 『학고편』(學古編)을 간행하기도 했다. 고체파의 창시자로 일컬어지는 코 후요(高芙蓉, 1722~1784)는 동경을 중심으로 유행한 금체파의 과도한 장식을 비판하면서 진한(秦漢)의 서풍을 추구하였다. 그 문하의 한 사람이 키무라 켄카도이며, 코 후요는 키

〈도판 40〉 키무라 켄카도(木村蒹葭堂), 〈겸가당아집도〉(蒹葭堂雅集圖), 견, 총 길이 411.5cm, 그림 크기 44.5×32.5cm, 1763, 국립박물관 소장. 1763년 조선 통신사단과 켄카도 등 일본 문인들의 모임을 기념하여 그린 작품으로 성대중이 켄카도로부터 선물받아 왔다. 축상(竺常)이 쓴 서문 외에 효질(孝秩)·여왕(麗王)·승명(承明)·자금(子琴)·공익(公翼)·약수주인(藥樹主人)·세숙(世肅, 키무라켄카도) 등 7인이 쓴 제시(題詩)가 붙어 있다.

무라 켄카도를 통해 수입한 명대 소선(蘇宣)의 『소씨인략』(蘇氏印略)을 학습 자료로 삼고 명대 감양(甘暘)의 『인정』(印正)을 주해하는 등, 명대 복고적인 전각 서풍의 영향을 받았다.[66] 김정희는 고학파로서 키무라 켄카도의 일본 전각사에서의 위상을 정확하게 지적한 셈이다.

사행단은 일본 문인들로부터 인장들 외에도 몇몇 중국과 일본의 금석 자료들을 선사받았다. 〈다호비〉(多胡碑, 711)와 〈다하성비〉(多賀城碑, 724: 일명 壺碑) 두 건인데 〈나수국조비〉(那須国造碑)와 함께 일본 3대 고비 중 하나로 꼽히는 일본의 중요 문화재들이다.[67] 이들 자료는 청대 고증학자에게 전달되었다.

〈다호비〉는 일본 군마현(群馬縣) 요시이정(吉井町)에 세워진 비석이다.(도판 41) 정면 비문은 6행(行), 각 행 8자(字)의 해서(楷書)로 쓰여 있다. 그 비문에 의하면, 비석은 711년 태정관(太政官)의 변관(弁官) 명으로 일본 내 상야국(上野国)의 편강군(片岡郡), 녹야군(緑野郡), 감량군(甘良郡)을 병합하고 다시 세 군에서 300호를 분리해내어 새로 다호군(多胡郡)을 설치한 뒤 '양'(羊)에게 지배하도록 한 일을 기념하여 설치되었다.[68] 비문의 서체

〈도판 41〉 〈다호비〉, 109.7×50.7cm, 일본 공익재단법인 군마현 매장문화재조사사업단(群馬県埋蔵文化財調査事業団) 제공. 둥근 해서가 북비 서체에 가깝다.

는 모가 둥근 해서 풍으로서 북위(北魏)의 서풍 특히 정도소(鄭道昭, 455~516)의 서풍에 가깝다고 평가된다. 정도소는 북위의 관료이자 서화가였으며, 왕희지(王羲之)와 함께 '남왕북정'(南王北鄭)으로 병칭될 만큼 뛰어난 해서 석각 작품을 다수 남겼다. 그 글씨는 힘이 굳건하고 정봉(正鋒)을 주로 사용하며 근골이 뛰어나다고 알려져 있다. 그가 쓴 글씨 중에서 청대 발견된 〈정문공상비〉(鄭文公上碑)와 〈정문공하비〉(鄭文公下碑, 511), 〈논경서시〉(論經書詩)의 마애석각이 대표적인 작품으로 꼽힌다.[69]

정도소의 글씨는 예서에서 해서로 넘어가는 과도기적인 서체를 뛰어나게 제시했다는 점에서 〈다호비〉와 유사하다고 지적되는 것이며, 후술하듯이 청대 정도소의 작품들이 발견되면서 〈다호비〉도 더욱 주목되었던 것으로 보인다. 〈다호비〉는 다호군 설치에 관한 일본 역사의 중요한 자료일 뿐 아니라 그 서체는 8세기 일본의 서체를 알려주며 아울러 중국 당대 서체의 전파에 관한 가장 오래된 자료라는 의미를 지닌다. 그리고 그 의미는 1000년이 지난 에도 막부시기에 주목되었다.

애초 〈다호비〉의 가치를 재발견한 이는 타카하시 도사이(高橋道齋, 1718~1794)이다.[70] 서예가였던 타카하시 도사이는 1751년 거주지 근방에서 〈다호비〉를 발견해 그 서체에 주목했다. 그는 〈다호비〉의 탁본을 떠서 1754년에 사와다 토코에게 보여주었고, 이는 〈다호비〉 탁본이 조선과 청으로 유통될 계기가 된다. 사와다 토코는 타카하시 도사이와 함께 고이재(高頤齋, 1690~1769) 밑에서 함께 수학했으며 역시 서예가이자 전각가로 명성이 높았다. 그는 경학에도 정통하였고 『경개집』(傾蓋集), 『서학전』(書學筌), 『서범』(書範) 등의 저술을 남기기도 했다. 이 두 사람은 이후 〈다호비〉를 설명하는 『상모다호군비첩』(上毛多胡郡碑帖)을 저술하고 사와다 토코의 스승이자 역시 계미 통신사를 맞았던 이노우에 란다이(井上蘭台, 1705~1761)와 그 제자인 이노우에 킨가(井上金蛾, 1732~1784)로부터 서문을 받았다.[71] 사와다 토코는 타카하시 도사이로부터 탁본을 받은 지 10년이 지난 1764년에 조선의 통신사행단을 만나게 된다. 『경개집』에 의하면, 계미 통신사단이 왔을 때 사와다 토코는 막부의 명으로 이예하루(家治) 장군의 반서인장(返書印章)을 새겼고 이 공으로 태학두 하야시 호코구(林鳳谷)와 3월 3일 조선 통신사가 교류하는 자리에 참석할 수 있었다. 남옥의 『일관기』(日觀記)에 의하면 2월 25일 "주굉과 주준이 와서 이야기 하였다. 평린의 호는 동교인데 인장을 정교하게 제작했다. 관백[이예하루 장군]의 인보를 만들었다."고 기술되어 있고, 이후 3월 2일에 동교가 〈다호비〉를 주었다는 기록도 있다.[72]

계미 통신사행단이 당시 귀국하면서 받은 물품에는 인장 외에도 사와다 토코와 한천수로부터 받은 몇 가지 석각탑본이 있다. 『경개집』에 의하면 사와다 토코는 통신사단에게 여러 본의 쌍구본 〈다호비〉 번각본을 선사했고, 남옥은 이에 고비가 기굴하다고 높이 평가했다. 이어 사와다 토코는 〈다호비〉 번각본을 타카하시 도사이가 제작했다고 소개하였고, 남옥은 타카하시 도사이의 시(詩)도 높이 평가했다.[73] 사와다 토코는 〈다호비〉와 함께 병칭되는 〈다하성비〉 탁본도 소개해 주었지만, 성대중은 〈다하성비〉보다 〈다호비〉 쪽이 자법이 더 길굴(吉屈)하다고 하였고 동강도 이에 동의하였다.

그런데 당시 〈다호비〉 탁본을 감상한 조선 통신사행 일원들이 그 가치를 제대로 알아보았다고 할 수는 없다. 남옥은 동강이 저술한 『경개집』에서의 대화 내용과 달리 본인이 저술한 『일관기』에서 좀 다른 평을 했다. 〈예학명〉과 서체가 비슷한 것이 예스럽기는 하나 골력이 부족하여 지렁이 같다는 것이다.[74] 그 주변 문인들의 평가도 다르지 않다. 성대중은 사와다 토코가 〈다호비〉를 중시해서 조선에 전파하는 것에 대해 호사가들의 취향이라고 평가하고 그 글씨가 너무 험괴해서 성대중 스스로도 주변인들에게 보여주려고 하지도 않았을 뿐더러, 그나마 이를 본 이들도 좋아하지 않았다고 한다.[75] 이덕무는 〈다호비〉의 기문 내용과 발굴 경위를 언급한 뒤 "문장에 알지 못할 것이 많고 글자는 크기가 어린애 손바닥만 한데, 기고박락(奇古剝落)하여 〈예학명〉(瘞鶴銘)이나 안진경의 글씨와 매우 비슷했다. 어떤 것은 마치 어린애가 먹으로 까마귀를 그려 놓은 것 같았다. 서상수는 '기이하기는 기이한데 글자가 글자를 이루지 못했다.'고 했으며, 김두열(金斗烈)은[76] 크게 기이하게 여겼다."고 전했다.[77] 성해응 역시 〈다호비〉를 보고 제첨을 한 바 있는데, 부친 성대중의 문집에 수록되어 있다고 하면서 자획이 기이한데 주서(籀書)나 해서가 아니지만 이와 비슷하다고 했다. 아울러 획은 질박하지 못하고 무르고 유연하다고 감상평을 남기면서, 〈다호비〉의 건립 연대를 보면 이미 일본 내에 인문이 개벽하고 한참 후인데 어떻게 이런 혼돈스런 글자체가 있을 수 있는가라고 의아해했다.[78] 남옥을 비롯한 이들은 〈다호비〉를 역사적 금석학적 자료로서의 가치보다는 당시 조선 문인들이 공유했던 미적 평가기준으로 판단했다고 할 수 있다.

〈다호비〉 서체의 역사적 가치를 알아본 이는 통신사단이 아닌 송재도(宋載道, 1727~1793)였다. 송재도는 성대중과 지기였으며 성대중의 아들 성해응을 가르치기도 했다. 송재도는 성해응의 기록에 의하면 문장이 빼어났고 글씨가 질고 수려했으며, 이광사가 필명을 떨칠 때 홀로 그 험괴함을 비판할 정도로 뚜렷한 서예관을 가지고 있었다.[79] 또한 왕희지의 〈성교서〉(聖敎序) 진적 탁본을 소장하고 있었다고 하는 것으로 보아,[80] 그는 중국의 서첩들도 수장했던 것으로 보인다. 성대중은 송재도가 〈다호비〉 번각본을 보고, 중국에서는 오랫동안 전해지지 않던 진귀한 한예(漢隷)의 고법(古法)이라고 한없이 감탄했다고 한다.[81] 그는 〈다호비〉의 금석학적 서예사적 가치를 주목한 가장 빠른 예에 속하지만, 그의 안목이 주변으로 확산된 흔적은 없다.

그리고 〈다호비〉 모본의 가치는 그 다음 세기 금석학에 탐닉했던 조선과 청의 학자들에 의해 재발견된다. 일본 고비 모본이 청에 이르는 과정에 대해, 히로시 나카오(仲尾 宏)는 성대중으로부터 조인영과 김정희를 거쳐 섭지선에 이르는 전달 과정을 제시했다. 성대중은 통신사행시 받은 일본 고비 모본들을 자신의 문집에 서문을 써 준 조인영에게 건넸고, 조인영이 다시 막역한 지기인 김정희에게 이 탁본을 선사한 후, 김정희는 섭지선에게 건네고, 섭지선은 『일본잔비쌍구본』(日本殘碑雙鉤本)에 수록했다는 것이다.[82] 그러나 일본 고비 모본이 청에 이르는 과정에 대한 보다 정확한 연구는 박현규에 의해 제시되었다. 박현규는 보다 풍부한 자료를 통해 조병구(趙秉龜)가 유희해에게 전달하고, 김정희가 섭지선에게 전달하는 과정을 제시했다.[83]

그런데 청대 금석학의 영역 확장 속에서 일본 금석학 자료에 가장 먼저 관심을 보인 흔적으로서, 옹수곤(翁樹崑, 1786~1815)이 1813년 10월 25일 조선의 홍현주에게 보낸 편지글을 더 주목할 필요가 있다. 그는 이 편지에서 자신이 이미 일본 문화에 관심을 가지고 있었고 일본 문헌 혹은 유물을 적지 않게 소장했다고 스스로 밝히며, 다만 아쉬운 것이 금석과 문예 관련 자료라고 어려움을 토로했다.[84] 그리고 그는 『고매원묵보』(古梅苑墨譜)에 수록된 서명이라고 밝히면서 『명묵신영』(名墨新詠) 2책, 『고매원묵담』(古梅園墨談) 1책, 『묵유경유』(墨囿瓊巽) 1책, 『동암시고』(東庵詩稿) 1책, 『대묵홍묵집』(大墨鴻墨集) 1책, 『고매원묵보』 4책, 『むかしの水』 1책과 더불어 〈불족석비〉(佛足石碑), 〈강도비〉(江島碑), 〈호비〉(壺碑), 기타 일본에서 생산된 금석, 문예 관련 자료, 문방품, 일본에서 판각한 서적을 구해 줄 것을 부탁했다.[85]

도대체 묵보에 왜 이러한 서명들이 수록되어 있을까. 이들 서명은 『고매원묵보』를 간행한 '고매원'에서 편집한 도서 목록들이다. 서명은 『고매원묵보』 마지막 권인 정(貞)권에 실려 있고 비명(碑名)들은 『고매원묵보후편』(古梅苑墨譜後編)에 실려 있다. 그렇다면 『고매원묵보』와 『고매원묵보후편』은 언제 누가 간행한 어떤 저술들일까. 두 서적은 18세기 중엽 일본에서 먹 제조로 유명한 마츠이(松井) 가문에서 발행한 서적들이다. 이 서적들은 일본 전통의 먹 제조 방법, 명대 방우로(方于魯) 편 『방씨묵보』(方氏墨譜)와 정군방(程君房) 편 『정씨묵원』(程氏墨苑)을 중심으로 한 먹 제조 방법, 그리고 한·중·일 먹의 여러 문양을 수록했다. 그중 『고매원묵보』는 마츠이 겐타이(松井元泰, 1689~1743)가 1742년에 4권으로 간행했고, 『고매원묵보후편』은 그 아들인 마츠이 겐이(松井元彙, 1716~1782)가 1773년에 5권으로 간행했다.[86] 겐타이 가문은 무라야마 시대 말기부터 먹을 제조했는데 저술 즈음해 당지(唐紙)가 수입되면서 중국 종이에 맞는 중국식 먹 제조법을 수입하여 제조하고 아울러 일본의 먹 재료를 청에 보내 제조하게 하는 청·일 공동 제작도 시도했다. 『고매원묵보』와 『고매원묵보후편』은 일본식 화방묵(和方墨)과 중국식 당방묵(唐方墨)을 소개하고 여러 묵 문양을 수록했는데, 전편에만도 50여 종의 묵 문양이 있다. 이 두 종의 서적은 먹 제작에서 중·일 합작을 기록했다는 의미도 있지만, 한·중·일 삼국의 묵 문양을 싣고 또한 수많은 삼국 문인들의 제발문을 수록했다는 점에서 한·중·일 삼국의 문화 교류에 관한 중요한 의미를 지닌다.

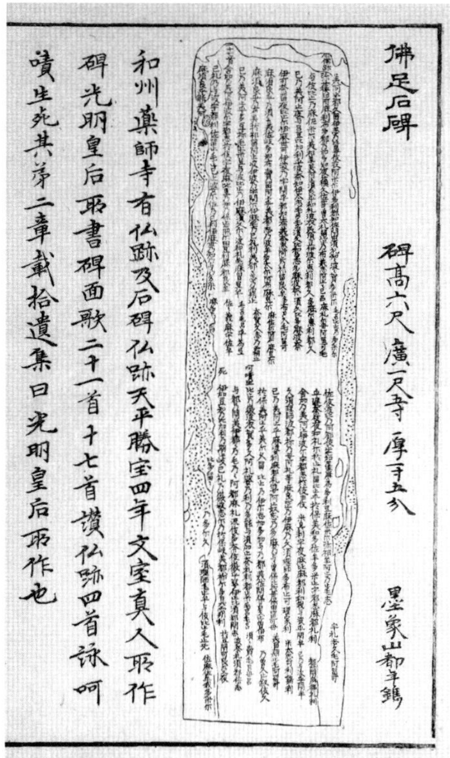

〈도판 42〉 〈불족석비〉(佛足石碑), 『고매원묵보후편』(古梅苑墨譜後編, 서울대학교 중앙도서관 소장본) 천(天)권 중

옹수곤이 말한 서명들이 기록된 『고매원묵보』 정권(貞卷) 마지막 면에

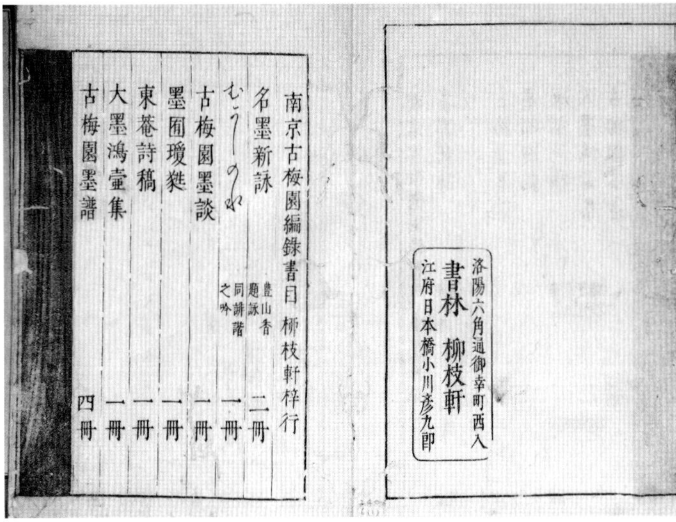

〈도판 43〉 '남경고매원편록서목유지헌재행'(南京古梅園編錄書目柳枝軒梓行), 『고매원묵보』(古梅苑墨譜, 서울대학교 중앙도서관 소장본) 정(貞)권 중('고매원'에서 편집하고 '유지헌' 서림에서 인간한 서적 목록들)

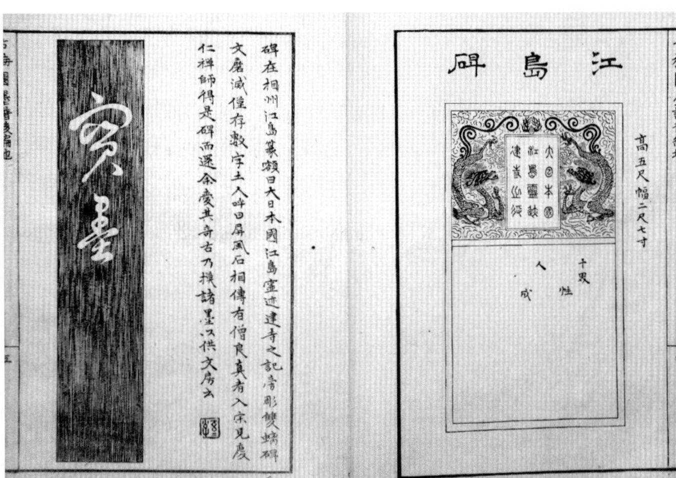

〈도판 44〉 〈강도비〉(江島碑), 『고매원묵보후편』(古梅苑墨譜後編, 서울대학교 중앙도서관 소장본) 지(地)권 중

는 「남경고매원편록서목유지헌재행」(南京古梅園編錄書目柳枝軒梓行) 즉 고매원에서 편저하고, 서림(書林) 유지헌에서 간행한 7종의 책 목록으로 위의 서적명들이 기록되어 있다.[87](도판 43) 마츠이 겐타이는 1712년에는 『고매원명묵신영』(古梅園名墨新詠)을 간행했고, 1713년 경에는 『고매원묵담』을, 1716년에는 『むかしの水』를, 1720년에는 『동암시고』를, 1734년에 『대묵홍묵집』을 간행했다.[88] 또한 『고매원묵보후편』 천권(天卷)에는 묵의 문양으로서 〈불족석비〉가 그려져 있고(도판 42), 『후편』 지권(地卷)에는 〈강도비〉(도판 44)가, 그리고 리권(利卷)에는 〈호비〉가 그려져 있다.[89] 물론 묵 문양으로 제시된 석각의 모습은 원석의 모습과는 거리가 멀다. 그래서 옹수곤은 홍현주에게 부탁했을 것인데 과연 홍현주가 『고매원묵보』를 비롯한 이들 자료를 구해주었는지를 알려 주었다는 기록은 찾기 힘들다.

다만 이와 관련해 옹방강에게서는 일본 비석 모본을 보거나 소유했던 기록들이 눈에 띈다. 섭지선은 옹방강이 〈다호비〉 쌍구본(雙鉤本)을 자신에게 주었다고 했다.

> 오른쪽 일본의 잔비는 모두 80자이다. 비문에 따르면 화동은 원명천황의 건립 연호이며, 4년은 당 예종 경운 2년에 해당하니 신해년이다…. 일본인 평린이 땅속에서 찾았다고 전하는데, 그 탁본이 조선으로 흘러들어와 성씨 가문이 소장했다. 20년 전 옹방강 선생이 쌍구본을 보내주셨다. 우연히 조사하다 찾아내어 상세하게 고증하고 아울러 중모하여 묵연을 넓히고자 한다.[90]

이 글은 섭지선이 1839년 편찬한 『일본잔비쌍구본』의 발문이다. 섭지선은 옹방강으로부터 일본비 쌍구본을 20년 전에 얻었다고 했으니, 이는 1818년 옹방강이 사망하기 직전으로 추정된다. 이후 청말 저명한 금석학자였던 섭창치(葉昌熾)는 옹방강이 〈다하성비〉에 대해 실은 잔비(殘碑)가 아닌데도 잔비라고 언급했다고 기록했고,[91] 현대 연구자 이풍무(李豊楙)는 옹방강이 일본 잔비를 포함한 『금석도상』(金石圖像) 4종 4권을 저술했다고 제시한 바 있다.[92] 옹수곤이 홍현주에게 편지를 쓴 1813년에는 아마도 그 아버지인 옹방강 역시 자료가 없었을 가능성이 높으며, 〈다호비〉 쌍구본은 1813년부터 옹방강이 사망한 1818년 이전에 얻었다고 보아야 할 것이다. 옹방강은 〈다호비〉를 현재까지 알려지지 않은 누군가에 의해 얻었을 가능성도 있지만, 옹수곤에게 부탁받은 홍현주로부터 얻었을 가능성도 있다. 그런데 섭지선은 위 인용문에서 옹방강으로부터 받은 자료를 잊고 있었다고 했는데, 그래서인지 1834년에 김정희에게 같은 자료를 다시 요청했다. 섭지선은 김정희에게 1834년 편지를 보내면서 이전에 이유하(李遊荷: 趙遊荷의 오기로 추정)가 쌍구본 〈다호비〉를 유희해에게 보내온 것을 본 적이 있는데 이번에 이것을 보내주니 매우 흡족하다고 적었다.[93] 이 서신으로부터 섭지선이 김정희로부터 〈다호비〉 모본 책자를 받았다는 점, 그리고 이미 그 전에 유희해가 조유하, 즉 조병구(趙秉龜, 1801~1845)로부터 〈다호비〉 쌍구본을 전달받은 적이 있다는 점을 알 수 있다. 조병구 관련 자료들에서 일본의 쌍구본에 대한 기록은 찾을 수 없지만, 『해동금석원』의 제사, 그리고 주변의 기록들로부터 그 전달 경위를 짐작할 수 있다. 박현규의 조사에 의하면 『해동금석원』에는 조병구로부터 전달받은 4종의 일본 금석문 모본인 〈부일본국다호비〉(附日本國多胡碑), 〈부일본국다하성호석비〉(附日本國多賀城壺石碑), 〈부일본국불족석비〉(附日本國佛足石碑), 〈부일본국강도영적건사지전액〉(附日本國江島靈

跡建寺之篆額)의 항목으로 실려 있다. 그리고 〈부일본국다호비〉에는 조병구의 발문이 있다.[94] 그 발문은 다음과 같다.

> "다호는 왜국의 군명이다. 화동은 그 나라 원명천황의 연호이며, 그[화동년간] 4년은 당 예종 경운 2년이니 지금으로부터 1200여 년이 차이 난다. 건륭 계미년[1763] 통신사를 수행한 이가 얻었다. 전하는 말로는 그 비가 처음 일본 땅에 묻혀 있었는데, 평린이라는 자가 평소에 금석을 좋아하여 찾아가 얻었다고 한다. 계미년은 지금부터 또 70년 전이다. 우리 집안의 귀중물이며 부본도 없다. 모사했는데 본래의 모습을 참으로 많이 잃었다. 정말 애석해 할 만하다. 조선 조병구 경보 발."[95]

조병구는 〈다호비〉 본문에 등장하는 고유명사 다호, 화동의 의미를 풀이하고, 〈다호비〉는 애초 일본인 평린이 발견했는데, 계미 통신사가 그 모본을 전달받았으며, 집안에 내려오는 가보임을 밝혔다. 박현규는 조병구가 계미 통신사단 중 누군가로부터 얻은 〈다호비〉 모본을 가보로 보관하다가 이 소장본으로 저본으로 비석에 세긴 글자 테두리를 모사한 쌍구본을 제작해 1830년 연경에서 유희해에게 전해주었을 것으로 추정한다.[96]

조병구는 조인영의 조카이자 계미 통신사의 정사였던 조엄의 증손으로서 1829년 연행길에 올랐다. 유희해는『해동금석원』제사에서 자신이 금석학 자료를 수집하는데 조력한 인물들로 조인영과 더불어 조병구를 언급했다.[97] 유희해는 이 글에서 조병구가 어떤 금석 자료를 주었는지는 기록하지 않았는데, 그 자료의 정체는 위 청의 문인 섭지선이 김정희에게 보낸 편지글에서 분명히 드러났다. 이 편지글과 일치하는 내용이 청대 섭

〈도판 45〉 〈다하성비〉(多賀城碑), 196(h)×100(w)×50(d)cm, 화강암 재질, 724, 미야기현(宮城県) 다가조시(多賀城市) 소재. 일본 중요문화재. 비면은 11항(行) 140자(字)로 구성되어 있다.

창치의 금석학 저술인『어석』(語石)에 등장한다. 섭창치는『해동금석원』부록의 일본석각 4통을 조병구가 청대 문인들에게 전달했다고 기록했다. 다만 섭창치는 조병구가 일본사행을 통해 얻었다고 하는데,[98] 조병구는 통신사단에 참여한 적은 없다. 요컨대 섭지선은 조병구가 유희해에게 건네준 자료를 보고난 후 자신은 김정희에게 요청하여 그 모본을 전달받은 것이다.

그 외 〈다하성비〉는 〈다호비〉보다 반세기 후 제작된 석비이다.(도판 45) 〈다하성비〉는 724년 고대 무츠노쿠니(陸奥國)의 중심지였던 다가조(多賀城) 시(市) 북서부 정청적지(政廳跡地)에 다가조 사람 오오노 아즈마비토(大野東人)가 세웠고, 이후 762년에 그 비문이 새겨졌다고 한다. 앞서 본대로 남옥은 그 서체가 〈다호비〉에 비해 서체의 아름다움이 떨어진다고 평가한 바 있다. 유희해가 〈다하성비〉를 어떻게 알게 되었는지 기록은 없지만 〈다호비〉와 함께 조병구가 유희해에게 전달했을 것이다. 『해동금석원』에 수록된 4종의 모본 중 〈다호비〉와 〈다하성비〉를 제외한 나머지 비문 역시 일본에서 해외로 유출된 경위를 설명해 줄 문헌은 아직 발견되지 않았으나 조병구를 거쳐 청으로 전달되었을 가능성이 높다.

이렇게 일본의 고비 탁본들은 계미 통신사 그리고 이후의 조선 금석학 연구자들에 의해 중국으로 전달되었다. 중국과 일본 사이에 공식 외교가 중단되면서 일본의 문물이 중국에 전달되는 과정에서 조선의 통신사와 연행사는 중요한 역할을 했다. 다만 계미 통신사 일행이 활동하던 시기에 조선 내에서 금석학이 크게 성행하지 않고 또 일본 문화를 경시하는 풍조가 존재하는 가운데, 일본의 금석문 자료 역시 오랫동안 방치되다가 순탄치 않은 지적 유통과정을 거쳐 조선에 유입된 지 반세기를 훌쩍 넘겨서야 청에 전달되었다. 결국 19세기 전반 청으로 일본의 금석 자료가 전달되어 유희해의 『해동금석원』에 4종의 일본 석각 모각본이 실리고, 섭지선의 『안관금석문자칠종』(安館金石文字七種)에는 〈다호비〉 쌍구본이 수록된다. 뿐만 아니라 특히 〈다호비〉는 그 서체가 남북조(南北朝)의 것과 유사하다고 알려져 반존(潘存, 1817~1893)과 양수경(楊守敬, 1839~1915)이 편찬한 해서 이론서 『해법소원』(楷法溯源)에 그 39자(字)가 초기 해서로서 수록되기도 했다.[99] 일본의 석각 자료들은 아직 일본 석각 자료만을 위한 전문서를 이루지 못하고 다른 편저들의 일부로 수록되었지만, 이후 일본 금석학 연구의 포문을 열었다는 의미를 지닐 것이다.

(3) 일본 금문(金文) 자료

일본 금문 자료로서 조선 문인을 통해 청대 문인들이 입수한 자료 중 문헌으로 확인할 수 있는 것은 일본 동경 3종이다. 김정희는 청대 문인에게 세 가지 동경을 전달했다. 첫 번째 동경에 관해 김정희는 다음과 같은 시를 남겼다.

> 인견화천이란 글자를
> 전달하여「금색」에 전하였다네.
> –내가 일찍이 일본에서 만든 거울을 중국의 여러 명사들에게 나누어 줬는데
> 풍운붕이 수집하여 [『금석색』 중]「금색」 고각(古刻)에 넣었음–
> 소미재라 그 안의 한 늙은이는
> 조곤조곤 주연에 대해 말해주었네.
> –내가 소미재를 뵙고 주연[이 宋 太宗에게 바친] 책에 대해 질문하였음–
> 바닷가 하늘에서 옛 꿈을 거듭 찾으니
> 고개를 돌려보매 어언 삼십 년. (제10수)[100)]

위 시는「회인시체를 방하여 이전에 들은 것을 서술하여 일본 배에 부치니, 오사카 여러 명사들 중 이해하여 줄 이가 당연히 있으리라」의 제10수이다. 앞 장에서 살펴본 대로 이 시는 김정희가 제주도에 적거하기 시작한 55세 경에 지었을 것으로 보인다. 그는 위의 시에서 읊은 대로 '인견화천'(人見和泉)이라는 글자가 새겨진 일본 거울을 여러 중국 문인들에게 주었다고 했다. 『금석색』(金石索) 권6 마지막 '일본국경'(日本國竟) 1–9는 섭지선의 탁본이라고 기록되어 있는 점으로 보아, 섭지선도 김정

〈도판 46〉 '일본경'(日本竟) 5. 『금석색』(서울대학교 소장본) 중

〈도판 47〉 '일본경'(日本竟) 6. 『금석색』(서울대학교 소장본) 중

희가 일본경을 직간접적으로 전해준 문인에 포함된다고 추측할 수 있다.

수록된 아홉 가지 일본경 중 '일본경'(日本竟) 6의 제목 아래 있는 경 도판에는 수선화 그림이 있고 '인견화천수중차'(人見和泉守重次)라는 관자(款字)가 있다.(도판 47) 그 관자 중 '인견'은 거울 제작자의 성, '화천수'는 관직명, '중차'는 이름이다. 『금석색』「일본경」 6에 "경의 그림은 수선화와 산차이다. 의심되는 글자는 이해할 수 없다. 자법과 점획을 분별할 수 없다."고 하였다. 글자에 대한 설명은, 아마도 경에 새겨진 글자 중 '인견'이 위아래로 너무 붙어 있어 한 글자로 보였기 때문이라고 짐작된다. 다른 동경에 대한 글에서도 동경에 새겨진 글자를 해독하기 곤란해 하는 경우가 있다. '일본경' 4의 명(銘)은 '진전살마수'(津田薩摩守)인데 풍운봉은 '마'(摩) 자(字)를 '마'(麻) 아래 '오'(午) 혹은 '우'(牛) 자가 세로로 병기되어 있다고 오인하여 없는 글자라고 기록했다.[101]

둘째, 김정희는 오숭량(吳嵩梁)이 회갑을 맞은 1826년에 '복수경'(福壽鏡)을 보냈다.[102] (도판 46)

셋째, 김정희는 옹방강에게도 일본 동경을 한 점 선사했다. 옹방강은 「일본유금경가」(日本鎏金鏡歌)에서 다음과 같이 읊었다.

> 동쪽 바다 끝에 있는 섬, 동쪽의 또 동쪽에서 유금을 선별하고 양동을 정련했네.
>
> 둥글게 주조하여 보배의 혼을 모았구나. 계림의 진사가 시를 보냈는데
>
> 상자를 여니 그 빛이 방안을 비추니 세 가지 금속을 섞어 제련한 동경과 다르며[103]
>
> 배면 문양에는 진기한 보물을 아로새기니 서왕모와 동왕공도 놀래는구나.
>
> 주변에는 '식전길정'(植田吉正) 글자를 제하고 중앙에 두 전서 글자는 둥글고 풍만하다.
>
> 자세히 보아도 제자는 꽤 성글고 마르니 이 전서의 기세는 잘못되고 공교롭지 않구나.[104]

이 동경의 가장자리에 식전길정(植田吉正)이라는 제자(題字)가 있고 중앙에 전서로 쓴 두 글자가 있다고 했다. 이 동경은 풍운붕의 『금석색』(金石索), 「금색」(金索)의 '일본경' 5의 제목 아래 있는 경과 매우 유사해 보인다. 가장자리에 '식전산성수길정'(植田山城守吉正)이라는 7글자의 관지가 있는데 관직자의 지명과 인명이며, 거울 중앙에는 전서로 '복수'(福壽)라는 글자가 있다고 하였다. 그리고 거울 그림으로 거북, 학, 알 수 없는 보물들이 있다고 했다.[105] 옹방강의 시와 비교해보면 옹방강의 시에서

'식전길정'(植田吉正)은 시의 운율을 위해 '식전산성수길정'을 줄인 것이라고 짐작된다. 그 외 제자, 진기한 보물, 중앙의 전서에 대한 묘사는 풍운붕의『금석색/금색』의 '일본경' 5와 일치한다. 후지츠카 치카시는 위의 두 번째 동경이 풍운붕의『금석색/금색』의 '일본경' 5와 일치한다고 추정했는데,[106] 관련하여 제시한 근거가 매우 미약하기는 하지만 그 추측대로라면 김정희가 청의 문인들에게 선사한 두 번째, 세 번째 동경은 서로 같은 것일 가능성도 있다.

『금석색』은 풍운붕이 섭지선뿐 아니라 조선의 학자 김정희 그리고 간접적이지만 그 이전 일본을 왕래했던 조선 통신사단의 여러 문인들의 활동을 통해 완성되었고, 다시 청의 학자뿐 아니라 조선의 학자들에 의해 학문적으로 재생산되고 널리 공유되었다. 그 대표적인 사례가 앞 절에서 살펴본 바 김정희의 다음 세대 조선의 문인 이유원(李裕元)의 금석학 연구이다.

금석문은 주지하다시피 그 역사 사료로서의 가치 외에 문자학, 그리고 서예사적으로도 중요한 의미를 지닌다. 금석학은 송대 구양수의『집고록발미』(集古錄跋尾)로부터 학문적 규모를 띠기 시작했는데 청대 고증학이 대두되면서 급격히 성장하였다. 국내에서도 잘 알려진 옹방강과 완원(阮元) 외 섭지선, 풍운붕, 왕창(王昶) 등이 그 대표적 학자로 꼽힌다. 이들은 중국 각지의 금석 자료를 수집하고 그 학문적 의의를 다각도로 제시하는가 하면, 해외에 눈을 돌려 조선의 금석 자료 역시 힘써 수집하였다. 해외의 금석 자료에 관심을 두는 것은 단순히 외국 문화 정보 수집이라는 차원 외에 중화문화권의 자료 수집 그리고 중국 내 자료 연구의 보완이라는 의미도 갖는다. 청과 조선의 문인들은 19세기 들어 자국의 금석 자료들을 상호 교환했다. 조선 문인들이 연행할 때 금석 자료는 필수적인 선물 품목으로 간주될 정도였으며 한국의 금석문에 대한 여러 저술이 잇달아 간행되었다. 조선의 문인들 역시 김정희를 필두로 중국 금석학에 대한 최신의 정보를 대량 입수했다. 완원의 '남첩북비론'을 비롯해 옹방강의 제 금석학 저술들, 그리고 본서에서 언급한 『금석색』 등을 입수한 조선 문인들의 기록은 다수 남아 있다.

그런데 일본의 금석 자료는 조선과 청에 유통되기가 쉽지 않았다. 일본과 청의 외교문제에 더해 조선이 일본 문화를 얕보는 경향도 한몫을 했다. 청의 학자들은 상선을 통해 일본에 존재하는 옛 중국 문헌들을 대거 수입하고 또 일본 학자들 역시 상인들을 통해 청대 저술들을 대량 수입했지만, 금석 자료의 경우는 옹수곤이 김정희에게 언급한데서 짐작할 수 있듯이 해외로 건너가기가 쉽지 않았던 것으로 보인다. 그래서 옹수곤도 일본 금석 자료를 일본에서 출판된 금석학 서적이 아니라 묵보에 수록된 묵 문양으로서 접했다고 짐작된다. 결국 금석 자료는 문인 개인에 의해 유통되었고, 경학 자료의 경우와 달리 청과 에도막부 양쪽에 외교사절을 주고받던 조선의 문인들이 전달자 역할을 하게 되었다. 18세기 통신사들이 일본으로부터 입수한 지 근 70년 동안 조선에 잠자고 있던 이들 자료들은 청의 문인들의 요청에 의해 청으로 전달되었다.

일본의 자료 중 〈다호비〉 등 4종의 석문 모본, 그리고 일본 동경 자료들은 청대 조선 금석학 저술의 부록이나 중국 금석학 자료의 일부로 단편적으로나마 수록되기 시작했다. 일본 석문 자료들은 당시 아직 독립적인 저술로 정리되지 않았지만 그 연구의 시작점을 만들었다는 의미를 갖는다. 아울러 수·당대 제작된 〈역산비〉 모본은 일본에 오랫동안 머물러 있다가 중국에 전해졌는데 중국에서조차 희귀했던 진(秦)대 석각물에 대한 최고(最古)의 기준자료로서 그 연구에 중요한 실마리를 주었다. 일본에서 건너온 〈역산비〉 모본은 중국에 있던 가장 오래된 송대 모본의 기원이 당 이전에 있다는 점을 확인시켜 주고, 당을 전후로 한 문자의 변화에 관해서도 중요한 증거 자료가 되어 주었다. 뿐만 아니라 일본의 〈역산비〉 모본은 서체의 측면에서도 송대 모본들보다 전서적인 특징을 더 잘 보존하는 귀중본이었다. 19세기 전반 동아시아 학계에서는 한·중·일의 학자들이 금석학 자료를 힘써 주고받으면서 서로의 학문적 성숙과 확장을 도왔다. 금석학 연구는 자체의 역사적 서예사적 학문적 가치 외에 중화문화권의 학자들이 민족 간 수직적 질서 혹은 중심과 변방의 질서를 근간으로 하는 중화주의의 전통을 변모시킨 계기라는 중요한 역사적 가치를 지닌다고 하겠다.

4장

이상적과 조청 문화 교류의 확대

1. 상주파常州派 · 동성파桐城派와 〈세한도〉
2. 청대 하층 신사 집단의 조청 문화 교류
3. 조청 지식인 교류사에서의 의의

19세기 조선의 역관이었던 이상적(李尙迪, 1804~1865)은 청대 문인들과 전대미문의 폭넓은 교류를 했다는 점과 관련해 최근 10년 동안 각별한 주목을 받아왔다. 이는 이상적에 대한 기존의 시각, 즉 역시 청대 문인들과 교류했던 추사(秋史) 김정희(金正喜, 1786~1850)의 문인이라는 관점을 넘는 것을 의미한다. 예컨대 〈세한도〉(歲寒圖)라고 하면 가장 먼저 연상되는 이가 김정희이지만, 〈세한도〉에 제영(題詠)을 남긴 대부분의 중국 문인들은 김정희와 친분이 없었으며 오히려 이상적과는 이미 10년 가까이 친분을 나눈 인물들이라는 측면을 주목하는 것이다. 그 제영자(題詠者)들에게 이상적은 문예관을 공유하고 또한 불우한 처지에서 오는 고통을 나누는 지기(知己)였으며, 김정희가 그랬듯이 소식(蘇軾)에 비유되는 인물이었다. 조무견(曹楙堅, ?~?)에 의하면 오준(吳儁, ?~?)이 그린 그림에서 도롱과 나막신을 신고 있는 외국의 소식 상(像)이 바로 이상적이라는 것이다.[1] (도판 48)

〈도판 48〉 이용림, 〈이상적 초상〉, 『은송당집』(恩誦堂集) 중. 청의 화가 오준(吳儁)이 그려준 이상적의 초상을 그 아들인 이용림(李用霖, 1835~?)이 모사했다. 오준은 〈춘명육객도〉(1837), 〈세한도〉를 감상한 모임을 그린 〈해객준금이도〉(1845)도 그렸다.

다른 한편 김정희와 이상적은 청대 문인들에 의해 각각 정현이나 동중서 같은 경학자 그리고 이상은이나 이백 같은 시인과 같다고 이해되었다. 김정희와 이상적에 대한 서로 다른 형상화라는 이 단서로부터 이상적의 청대 문인들과의 교유에 대한 3가지 새로운 연구 방향을 설정해 본다.

최근 10년간 국내외에 여러 연구자들은 이상적과 청대 문인들의 교유를 주목하여 청대 문인들의 성격과 교유 내용을 분석하고 그 의미를 규명하기 시작했다. 정후수는 〈세한도〉 모임의 참석자들을 분석하여 주선자 장요손이 양호(陽湖) 출신이며 나머지 인물들은 다수가 양호파(陽湖派)라고 제시하면서 이상적이 교유한 문인에 대한 연구의 포문을 열었다.[2] 김현권은 이상적이 교유한 62명의 문인들을 절서, 산동 곡부, 산서 태곡, 절서지역 등 출생지에 따라 나누기도 했다.[3] 그러나 그 문인들이 서로 출신지가 다름에도 불구하고 〈세한도〉를 위해 함께 모인 이유를 포함해 이들의 여러 문화 활동을 설명하자면, 출생지별 분류 외 또 다른 설명이 요구된다. 이춘희는 출신과 활동 내용의 상관관계를 살피면서 각각 2005년과 2009년의 글에서 그 교유 인물들이 각각 동성파(桐城派) 그리고 상주(常州) 지역 문인이라는 점에 초점을 두고 이상적과 이들의 문학 교류를 탐색했고 2017년 논문에서는 이상적과 반씨 가문의 교유를 살펴보았다.[4] 온조해(溫兆海)는 이상적이 상주파(常州派), 오중사파(吳中詞派), 동성파, 송시파(宋詩派)와 사귀었다고 제시했다.[5] 그런데 이들 집단은 서로 어떤 관련이 있기에 이상적과 함께 만났을까. 후술하는 것처럼 양 문인집단은 몇몇 구성원들이 겹치고 또 스스로 유파의식이 뚜렷하지 않은 경우도 많다. 이와 관련해 이춘희가 상주 문인들과 동성파를 이상적이 노년기와 장년기에 각각 사귀었다고 했지만 사실 이상적이 장년기에 두 그룹의 문인들과 모두 사귀었다는 점도 눈여겨볼 필요가 있다. 이러한 논의들을 정리하자면, 우선 다양한 유파·지역 출신의 중국 문인들의 상호 관계부터 검토해볼 필요가 있다. 이 글은 먼저 1절에서 상주 문인, 동성파, 고사수계(顧祠修禊)의 상호 관계와 이들 집단과 이상적과의 관계를 차례로 재탐색할 것이다.

둘째 청의 문인들과 이상적이 깊이 교유할 수 있었던 이유에 대해서도 다시 탐색할 필요가 있다. 이상적은 중국을 12번 방문했고 중국의 공경대부부터 산림 시인까지 그 교유의 범위는 상당히 넓다.[6] 게다가 현재 알려진바 교유 인물의 숫자 역시 100여 명을 상회한다. 도대체 그 많은 청대 문인들이 왜 이상적과 교유했을까 하는 질문은 필자가 이상적을 연구하게 된 계기이며 이 글 2절은 그 해답을 모색하는데 주력했다. 기존 연구들은 이를 불우한 문사들 간의 상호 위로라고 설명했다. 그러나 동병상련이라면 오히려 중국 문인들 간에 훨씬 효과적이지 구태여 그 많은 청의 문인들이 이상적과 같은 외국의 문인과 그토록 적극적으로 오래 나눌 이유가 있었을까. 필자는 청대 문인들이 이상적과 적극적으로 교류했던 원동력으로서 청대 학인들의 문화적 정치적 상황을 제시할 것이다.

아울러 이들의 교유 내용은 조·중(朝中) 간 문화 교류의 역사에서 이전과 다른 질적이고 양적인 변화를 보인다. 이를 19세기의 특수성으로 조명해 볼 필요가 있다. 3절에서는 동아시아 지식인 교류 양상의 전환, 중화주의의 변동으로서 그 의미를 재조명한다.

1. 상주파常州派·동성파桐城派와 〈세한도〉

18세기까지 조·중 문인 간 교유가 우연적이고 선택적이지 않았다면, 19세기 김정희의 교유는 교유 인물의 선정, 교유의 목적과 실천의 방향성이 뚜렷했다. 그리고 한 세대 후 이상적은 김정희의 문하라고 하지만 김정희와는 교유 내용과 교유 문인들의 사회적 문화적 특징이 또 다르다.

우선 양 교유 문인 집단의 사회적 문화적 지위부터 살펴보자. 이상적의 오랜 지기였던 〈세한도〉 찬영자들은 김정희가 교류한 인물과 학맥, 인맥이 연결되지만 이들보다 한두 세대 아래이며 전반적으로 사회적 지위와 학문적 문학적 성향이 다르다. 후지츠카 치카시에 따르면 김정희가 직접 대면하거나 편지를 주고받으면서 교유한 문인은 총 18명인데[7] 그 문화 정치적 특징을 다음의 표와 같이 정리해 본다.

〈표 7〉 김정희가 직접 교유했던 청대 문인들의 사회적 문화적 지위[8)]

인물명	주요 관력[9)]	문화적 특징	비고
옹방강(翁方綱, 1733~1818)	제 지역의 학정(學政), 내각학사(內閣學士), 좌홍려사경(左鴻臚寺卿) 등(이상 모두 정3품), 이품(二品)에 제수.	당대 최고의 금석학자이자 청대 전기의 대표적 서예가이자 기리설을 주장한 시론가.	
진용광(陳用光, 1768~1835)	관료로서 명성이 높았음. 복건 제독(提督:종1품), 절강성 학정(學政:정3품).	동성고문파의 대표적인 문인.	옹방강 문하.
유희해(劉喜海, 1793~1852)	서순무(署巡撫), 절강포정사(浙江布政使:종2품).	저명한 금석학자이자 고천학자. 『해동금석원』 편찬.	옹방강 문하.
오숭량(吳嵩梁, 1766~1834)	귀주(貴州)성 검서지주(黔西知州:종4품). 검서(黔西)와 동산(東山)의 개원사(開元寺)에 양명서원(陽明書院) 건립. 흥로(興魯), 백록동(白鹿洞), 아호(鵝湖) 서원의 주강(主講) 담당.	가경년간 대표적인 시인.	옹방강 문하.
섭지선(葉志詵, 1779~1863)	병부무선사랑중(兵部武選司郎中:정5품) 등.	저명한 금석학자.	옹방강 문하.
장심(張深, ?~?)	광동신녕지현(廣東新寧知縣:정6품).	특이 사항 없음.	옹방강 문하.
오자(吳鼒, 1755~1821)	시강학사(侍講學士:정4품).	병려문과 서화로 저명.	옹방강 문하.
조강(曹江, ?~?)	섬서도어사(剡西道御史:종5품). 사후 부도어사(副都御史)에 추증됨.	특이 사항 없음.	미상.
주학년(朱鶴年, 1764~1844)	관력 없음.	직업 화가.	옹방강 문하.
이정원(李鼎元, 1750~1805)	종인부주사(宗人府主事:정6품).	특이 사항 없음.	미상.
주달(周達, ?~?)	미상.	미상.	미상.
이임송(李林松, 1770~1827)	호부주사(戶部主事:정6품).	미상.	미상.

인물명	주요 관력	문화적 특징	비고
완원(阮元, 1764~1849)	양광총독(兩廣總督河南, 升湖), 운귀총독(雲貴總督:종1품), 산동학정 등.	청대 가경년간 대표적 학자이자 금석학자. 교육 행정가. 절강 항주의 고경정사(詁經精舍), 월(粵)지방의 학해당(學海堂)을 건립하여 문인들을 후원.	
주위필(朱爲弼, 1770~1840)	조운총독(漕運總督:종1품) 등.	금석학자이자 경학자.	완원 문하.
이장욱(李璋煜, 1784~1857)	광동포정사(廣東布政使)와 강소상주부지부겸서양주부(江蘇常州府知府兼署揚州府:종2품).	금석학자이자 훈고학자.	완원과 교분.
왕희손(汪喜孫, 1786~1847)	하남회경부지부(河南懷慶府知府:종4품) 등.	장서가이자 음운학자.	완원 문하.
서유임(徐有壬, 1800~1860)	광동염운사(廣東鹽運使), 서안찰사(署按察使), 운남포정사(雲南布政使:종2품).	청대 전기 8대 산학가.	
등전밀(鄧傳密, 1795~1870)	증국번(曾國藩)의 막우.	청대 대표적인 서예가.	이조락(李兆洛)의 제자.

위 인물들의 사회적 문화적 지위를 분석해 보자. 위의 인물들은 김정희보다 한두 세대 위이거나 동년배들이다. 김정희가 연행했던 1809년 당시 고위 관직을 과거에 역임했거나 당시 재직 중인 이는 옹방강과 완원 정도이지만 이후 김정희와 교류하는 동안 1/3을 넘는 7명 즉 완원, 옹방강, 진용광, 유희해, 이장욱, 주위필, 서유임 등이 3품 이상의 상급 관직에 올랐다. 주학년과 같이 관력이 없는 경우도 있으나 총 18명 중 16명이 관료들이다. 이들은 서로 다른 사회적 지위, 명성의 차이에도 불구하고 긴밀한 교분을 지녔는데 그 인맥은 옹방강과 완원을 중심으로 한다. 옹방강의 문하로는 진용광, 유희해, 오숭량, 섭지선, 장심, 오자, 주학년을 꼽

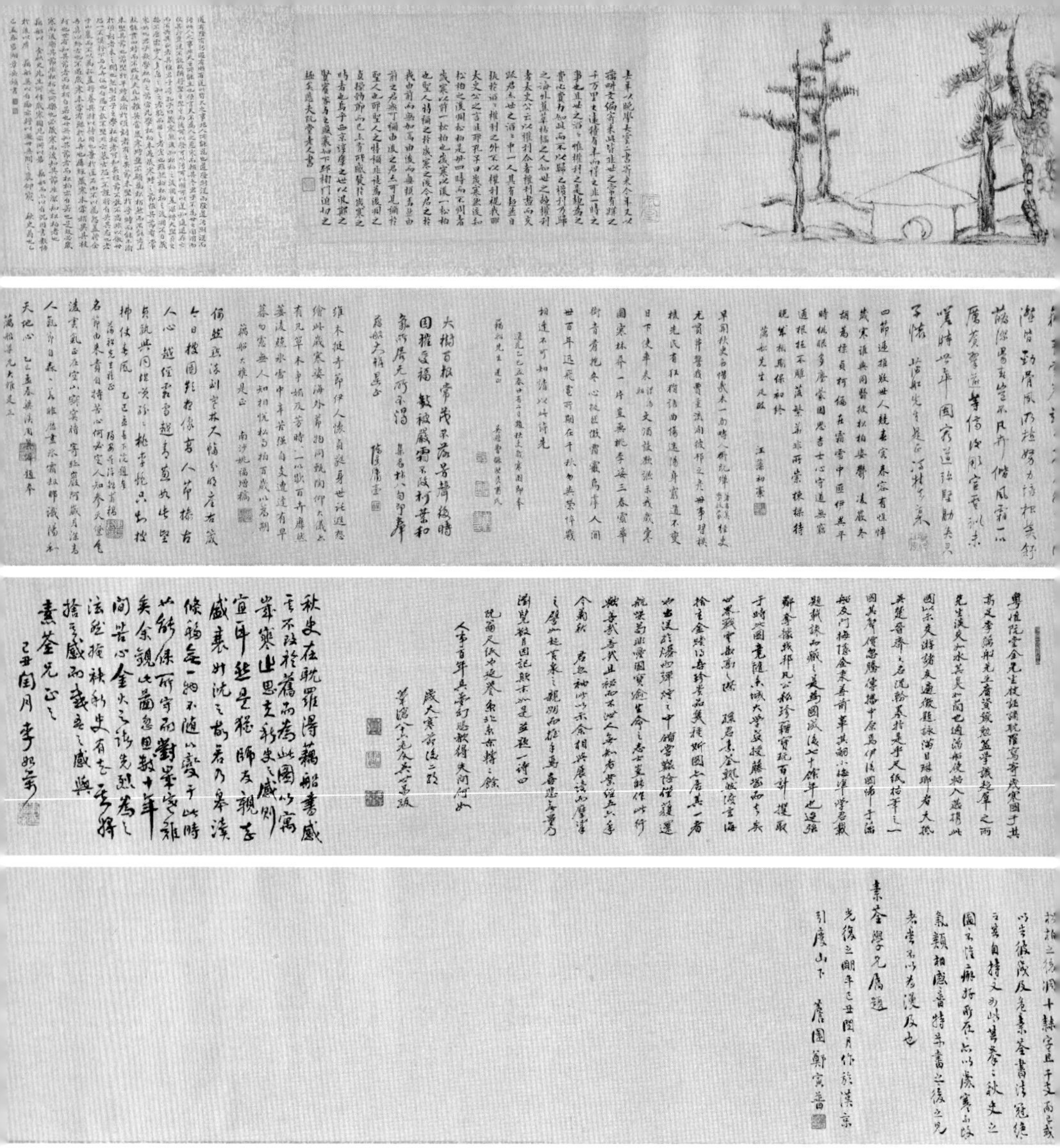

〈**도판 49**〉 김정희 외, 〈세한도〉, 23.7×1388.95cm(그림 포함), 국립중앙박물관 소장(손세기 · 손창근 컬렉션), 국보 제180호.

을 수 있고, 완원의 문하로는 주위필, 이장욱, 왕희손을 꼽을 수 있다.

또한 이들은 활동 영역상 대부분 경학과 금석학을 통해 서로 연결되어 있기도 하다. 물론 이 두 사람은 기본적으로 청대 경학에서 의리를 부활

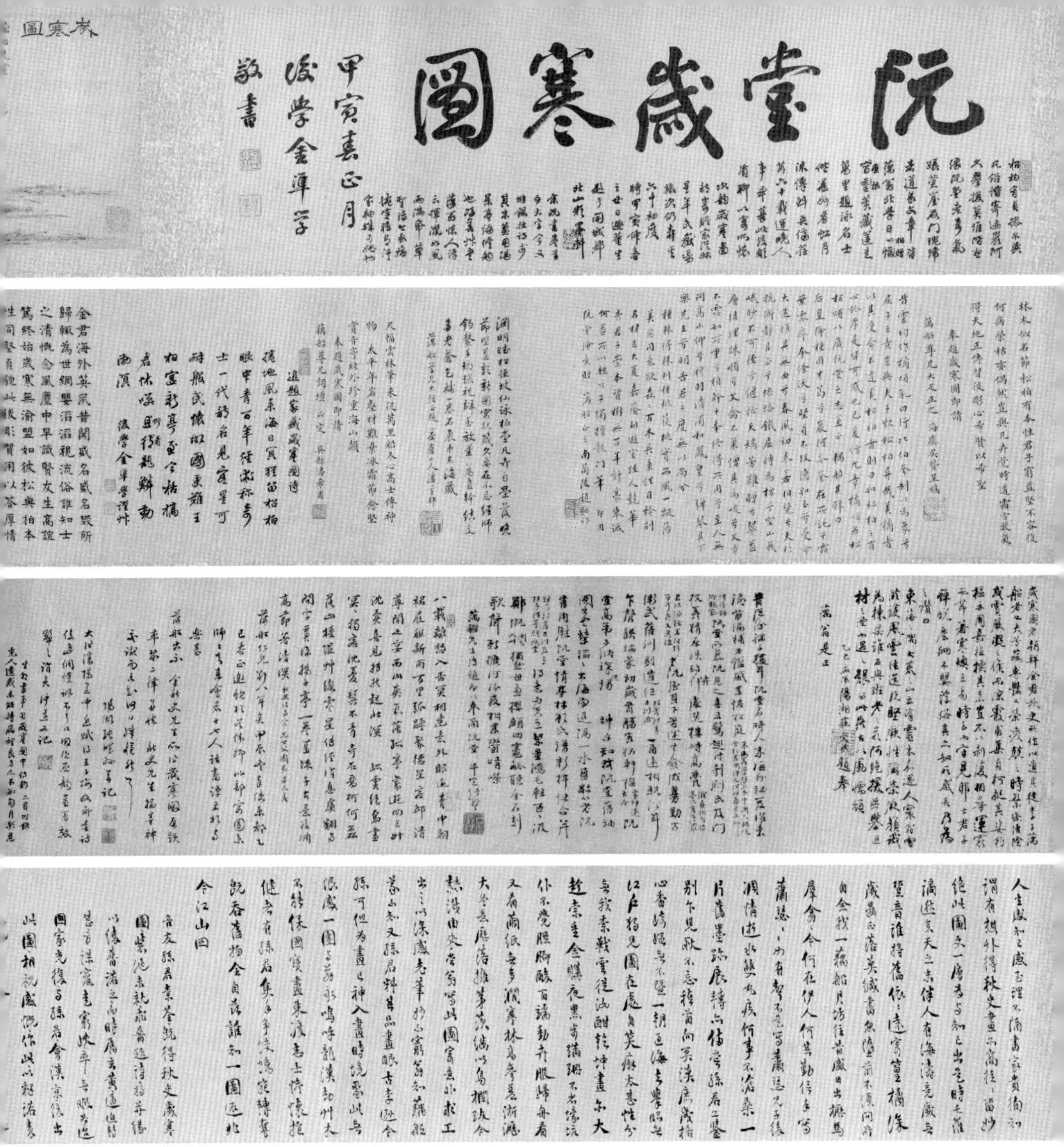

시키려는 한송절충론으로 분류될 수 있지만 한학과 의리에 대한 입장이 달랐다는 것은 1장에서 살펴본 대로이며,[10] 따라서 학맥은 나뉘는 부분도 있다. 유희해는 유통훈(劉統勳, 1698~1773) 이래 옹방강과 오랜 교분을 나

〈도판 50〉 김정희, 〈세한도〉 그림 부분, 지본수묵, 23×61.2cm, 1844, 국립중앙박물관 소장, 국보 제180호.

눈 집안 출신으로서 옹방강으로부터 금석학을 배웠고,[11] 왕희손은 1장에서 살펴본 대로 완원 등 양주학파의 학자들에게서 경학을 배웠다. 주위필은 고경정사에 초빙되어 완원의 『경적찬고』(經籍纂詁), 『적고재종정이기관지』(積古齋鍾鼎彝器款識)의 출판을 도왔고 섭지선과도 교분이 있었다. 이장욱 역시 1장에서 이야기한 대로 섭지선, 완원의 아들인 완상생(阮常生), 왕희손, 그리고 섭지선과 함께 가장 많은 금석 자료를 보유했다고 알려진 유희해 등과 친분이 깊었고, 이들을 김정희에게 소개해주었다. 주달은 진용광을 김정희의 동생인 김명희에게 소개해주었다.[12] 총 18명 중 옹방강, 완원, 유희해, 섭지선, 이장욱, 왕희손, 주위필 6명이 저명한 금석학자였고, 옹방강, 완원, 유희해, 섭지선, 왕희손, 서유임, 주위필, 오자 등 8명이 저명한 경학자였다. 중복된 5명을 빼면 18명 중 9명 즉 절반이 당대 최고의 경학자이거나 금석학자에 속한다. 이들은 김정희에게 경학 외에 청대 문단을 소개시켜주기도 했다. 동성파의 주요 인물인 진용광은 김정희에게 동성파의 주요 전파자였던 요내(姚鼐)의 『고문사유찬』(古文辭類纂)과 척독 등을 보내주었다.[13]

이들은 자신들의 관심사에 따라 김정희를 주로 경학, 금석학, 고증학에 뛰어난 학자로 대하면서 그를 경학자였던 정현(鄭玄), 동중서(董仲舒)에 비유하기도 했다.[14] 반면 이상적이 교유한 청대 문인들은 이상적을 시인 이상은(李商隱, 813?~858?) 혹은 적선(謫仙), 즉 이백(李白)에 비유했다. 그들이 이상적을 이상은과 이백에 비유한 것은 어떤 의미를 지니며 그들은 어떤 인물들인가.

이상적이 교유한 청대 인사는 100명 안팎인데, 우선 〈세한도〉 제영자들을 중심으로 그 주요 인물을 꼽아본다. 이상적은 1845년 음력 1월 13일 오찬의 초대로 그의 유객납량지관(留客納涼之館)에서 열린 모임에 초대받아 참석자들에게 〈세한도〉를 보여주었다.[15](도판 49, 50)

그 날 참석자 중 황질림(黃秩林, 1814~1860)과 오준(吳儁, ?~?)을 제외한 15명 그리고 그 날 참석하지 않은 오순소까지 총 16인이 〈세한도〉에 제찬을 남겼다.[16] 이들 중 반증위와 장요손 2명은 김정희와 편지를 주고받았으며, 이들 외에도 몇몇은 이전부터 김정희의 명성을 알고 있었다. 장목은 서유임으로부터 김정희가 산학에 밝다는 이야기를 들었고, 조무견도 이미 김정희에 대해 알고 있었다고 제찬에서 밝혔다.[17] 실제로 더 많은 제찬자들이 이미 김정희에 대해 알고 있었을 가능성도 있다. 그런데 김정희가 교유한 이들은 김정희보다 연배가 위이거나 동년배인 데 비해 〈세한도〉의 찬자들은 오찬, 진경용, 조무견을 제외한 대부분이 김정희보다 한 세대 후의 인물들이다. 이들은 제찬 당시 대부분 30대~40대였던 한족 문인으로서 아직 관료로서 현달하지 못했다. 〈표 8〉은 〈세한도〉 제찬자들의 제찬할 당시와 그 이후 최고의 관력을 정리한 표이다. 이 모임으로부터 11년 후인 1857년에 이상적에 의해 작성된 이들의 관품을 보아도 조무견, 장수기를 제외하면 모두 4품 이하이며 대부분이 6품~7품의 중급 관직에 머물렀다. 또 청대 후기 학술, 문예사에서 주목할 만한 명성을 얻은 이도 없다.

〈표 8〉〈세한도〉 찬영자의 관력

인물명과 생졸년	관력[18] (1845년 관직/이후)	인물명과 생졸년	관력(1845년 관직/이후)
오찬 (吳贊, 1785~1849)	비부(比部:종5품)[19]/동일	왕조 (汪藻, 1814~1861)	공부(工部) 후보낭중(候補郎中)/후선도(候選道)[20]
장요손 (張曜孫, 1808~1863)	현령(縣令)[21]/기량도원(督糧道員, 정4품), 증국번의 막우 등	장목 (張穆, 1805~1849)	명경(明經)[22]/없음
반준기 (潘遵祁, 1808~1892)	진사(進士)/한림(翰林)태사(太史)	주익지 (周翼墀, ?~?)	효렴(孝廉)[23]/미상
반희보 (潘希甫, 1811~1858)	무/동일	진경용 (陳慶鏞, 1795~1858)	시어(侍御:정6품)[24]/급간(給諫), 감찰어사(監察御使:종5품) 등
반증위 (潘曾瑋, 1818~1885)	무/관찰(觀察)	조무견 (曹楙堅, 1786~1853)	시어(侍御)/ 호북(湖北) 안찰사(按察使:정3품) 등
조진조 (趙振祚, 805~1860)	궁찬(宮贊)/찬선(贊善) 등	장악진 (章岳鎭, ?~?)	상사(上舍[25])/기록 무
풍계분 (馮桂芬, 1809~1874)	편수(編修:정7품)/첨사부우춘방우중윤(詹事府右春坊右中允) 등	오순소 (吳淳韶, ?~?)	기록 무/미상
장수기 (莊受祺, 1810~1866)	편수(編修)/관찰(觀察)/복건안찰사(福建按察使), 절강포정사(浙江布政使:종2품) 등	요복증 (姚福增, 1805~1855)	이부(吏部)관원/사원외랑(司員外郎) 등

이들은 청대 문화사에서 볼 때 상주학파, 상주사파(常州詞派), 상주시파(常州詩派), 상주고문파(常州古文派) 혹은 양호고문파(陽湖古文派)로 분류되거나 동성고문파(桐城古文派)로 분류된다. 이들에게 여러 유파의 이름이 중첩되는 것은 상주지역의 지역적 특성에 기인한다. 애초 상주지역에 기반을 둔 사, 시, 고문, 학문 집단의 구성원은 상당히 중복된다. 즉 거의 동일한 인물들이 여러 방면에서 활동했기 때문인데, 이는 상주의 강한 '가학'(家學) 전통과 관련 있다. 상주의 문인들은 명말 동림당(東林堂), 복사(復社) 운동에 깊이 가담했고, 그중 장(莊)씨 집안은 유(劉)씨, 장(蔣)씨, 손(孫)씨 등의 집안과 혼인관계를 통해 연결되면서 학파를 형성해 갔다.

상주지역의 문화는 집안 간 혼인관계를 통해 지역성을 강하게 띠고 또한 명말 이래 반정부적인 정치 성향을 공유한 것이다.[26] 상주지역의 대표적 시인들인 비릉칠자(毗陵七子)에 속하는 여성원(呂星垣, 1753~1821)은 동림당의 동림팔군자(東林八君子)로 불리었던 전일본(錢一本, 1546~1617)의 고손인 전제세(錢濟世, ?~?)의 외조카이며, 손성연(孫星衍, 1753~1818) 역시 동림당의 일원이었던 손신행(孫愼行, 1565~1636)의 후손이기도 하다. 18세기 후반 상주에서 공양학의 기풍을 열었던 이는 장존여(莊存與, 1719~1788)이다. 공양학을 부활시킨 상주학파는 그 정치적 경향에서 짐작할 수 있듯이 청조의 후원 아래 당시 강남을 지배했던 고증학을 견제하고 정주학의 경세 이념을 옹호하는 경향을 지녔다. 상주학파는 이렇게 장씨 가학으로 출발하여 장존여의 외손인 유봉록(劉逢祿, 1776~1829)에 이르러 전한(前漢) 금문(今文)경학의 고증학적 방법론을 채택하면서 학파의 모습을 갖추게 된다. 이 학파의 대표적인 인물은 장존여와 유봉록 외에 손성연, 홍양길(洪亮吉, 1746~1809), 장혜언(張惠言, 1761~1802), 조익(趙翼, 1727~1814), 이조락(李兆洛, 1769~1841), 운경(惲敬, 1757~1817)이 꼽힌다.

양계초에 의하면 상주학파의 두 문화적 뿌리는 경학과 문학이며 두 분야는 후에 점차 합쳐져 하나가 되었다고 할 정도로 그들의 문장학은 유가 이념을 충실하게 유지했다.[27] 이러한 문학적 특징은 양 분야의 인적 구성에서 잘 드러난다. 장혜언과 그 동생인 장기(張琦, 1764~1833)는 후술하듯이 『사선』(詞選)을 편찬하여 상주사파의 기초를 닦았다. 〈세한도〉에 찬한 장요손이 장기의 아들이다. 〈세한도〉의 다른 제영자들도 마찬가지이다. 오찬은 장기의 제자이자 장요손의 큰 매부이며, 장수기는 상주학파의 창시자인 장존여의 족질이고, 조진조는 유봉록의 생질이다. 이렇게 〈세한도〉의 찬영자 중 몇몇은 분명 상주사파 그리고 상주학파와 밀접한 관계에 있다고 할 수 있다. 그리고 아래에서 보듯이 상주 지역의 사파, 문파, 시파로서의 특징을 살펴보면 이상적의 문학 세계와의 공통점을 확인할 수 있다.

장혜언, 장기, 장요손, 이조락, 운경은 상주사파의 주요 인물로 꼽힌다. 이들은 이전 건륭년간 최대 사파였던 절사파(浙詞派)의 작품들이 점차 기교만 추구하고 내용이 빈약하고 섬약한 유미적 폐단을 드러내자 이를 비판하면서 사의 부흥을 주장했다.[28] 장혜언 등은 유가의 시학(詩學) 정신, 즉 『시경』(詩經), 「국풍」(國風)의 비흥(比興)을 사(詞)에 구현할 것을 강조하면서, 내용상 어려운 환경에서 지조를 지키고자 하는 문인들의 애국심, 장기(壯氣)와 비애의 정을 표현하고자 했다. 이들이 모범으로 삼은 사가는 당대(唐代) 온정균(溫庭筠)과 위응물(韋應物) 등이다.[29]

상주사파의 주요 구성원은 당시 양호파로 불렸던 상주의 고문가(古文家)들의 모임을 구성하기도 했다. 상주고문파는 백가(百家)를 대상으로 하는 광범한 절충론적 입장에서 동성문파의 입장을 보다 탄력있게 확대시켰다는 특징을 지닌다. 그래서인 듯 김정희는 운경의 문론이 방포, 유대괴, 요내 등 동성고문파의 정주학을 중심으로 한 한송절충론에는 미치지 못한다고 평가했다. 운경의 의론이 종횡무진하고 기백이 크다는 말은 제자서를 포함한 운경의 광범한 절충론이 동성고문파가 주장하는 유가의 단아하고 평담한 문장쓰기를 이탈한 부분을 지적한다.[30] 요컨대 김정희는 동성파가 정통이고 양호고문파가 그 방계로 간주한 것이다.

반면 이상적은 상주 문인들과 적극 교류하면서 시(詩)와 사(詞) 양 방면으로 문학관을 공유했다. 이상적은 상주 문인들의 사(詞)를 모은 『동성집』(同聲集) 간행에 참여하여 제(題)와 서시(序詩)를 지어주었다. 장요손은 서(序)를 썼고, 수록된 작품의 작가로는 오정진(吳廷鉁), 왕희(王曦), 반증위, 왕사진(汪士進), 왕헌성(王憲成), 노승령(魯承齡), 유요춘(劉耀椿, 1784~1858), 공자진(龔自珍, 1792~1841), 장사언(莊士彦), 서자릉(徐子陵) 등이 있다.[31] 반증위는 1848년 비원박사(備員博士)로 있을 당시 『동성집』 1본을 이상적에게 부쳤고 1854년 혹은 그 후에 다시 『동성집』 4책을 보내 주었다.[32] 〈세한도〉에는 등장하지 않으나 이상적의 지기였던 왕홍(王鴻, 1807~1876)도 상주파에 속하는데, 그는 1845년에 이상적에게 『동성집』을 보내면서, 이상적과 기타 조선 명가들의 사를 보내주면 연경에서 인쇄하겠다고 할 정도로 조·중 간 사(詞) 교류에 적극적이었다.[33] 이상적은 상주파의 인물들과 교류하면서 문학 작품, 이념을 공유했고 상주파 만기의 『사변』(詞辨)을 조선에 소개하기도 했다.[34] 이상적이 단순히 중국의 문학 경향을 수입하는데서 나아가 공동문집에 제문을 쓸 정도로 중국 문학 유파의 일원으로서 적극 참여했다는 점이 주목된다. 그는 이들과 시관(詩觀)도 공유했다.

이제 이상적과 상주 시단의 교류를 살펴보자. 상주 지역 대표적인 시인은 비릉칠자로 대표된다. 비릉은 상주의 옛 지명이며 비릉칠자는 조익(趙翼, 1727~1814)의 영향을 받은 황경인(黃景仁, 1749~1783), 홍양길(洪亮吉), 손성연, 조회옥(趙懷玉, 1747~1823), 양륜(楊倫, 1747~1803), 여성원(呂星垣, 1753~1821), 서서수(徐書受)를 말한다.[35] 이들은 사(詞)가 시의 비흥(比興), 유가적 이념, 굴강(屈强)의 의지를 계승해야 한다고 했던 만큼 역시 시에서도 동일한 의식을 드러냈다. 조회옥은 「휘부명」(諱父名)에서 직접 동림당 영수인 고헌성(顧憲成), 고윤성(顧允成) 형제를 읊으면서, 애국심과 명대 유민의식을 노래했다.[36] 상주 시풍에 내재한 유가적 이념과 비분강개의 기운은, 청대에 한족에 대한 만주족의 정치적 탄압에 대항하면서 지속되었다. 이들은 역시 신분적 제약으로 말미암아 자신의 뜻을 마음껏 펼칠 수 없었던 이상적과 불우한 문사의 심정을 공유하게 된다. 이상적은 만당풍 혹은 만명풍을 선호한 당숙 이정주(李廷柱, ?~?)에게서 시를 배웠고, 신위(申緯, 1769~1845)에 의하면 이상적의 초기 시는 옥대체(玉臺體), 서곤체(西崑體)와 유사하다. 이렇게 섬세하고 슬픔이 젖은 시풍에 대해 상주사파의 시인들은 진광객(眞狂客), 적선(謫仙)이라고 부르면서 호응했다.[37]

그렇다면 이상적이 교유한 인물들 중 상주학파, 상주고문파, 상주사파와 관련된 이들과 나머지 인물들은 어떤 공통 관심사 혹은 활동을 통해 서로 어울리게 된 것일까. 이들은 상주 문인의 학문관, 문장관에서 크게 멀지 않은 동성파(桐城派)로 분류해 볼 수 있다. 동성파는 방포(方苞, 1668~1749)를 필두로 이후 유대괴(劉大櫆, 1698~1779), 요내(姚鼐, 1731~1815)에 이르러 독자적 문파로 자리 잡았고, 강희년간 이후 그 문인이 640여 명에 이르는 청대 최대 문파로 발전해 나가 청말 증국번(曾國藩, 1811~1872)에게까지 계승된다. 동성파가 청대 중엽 이후 그렇게 세를 확장할 수 있었던 이유는 이들이 한송절충론을 바탕으로 정주학적 이념을 갖추었고 또한 역대 중국의 산문이론을 집대성한 포용력을 갖춘 데 있다고 지적된 바 있다.[38] 바로 이 탄력성을 단서로 하여 동성파와 상주문인들의 구성원이 겹치거나 함께 어울리는 상황을 탐색해 본다.

동성파의 시조인 방포의 문론은 정주학적 문론을 중심으로 '고문의법설'(古文義法說)을 제시했다.[39] 여기서 의(義)란 문장의 근본이 되는 내용으로서 『주역』에서 말한 '언유물'(言有物)이며, 법(法)은 문장의 형식으로서 『주역』의 '언유서'(言有序)이다.[40] 방포가 문장의 사상적 측면을 강조하여 정주학적 기초를 공고히 하였다면 이후 유대괴와 요내는 이 기초 위에서 고문의 예술적 측면을 심화시켰다. 요내는 널리 알려진 신(神)·리(理)·기(氣)·미(味)·격(格)·율(律)·성(聲)·색(色)의 '팔자결'(八字訣)을 제시하는데 여기서도 도가 문장의 내용이며 언어 형식이 도에 의해 규정되는 수식이라는 구도는 명확하다.[41] 여기에 이 문파의 일관된 정체성이 있다. 물론 고증, 의리, 문장을 학문의 세 분야로 보고 그 일치를 요구하는 것은 동성파를 비롯한 청대 한송절충론의 보편적 문론이지만, 동성파가 이 원칙에 가장 충실했다고 하겠다.[42]

〈세한도〉의 제찬자 중 몇몇은 동성파의 확산에 기여한 핵심 인물들이다. 동성파가 전국적으로 확산된 것은, 요내가 사십 세 이후 남쪽으로 내려가 양주(揚州)의 매화(梅花)서원, 안경(安慶)의 경부(敬敷)서원, 강남(江南) 흡현(歙縣)의 자양(紫陽)서원, 남경(南京)의 종산(鍾山)서원 등지에서 40여 년간 주강을 맡으면서 시작되었다. 물론 그에게서 직접 가르침을 받은 이들은 20여 명 정도가 꼽히고 이들의 출신은 다양하다. 그 중 이상적이 직접 사귀었던 매증량(梅曾亮, 1786~1856)과 오덕선(吳德旋, 1767~1840)은 동성파를 광서(廣西) 지역으로 유입했던 인물이다.[43] 특히 매증량은 요내 이래 동성파의 확산에 두 번째로 기여한 인물로 꼽힌다. 그는 요내의 적전으로서 1833년에서 1850년까지 경사에 머물면서 동성파의 의법(義法)을 황작자(黃爵滋), 공헌이(孔憲彝), 하소기(何紹基, 1799~1873), 기준조(祁寯藻, 1793~1866), 증국번, 소의진(邵懿辰), 손정신(孫鼎臣), 주기(朱琦, 1803~1861), 용계단(龙启瑞) 등에게 전파했다. 그 외에 왕증(王拯, 1815~1876), 오가빈(吳嘉賓), 동성의 직계인 섭명침(葉名琛, 1807~1859)의 아우 섭명례(葉名澧, 1811~1859) 등이 동성파로 알려져 있다.

온조해는 동성파 오현 출신으로 왕조, 반증위, 반희보, 반준기, 반증수

(潘曾綬, 1810~1883), 반조음(潘祖蔭, 1830~1890)과 조무견을 꼽았다. 요컨대 〈세한도〉의 찬문을 지은 조진조, 장목, 장수기, 오찬, 진상업, 장요손, 왕조, 반증위, 반준기, 반희보, 조무견 모두 동성파라는 것이다. 〈세한도〉에 참석한 인물 외 이상적이 〈세한도〉 모임을 전후로 사귄 동성파 문인들도 있다. 매증량, 풍지기, 여전손, 기준조, 왕헌, 오곤성, 여관손, 옹동서(翁同書, 1810~1865), 주기, 공헌이, 섭명례, 왕증 등이 그들이다. 예컨대 유성우(劉成禺, 1876~1953)의 『세재당잡억』(世載堂雜憶)에 의하면 이상적과 교유했던 섭명례는 자신의 저택인 호방교서택(虎坊橋西宅)에서 매증량을 위시한 동성문파의 모임을 자주 주최했었다.[44]

그런데 온조해는 동성파 중 상주출신을 꼽은 바 있다. 여전손(呂佺孫), 여관손(呂倌孫), 조진조, 장수기, 오찬, 진상업, 장요손이 그들이다. 이는 무엇을 의미할까. 〈세한도〉를 중심으로 보아도 제찬 인물들 중 오찬, 장수기, 장요손, 조진조는 상주파와 혈연관계를 지니면서도 동시에 일부 동성파가 결성한 '고사수계'(顧祠修禊)에 참석한 인물이라는 점이 눈에 띈다. 상주파와 동성파는 서로 우호적이었던 것일까. 실제 이들은 우호를 넘어 서로 구성원을 공유할 만큼 상호 유연한 태도를 지니고 있었다. 이러한 유파 간 유동성은 당시 중국 문단의 일반적인 경향이라고 할 수 있다. 가경·도광년간 이후 중국에 널리 유행한 집단 혹은 모임 중에는 전국적인 범위로 조직된 경우가 많았다고 하는데,[45] 이로부터 그 구성원이 유동적이고 따라서 집단, 모임들이 복잡하게 얽혀 있다는 것을 쉽게 짐작할 수 있다.

더구나 양 문파는 문장에 관해 유가적 이념 특히, 송대 성리학의 이념을 모두 존중했다. 다만 문장의 범위를 운율이 있는 문장으로 한정하는가 아니면 산문을 포함시키는가에서 엇갈렸을 뿐이다. 양호파 내에서도 운경은 선진(先秦) 법가(法家)와 송대 소순(蘇洵)의 문장을 좋아했지만, 이조락, 장혜언은 한부(漢賦)와 변려문을 선호했다. 동성파인 주기는 장혜언도 동성파에 가까우나 진용광이 더 독실했다고 표현하는데,[46] 동성파와 상주파를 가르지 않는 이 표현에서 두 유파가 스스로를 선 긋듯이 나누지 않았던 것을 짐작할 수 있다. 후대의 기록에 의하면 양호파는 사실 동성파와 대립의 각을 세우지 않았다고 한다. 당시 문인들은 애초 문파를 내세우는데 비판적인 견해를 적지 않게 남겼다. 진한(秦漢) 이래 당송(唐宋)까지 유파가 없었는데 지금 이 시대의 문장을 배우면서 양호이니 동성이니 구분하는 것이 무의미하다거나, 작가의 자질을 드러내는 문학의 본령이 유파론에 매몰되었다고 비판하는 것이다.[47]

그 문학적 탄력성은 증국번이 동성파를 전국적으로 확산시키는데 매우 유효했다. 그로부터 동성파는 본래의 성향이 상당히 바뀐 듯 '상향파'(湘鄕派)라고 불리기도 하는데, 이전 동성파에 비해 문장 풍격으로 '양강'(陽剛)을 내세우고 변려문을 수용했다는 점이 두드러진다.[48] 요컨대 동성파가 양호파에 가까워진 것이다. 두 문파가 애초 대립적이지 않았고 또 위에서 언급한 것처럼 여러 문인들이 두 입장을 모두 긍정하는 분위기에서 동성파와 상주파는 구성원이 겹치는 것이 가능했을 것이다.

그리고 이상적은 〈세한도〉에 제영한 동성파가 주도하여 결성한 '고사수계'에 참여했다. 동성파 중 일부 문인들은 1843년에 경사에서 경세사상과 송학의 부활이라는 공통 취지 아래 고사수계라는 모임을 결성하여, 북경 자인사(慈人寺)에 고정림사(顧亭林祠)를 짓고 고염무(顧炎武)를 봄, 가을 및 생일에 제사지냈다.[49] (도판 51) 시간에 따라 구성원이 바뀌면서 동치(同治) 12년(1873)까지 지속되었는데, 초기 구성원은 하소기, 장목(張穆), 공헌이(孔憲彝, 1808~1863), 주기, 풍지기(馮志沂, 1814~1867), 섭명

〈도판 51〉 고정림사(顧亭林祠), 명말청초의 학자 고염무(顧炎武)를 기리는 사당. 베이징 쉬안우구(宣武區) 보국사(報國寺) 내에 위치. 보국사는 요(遼)나라 때 창건되었고 청대 건륭제 때(1754) 중수(重修)되면서 자인사(慈仁寺)로 개명되었다. 사찰 내에는 서적 시장이 있어 왕사정(王士禎), 옹방강 등이 한족 문인들이 자주 찾던 명소이기도 하다. 고염무가 만년에 이 절의 서원(西院)에 머물렀던 인연으로 1843년 이곳에 고림정사가 세워졌다.

례, 오곤전(吳昆田), 왕증, 허종형(許宗衡), 엄진(嚴辰), 왕헌(王軒, 1823~1887), 동문환(董文渙, 1833~1877), 장수기, 조진조, 반증위를 포함한 14명이다. 1844년 처음 제사를 지낼 때 제문을 지은 장목, 그리고 반증위, 조진조, 장수기가 〈세한도〉의 제영자들이다.[50] 기준조는 동성파의 핵심 인물 중 한 명인 진용광의 사위이며, 공헌이, 주기, 그리고 섭명례의 형인 섭명침은 앞서 언급한 대로 동성파의 주요 문인으로 꼽힌다. 그 외 동성파의 대표적 인물인 위원(魏源, 1794~1857)뿐 아니라 동성파를 강소지역에서 유포시킨 허종형, 그리고 광서지역에 유포시킨 주기 역시 고사수계의 후기 일원이다. 그리고 앞서 언급했듯이 장수기, 조진조는 상주파로 분류되는 문인들이다. 초기 구성원은 아니지만 이후에 역시 상주파인 오찬, 장요손도 고사수계에 참여했다.

고사수계가 동성파의 문파적 특징만을 드러내는 것이 아니라는 점은 동성파와 양호파 양자의 관계상 특징일 뿐만 아니라 청대 문인들의 선현 제사모임의 일반적인 성격이기도 하다. 애초 도광·함풍년간 이래 당시

경사에는 많은 문인들이 고사수계 외에 여러 아집이나 수계를 결성했고, 그들은 모임을 통해 여러 과거 문인들을 선정해 제사지냈다. 옹방강이 문인들과 함께 소식의 생일에 제사드린 것이 유명하거니와, 옹방강이 소식을 제사드린 것과 유사한 시기인 1814년 결성한 선남시사(宣南詩社)라는 모임에서는 소식과 함께 구양수를 제사드렸다.[51] 그 구성원에는 옹방강의 문인인 오숭량, 진용광 외에 완원 문하의 주위필 등도 있다. 동성파에서도 매증량은 주기, 증국번, 용계단, 유초운(劉蕉雲), 손정신 등과 함께 고염무 외에 구양수, 황정견도 제사드렸다.[52] 이상적은 말년에 중국 문인들과 모임을 가졌던 사공사(謝公祠)에서 사안(謝安)을 기렸다.[53] 당시 여러 선현 제사 모임이 그랬듯이 고사수계 역시 문파나 학파에 개방적인 모임이었다고 하겠다.

그리고 고사수계를 결성한 이들은 김정희가 교분을 나눈 이들과 연결된다는 점을 주목할 필요가 있다. 장목은 직접 『고정림연보』(顧亭林年譜)를 저술하여 김정희에게 보낸 바 있는데,[54] 『고정림연보』 끝에 「고사연자성명」(顧祠捐貲姓名) 즉 고염무 사당 건축을 위해 기부한 인물들의 성명을 보면, 섭지선, 진경용, 이장욱, 반증위, 장목이 포함되어 있다.[55] 모두 김정희가 생전에 교유했던 청의 문인들이다. 섭지선은 수계의 일원인 섭명례의 아버지이다. 기부자 중 섭지선과 이장욱은 동성파로 볼 수 없지만, 진경용, 장목 외 반증위, 하소기 등이 동성파이다. 요컨대 고사수계의 두 번째 특징으로는 김정희가 사귄 문인들 중 일부가 이상적이 사귄 동성파 문인과 주축이 되어 경세와 송학의 이념을 통해 그 상징적인 인물인 고염무를 부활시킨 모임이라는 점을 꼽을 수 있다.

이상적의 말년 서간문을 보면, 그는 고사수계의 문인들과 교유하면서 동성파의 문학관도 접했다. 동문환은 황운곡(黃雲鵠, 1819~1898)을 훌륭한 시인으로 이상적에게 추천했다. 황운곡은 청말 대표적 경학자인 황간(黃侃, 1886~1935)의 아버지로서 이하응(李昰應, 1820~1898)과도 친분이 있었다. 동문환은 그러면서 허종형이 시가 중에서는 최고이며 그 다음이 풍지기, 그 아래가 황운곡과 왕증이고, 고문에서는 왕증이 최고인데 그 아래 허종형, 풍지기 순이라고 했다.[56] 요컨대 김정희가 특정 유파에 구애되지 않고 고증학, 경학을 중심으로 교유했다면 이상적은 이후 세대 중 문학을 중심으로 상주파와 동성고문파의 문인들과 서로 한 문파로 활동하고 시문집을 서로의 지역에 소개하고 서문을 써 주는 등 조·청 문학 교류를 심화·확대했다고 할 수 있다.

2. 청대 하층 신사 집단의 조청 문화 교류

이상적의 교류 가운데 주목할 만한 현상 중 하나는, 이상적이 중국의 문인들과 이전에 없이 적극적으로 사회 활동을 함께했다는 것이다. 앞서 살펴본 대로 그는 중국 문학을 소개받는 것이 아니라 상주사파의 활동에 적극 참여했고, 이례적으로 청대 문인들의 친인척과 친구들의 문집에 글을 써주고 그들로부터 진심어린 존경과 환영을 한 몸에 받았다. 대표적인 사례가 『은송당집』(恩誦堂集)과 『은송당속집』의 중국에서의 인기이다. 이상적은 『은송당집』을 자비로 연경에서 1848년 1월에 출판했고 가까운 청의 교유자들을 위해 기증본을 연경에 남겨두기도 했다.[57] (도판 52) 『은송당집』 인쇄에 관한 일은 오찬이 주관했는데 오찬은 사적으로 20부를 인쇄해 주변에 나누어 주었음에도,[58] 1854년에는 주변인들이 여전히 『은송당집』을 구하려고 하나 남아 있는 인쇄본이 없다고 했다. 『은송당속집』 역시 청의 문인들에게 인기가 있었는데 장요손은 『속집』을 출간 2년 후

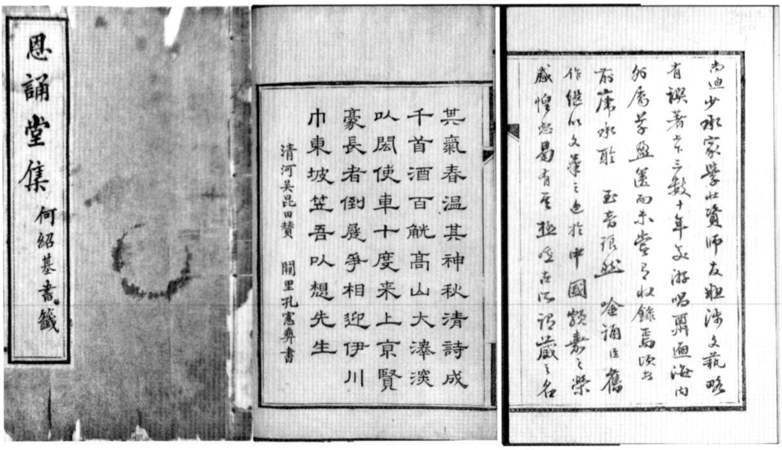

〈도판 52〉 이상적, 『은송당집』 10권 2책, 목판본, 표지(좌), 오곤전 찬 공헌이 서(중), 이상적 지(識)(우), 서울대학교 중앙도서관 소장본. 이상적은 자신의 문집인 『은송당집』을 자비로 북경에서 1848년에 출간했다.

인 1861년에 자신이 가지고 있는 판본을 모두 주변인들에게 나누어 주었지만 여전히 구하는 요청이 많아 이상적에게 인쇄본을 부쳐달라고 부탁했다.[59)]

이상적의 시문집의 인기는 한 사례일 뿐이고 청대 문인들은 19세기 중반 즈음 이전보다 훨씬 조선과의 문화 교유에 적극적이었다. 이들은 이전부터 지속한 한국의 서화, 금석 탁본, 문헌 수집에 더욱 박차를 가했고, 한국 문인들을 대상으로 한 전문 저술을 간행하기에 이른다. 그 이유는 무엇일까? 조선과의 문화 교유가 질적으로 양적으로 제고되는 현상에 관해 이상적이 그들의 지기이자 뛰어난 시인이라는 점 외에 그들 청대 문인들의 상황 역시 탐색할 필요가 있겠다. 이하에서는 이상적이 교유한 청 문인들의 사회적 지위의 불안정성, 학문적 문화적 업적 생산의 절박함, 중화주의의 변화라는 키워드를 통해 위의 문제를 살펴본다.

이상적이 교유한 청대 문인들이 쓴 서간문에서는 관례적 수사(修辭) 이상으로 이상적을 칭송하고 자신의 비루한 신세를 대비시키는 문장을 심심치 않게 발견할 수 있다. 그들은 모두 평민들과는 다른 특권을 가진 생원(生員) 이상의 문인들이었다. 명대 이래 청대에서도 지방 유학(儒學)에 입학한 생원은 면량(免糧)과 사법적 면책특권, 요역우면특권(傜役優免特權) 등을 받았고, 유복(儒服)과 사방평정건(四方平定巾)을 착용할 수 있었고, 노비도 소유할 수 있고 소작도 줄 수 있었다. 그들은 향시에 응시할 자격을 가졌고, 성적에 따라 국자감에 진학할 수도 있었다. 그들은 서민과는 차원이 다른, '사대부'라는 사회적 지위를 얻을 수 있었던 것이다.[60]

그러나 한족의 경우 진출할 수 있는 관직이 제한적이었다. 한족은 청조의 성립 이후 3품 이상의 상급 관리직에서뿐 아니라 중하급 관리직을 얻는데서도 역시 만주족에 비해 상당히 불리한 위치에 있었다. 이상적의 지기들이 많이 속했던 중급 관리직의 경우 한족은 그 비율이 40%를 넘지 못했고 하급직으로 가면 거의 대부분이 만주족 차지였다.[61] 관직의 영역에도 제한이 있어 한족은 지방 관직 그리고 중앙 관직일 경우에는 권력의 핵심에서 벗어난 내각(內閣), 한림원(翰林院), 형부(刑部), 병부(兵部) 등의 시독(侍讀), 중서(中書), 사인(舍人), 편수(編修) 직 등을 제수받았다. 이상적의 만년작 「서소편」(西笑編, 1859)의 기록이 증명하듯이 이상적의 교유자들 역시 그 제한을 벗어나지 못했다.

더구나 그 사회적 지위마저 결코 안정적이지 않았다. 단적으로 국자감의 경우 15세기 중기부터는 돈을 내고 감생 자격을 사는 예감생(例監生)이 생기면서 그 수가 2배로 증가했고 그 결과 감생이 된 후 20여 년을 기다려도 관료로 추천받지 못하는 경우가 많았다. 그 때문에 중기부터는 2만여 명의 감생이 입사의 기회를 얻지 못한 채 살았고, 청대에는 그 수가 더욱 증가하였다. 거인 역시 유사한 처지를 면치 못했다. 이들은 장중례(張仲

禮)의 분류에 의하자면 관리가 되지 못한 하층 신사(紳士) 집단이라고 할 수 있다.[62] 하층 신사들은 관직을 받기 위해 그리고 상층 신사 중 관품이 낮은 자는 추천과 고과를 통해 현 관직을 유지하거나 올리기 위해 노력해야 했다. 이상적의 주변인들 역시 마찬가지 상황이었다. 왕홍은 1855년 친구의 도움으로 현승(縣丞)이 되었고 여전손은 1850년 한림원의 추천으로 관직을 제수받았다.[63] 반증위도 1848년 서간문에서 자신이 관직의 고과를 받았는데[考績] 다행히 계속 추천을 받고 있다고 했다.[64] 그리고 그 중의 많은 이들은 학문과 관련된 명성이나 업적을 필요로 했다. 예컨대 정조경(程祖慶, ?~1864)은 55년 『고병가언』(古兵家言)을 편집하여 등록관(謄錄官)이라는 관직을 얻을 수 있었다.[65]

이상과 같은 유학 시험, 향시, 대과를 거쳐 관직을 제수받는 길인 정도(正途) 외에 중국의 공식적인 관료 충원 시스템에는 추천을 주로 하는 잡도(雜途)가 존재했다. 잡도는 천거(薦擧), 연납(捐納), 서리 특임의 길로 나눌 수 있는데 이상적의 서간문에서 보이는 사례는 주로 천거 그리고 연납에 속한다. 천거는 중앙에서는 3품 이상의 상급 관리와 4품 이상의 과도관, 지방에서는 독무, 학정, 포정사, 안찰사가 인재를 천거하도록 하는 제도였다. 특히 상급 관리나 지현 이상의 지방관들은 막우(幕友)라 불리는 사적 보좌진을 거느렸는데, 이들 중에서 천거를 통해 입사하여 권력 엘리트 집단에 편입된 사례가 적지 않았다. 요컨대 막우(幕友)로 구성된 막부(幕府)는 성(省), 부(府), 현(縣) 급의 관료들 간의 개인 관계에 기초해 구성된 행정 단위인 것이다. 막부는 행정뿐 아니라 문화, 교육 등 학술을 담당하였다. 예컨대 건가년간에는 청대 가장 유명했던 6개의 커다란 학술 막부가 존재했는데, 청초 서건학(徐乾學, 1631~1694)의 막부는 당대 손꼽히는 고증학자들로 구성되었으며[66] 김정희와 교유한 완원과 증욱도 그

중 둘을 이끌었다. 19세기에 접어들면서 막우는 권력 엘리트로 진입하는 주요한 경로가 되기도 했다. 위원과 포세신(包世臣, 1775~1855)은 거인(擧人)의 신분으로 고관의 막우를 지낸 후 국가 정책 입안에 크게 기여한 대표적인 사례라고 하겠다.[67] 이렇게 막우들은 막부 내에서 행정 업무나 학술 업무를 담당하면서 생계를 이었다.

이상적의 교유자 중에서도 많은 이들이 막우를 지냈다. 왕홍이 3개월간 하남과 섬서 지역을 두루 유람하면서 가는 곳마다 이상적을 그리는 회인시를 지어 주었는데 바로 1840년대 장상하(張祥河)의 막부에 있을 때였다. 그는 이후 1852년 8월 편지에서 하남 관찰사 임양조(林揚祖)의 초청으로 막원으로서 서화를 관리했다.[68] 풍계분은 이홍장(李鴻章)의 막부에 근무했다. 장요손은 1858년 정사품에 해당하는 기량도(督糧道)의 도원(道員)에 보충되었다가 1860년 면관(免官)되었고 그 다음 해 12월 이상적에게 보낸 편지에서 남쪽에서 벼슬한 지 20년이 되었는데 처음으로 운귀(雲貴) 총독(總督) 장량기(張亮基) 등에게서 인정받기 시작했다고 기뻐하는 편지를 보냈고,[69] 사망하던 해인 1863년에는 증국번의 막부에서 활동했다.

양송(揚淞, 1808~1848)은 1840년 즈음에는 영정(永定) 지방 관찰사의 막우를 지냈고, 이후 1848년에도 미상의 막부에 있었다는 기록이 있다.[70] 진극가(陳克家, ?~?)는 1859년 강남제독(江南提督) 장국량(張國樑)의 막부에서 근무했고, 한운해(韓雲海, ?~1859 이전)는 1833년 박상공(博上公) 계도(啓圖)의 막하에서 활동했다.[71] 정조경은 1855년 등록관 벼슬을 얻은 후 다시 1861년에는 미상의 장시옹(張詩翁)이라는 인물의 막하에서 활동하기도 했다.[72]

막부는 담당 행정 구역의 교육을 장악하기도 했다. 이들 교육기관을 총괄하는 이는 각 성의 학정(學政)이다. 청대 중반기 통치가 안정이 되면서 정부는 지방에 대한 사상적 통제에 비교적 관대하였고, 이에 지방에서는 자주적인 문화사업이 크게 증가했다. 청 조정은 사립 서원에 대해 매우 엄격한 반면 관학 서원, 반관(半官) 서원에 대해서는 상대적으로 관대했고, 그 숫자는 청말 4,000곳을 넘는데, 이는 북송대에 비해 10배가 증가한 것이다.[73] 이상적의 지기 중 왕헌은 산서 지방에서 서원의 주강을 지냈고 풍계분은 정의서원(正誼書院)의 주강을 맡아 반조음을 가르치기도 했고,[74] 의극중(儀克中, 1796~1837?)은 1837년 결국 기준조의 막부로 들어가면서 사양했지만 학해당 학장직 추천을 받기도 했다.[75]

다음으로 연납은 돈을 주고 생원 자격을 매도하는 것을 말한다. 연납은 청대에 대규모로 실시되었고 가장 대표적인 부패 현상으로 꼽힌다.[76] 이상적이 교유한 청대 문인들 중에도 연납을 선택한 이들이 존재했다. 이상적의 막역한 친구였던 장요손은 1840년 12월에 쓴 편지에서 자신이 향거에 응시했으나 실패했다면서 이제까지 자신은 학업도 업적도 없고 명성이 나지 않았음을 한탄하고 있다. 이러한 절망의 시간은 쉽게 끝나지 않았다. 1843년 9월 1일자 왕홍의 서찰에 의하면 장요손은 '납속'(納粟)을 통해 제남의 대령(大令), 즉 일종의 현관(縣官) 직을 받으려고 한다고 했고, 1845년 1월 장요손이 쓴 편지에 의하면 자신은 아직 과거 준비 중이며 곧 현령(縣令)의 직책을 받게 될 것이라고 했다.[77] 양송 역시 자신이 납속으로 관직을 얻은 바 있다고 이상적에게 이야기를 털어 놓았다.[78]

이상적의 교유자들은 이상과 같은 다양한 경로를 밟아 관직을 오르내렸지만 대부분이 4품~7품에 그쳤고 그마저 매우 불안했다. 그들은 끊임없이 명성을 추구할 수밖에 없었다. 장요손은 자신의 관력이 이상적의 1/10 정도라고 토로했는데, 이 편지가 쓰인 해는 그 다음 해가 이상적이

60세가 되는 해라고 하는 것으로 보아 사망 1년 전인 1862년이다.[79] 장요손은 죽음에 이르기까지 계속 자신의 명성과 관력을 아쉬워한 것이다. 공헌이도 유사하게 1857년 1월 서간문에서 자신이 50세가 넘도록 명성이 없음을 부끄러워했다. 그는 1837년 거인이 된 후 종7품에 해당하는 중서(中書)의 직책을 받았는데 위 한탄을 한 몇 년 후 1861년 4월 편지에서는 중서성(中書省)에서 근무하게 되었다고 했다.[80] 1844년 12월 역시 자신이 명성 없이 늙어감을 한탄하는 편지를 쓴 왕홍은 1858년 12월 공헌이가 보낸 서찰에 의하면 청주(青州) 종사관(從事官)으로 갔다고 하는데 과연 다음 해 7월에는 6품의 현령에 제수되었다고 스스로 소식을 전했다.[81] 진경용과 황운학은 장년기가 끝나기도 전에 관직을 떠나 고향에 내려가기도 했고, 오찬은 1826년 진사하여 형부원외랑(刑部員外郎)을 지냈다고 하나 실제 20년간 관직을 지냈어도 1849년 사망 시에는 한 치의 땅도 집도 없었다고 전한다.[82] 양송은 납속도 시도해보았지만 결국 사망하던 1848년 1월 편지에서 6년째 아무 관직도 없이 글씨로 생계를 잇고 있었다.[83] 동문환의 경우 30대 초반에 이미 중앙에서 지방으로 밀려났고, 주기는 한림원 서길사(庶吉士), 어사(御使), 편수(編修) 등을 역임하는데 그쳤고 황작자도 비슷한 직위에 머무르다 관직을 마감했다.[84] 『해린척소』에 수록된 청의 문인들이 보낸 편지는 대개 이상적의 제2차 연행인 1831년 이후 마지막 12차 1864년 연행까지 30년 이상 지속되었는데 그중 3품 이상 현달한 관직에 올랐다고 기록된 이는 장수기, 기준조, 오식분, 옹동서, 하소기 정도이다.

이상적은 정2품에 해당하는 지중추부사(知中樞府事)에 오르기도 했지만 역시 중인이라는 신분적 제약에서 오는 한계를 많이 경험했을 것이다.

그는 현달하지 못한 청의 문인들과 세상에 대한 정서를 공유한 듯 오관영에게 그리게 한 〈춘명육객도〉(春明六客圖) 속 이상적, 왕홍, 진상업, 공헌이 등은 스스로를 죽림칠현에 비유하면서 공동 연대감을 강화했다.[85] 그간의 연구들은 이와 같은 이상적의 교유에 대해 청대 중기 이상적이 불우한 한족들과 교류하면서 서로간의 처지를 공감하는 것이라고 해석했다.[86] 그러나 그들의 명성에 대한 갈망과 실제 명성을 얻기 위해 할 수 있는 방법을 생각하면 이상적과의 교유는 정서적 교감 외에 실제적으로 그들의 사회적 지위를 향상시키는 좋은 기회였다고 짐작된다. 단적으로 왕홍은 1861년 이상적에게 자신의 시집을 선간(選刊)해 두 사람의 교우를 널리 알리도록 해줄 수 없겠느냐고 부탁하기 했다.[87] 이상적의 교유자들은 상급 관리 혹은 막부의 최고위자로부터 인정받기 위해 경쟁적으로 사회적 명성과 학술 업적을 축적하고 아울러 그 문화적인 역량을 주변인들에게 확인시켜 주어야 했다.

실제 이상적은 청대 문인들의 학술 사교 모임에 참석하여 자신이 보유한 조선 문물 정보와 자료를 청의 문인들에게 전달하고 또한 모임을 통해 그들의 사회적 지위를 대외적으로 확인시키는 계기를 마련하는데 협조했다. 그 흔적은 모임마다 기록으로 남은 회화 작품과 교유시로 남아 있다. 회화 작품으로는 장요손이 주선한 〈해객금준도〉(海客琴樽圖, 1839)와 〈해객금준이도〉(海客琴樽二圖, 1845), 그 외 장요손의 외숙이었던 풍계분이 그려준 〈춘명화구도〉(春明話舊圖), 왕홍이 제작케 한 〈옥하청선도〉(玉河聽蟬圖, 1837), 〈벽수청선도〉(碧樹聽蟬圖, 1841), 〈춘명육객도〉(春明六客圖, 1845경), 오준이 제작을 주선한 〈송균아집도〉(松筠雅集圖, 1847)가 있다. 또 동문환도 〈춘명전별도〉(春明餞別圖), 〈전춘도〉(餞春圖), 기록상 가장 늦은 작품인 〈춘명아집도〉(春明雅集圖, 1863) 등을 제작케 했다.[88]

그리고 이상적과의 교유를 계기로 명성과 학술 자료를 얻기 위해 그들은 다음과 같이 주로 금석학과 문학 방면에 활동했다. 이전부터 조선과 청의 문인들은, 섭창치(葉昌熾, 1849~1917)가 '관례'라고 표현할 만큼 자주 금석 탁본을 주고받았다. 섭창치는 가경년간 완원, 옹방강과 김정희 형제, 이상적의 교유, 완원의 두 아들 완상생과 완복, 유희해와 조인영의 교유, 함풍년간 초기 반조음, 포강(鮑康), 양계진(楊繼震)과 조선 문인들의 교유를 열거하면서, 모두 금석 탁본을 교류의 예물로 삼았다고 했다.[89] 3장에서 자세히 살펴본대로 김정희 세대에서 유희해의 『해동금석원』(海東金石苑)을 위시해 여러 청대 조선 금석학 연구자들이 있었고, 이는 이상적의 세대에서도 여전히 지속되었다. 이상적은 반증위의 부탁으로 고려비 탁본을 주고, 왕증에게도 백제비 탁본을 보내주었다.[90] 반조음은 이상적에게 〈대당평백제비〉(大唐平百濟碑) 탁본이 양분되어 좋지 않으니 다시 정밀하게 탁본해서 달라고 부탁할 정도로 정성을 들였고, 이후 조부 반세사(潘世思, ?~1853)가 죽은 다음 해인 1854년의 편지와 연도 미상의 편지에서 『해동금석록』이 아직 완성되지 않았으나 곧 보내겠다고 약속했다.[91] 그 역시 이전 세대처럼 조선의 금석 자료를 전문적으로 다룬 저술을 준비 중이었던 것이다. 한운해는 1831년 이상적에게 조선의 시문집과 금석비각을 구했다.[92] 오식분(吳式芬, 1796~1856)은 완원, 유희해, 왕희손 등에게서 금석학을 배웠는데 이상적에게 보낸 편지를 보면 역시 조선 금석에 관한 책을 저술하고 있었다. 그는 이상적에게 조선의 고각 중 못 본 자료들이 많으니 보내달라고 요청했다.[93] 장목(張穆)도 1845년 이상적에게 조선의 석각 탁본과 더불어 김명희가 작성한 '비목'(碑目)을 요청했다.[94] 그 외 여전손과 여관손은 한국의 옛 화폐에 관심을 보이기도 했다.[95]

문학 교유에서 역시 주목할 만한 현상이 등장하는데, 조선의 시를 청대 문집에 부분적으로 수록하는 것이 아니라 조선시만을 수록한 서적이 등장했다는 점이다. 완성 여부는 아직 알려지지 않았으나 김정희와 깊이 교류했던 옹성원은 『동국국시책』을 편찬하고자 했다.[96] 이후 동문환은 『한객시집』(韓客詩集), 『추회창화집』(秋懷唱和集)을 저술했다.

중국인의 조선 시단에 대한 관심은 아울러 내용상 질적인 변화도 수반했다. 이전 명대 오명제(吳明濟)가 임란 이전 허난설헌(許蘭雪軒) 한 명을 제외하고 모두 사대부들의 시를 대상으로 『조선시선』(朝鮮詩選)을 1598년 인간했다면,[97] 동문환은 『한객시집』(未刊)에서 사대부는 물론 중인(中人)의 작품도 수록했고, 수창시만을 전문적으로 수록한 『추회창화집』도 편찬했다.[98] 그 외 왕홍은 1840년 심덕잠의 『황조시별재속초』(皇朝詩別裁續抄)를 편집하는데 속집의 해외시편에 조선의 시를 수록하고자 했고,[99]장요손의 여형제는 장요손을 시켜 『국조열녀시록』(國朝列女詩錄) 가운데 조선 여성의 시문을 수록하도록 이상적에게 1838년과 1840년에 수집을 부탁했다.[100]

왕홍은 1841년, 1843년 편지에서 이상적에게 특히 경학과 시교에 뛰어난 조선의 문집류, 휘집류를 가능한 한 모두 구해달라고 지속적으로 요청했다.[101] 여타 문인들 중 '최신'의 시집을 요구한 경우도 있다. 반증위는 조선의 새로 출간된 시문집을 구했고, 반증수, 한운해도 이상적에게 조선 판본서적, 근래의 조선시, 고문집, 고비를 요구했다.[102] 청의 문인들의 다양한 학문적 관심사에 따라 조선의 문학자료에 대한 요구도 그만큼 다양했다.

아울러 이상적은 중국 문인들의 작품에 서문 혹은 제시를 써주기 시작했다. 그가 중국 문인들의 문집에 제시할 것을 요청받은 경우는 앞 절에서 살펴본 『동성집』 외에 부보삼(符葆森, 1805~1854)이 편집한 『국조정아집』(國朝正雅集), 출판 여부를 알 수 없는 왕홍의 문집 등을 꼽을 수 있다. 왕홍은 36세이던 1840년에 자신의 시집을 풍순(馮詢)을 시켜 선시(選詩)하게 한 후 인쇄된 시문집 2부를 이상적에게 보내 질정을 부탁한 바 있었다. 그는 다시 55세가 되던 해에 이전에 보낸 초각본과 이후의 시문들을 이상적에게 보내 산정하고 서문을 지어줄 것을 부탁했다.[103] 그 밖에도 그는 부친의 유문집을 만들면서 부친이 그린 〈무송도〉(撫松圖)의 제시를 이상적에게 부탁하는가 하면, 1851년에 어머니의 묘지표 2종도 부탁했다.[104] 이상적은 또한 1845년 조무견으로부터 자신의 망우 장지응(蔣志凝)의 〈담회용호취월〉(澹懷蓉湖醉月), 〈소심당야련〉(素心堂夜譴)에 제시해줄 것을 요청받기도 했다.[105] 이상적이 스스로 언급했듯이 조선인에게 문집의 서문을 부탁하는 것은 이전에는 없던 일이다.[106] 김정희에게서도 기록상 그런 사례는 찾아볼 수 없다.

위와 같은 현상은 당시 중국의 문인들이 조선 문인들의 명성을 중시하기 시작했다는 것을 지시한다. 온충언(溫忠彦)은 이상적에게 보내는 1853년 7월 서찰에서 이상적의 시와 조선의 명필 시인의 작품을 요구했는데, 특히 이상적의 막역한 지인일 것과 사회적 지위가 높은 이의 것이어야 함을 부연한 기록에서[107] 그들의 인식의 변화는 뚜렷이 감지된다. 나아가 그들은 조선 문인들에게 명성을 얻는 것도 도모했다는 기록도 있다. 이상적의 교유자들은 자신들의 업적을 중국 내뿐 아니라 조선에 전파되기를 희망하기도 했다. 장요손은 자신의 부친 장기(張琦)의 『명발록』(明發錄), 그리고 자신의 여형제들의 시고(詩稿)를 조선에 퍼트려주기를 부탁했고 정조경은 자신의 인쇄한 바 가정현(嘉定縣) 출신의 명인들의 초상화집인 『연천명인상』(練川名人象)을 반증위에게 부탁해 조선에 전파해 주기를 부탁했다.[108]

3. 조청 지식인 교류사에서의 의의

신라로부터 시작해 고려까지 진행되었을 한·중 간 학술 문화 교류는 18세기 중반까지 문헌상에 별다른 자취를 드러내지 않는다. 18세기 중반 이후에야 북학 사대가가 양국 간 학자들의 사적 교류의 서막을 열었고, 이들을 거쳐 19세기 전반 김정희와 그 주변 조선 문인들에 이르면 청대 학자들과의 교류는 더욱 활성화되었다. 그리고 이상적은 한·중 교류의 또 다른 변화를 이끌어 내었다. 교류 주체의 계층적 확산, 문화적 동질성의 강화라는 측면에서 이상적의 교유는 조·중(朝中) 문화 교류 특히 중화주의(中華主義)에 입각한 양국 관계의 역사에서 변화를 의미한다.

이상적의 활동 시기에도 한·중의 관계를 동일한 문화권 내의 주종의 관계 혹은 수직적 관계로 파악하는 전통적 시각도 물론 지속되었다. 동문환의 『한객시존』에 서문을 쓴 사방울(師方蔚, 1790~1872)은 자신의 명성이 조선에 전해져 김영작(金永爵, 1802~1868), 홍양후(洪良厚, 1800~1879)

등이 다투어 교유를 청하는데, 이는 조선의 능문자들이 중국 명사에 붙어 그 명망을 의지하는 것이라고 평가하는가 하면 명성을 좋아한다고 해도 정성은 높이 사줄만 하다고 중국과 이민족 조선과의 문화적 수직 관계에 기반한 문화적 우월감을 한껏 드러냈다.[109] 장요손 역시 이상적의 문학을 칭찬하면서 조선이 청의 주변 열국(列國)의 하나인데, 그 시적 수준이 뛰어나 다른 주변국 문인들에게 모범이 될 만하다고 전통적인 중화의식을 드러냈다.[110]

그러나 이상적 주변의 많은 문인들은 중화주의에 따른 화이관을 전제로 하면서도 이전에 비해 중국과 조선의 관계가 개선되어 이제는 하나라는 점을 누누이 역설했다. 동문환은 중국과 조선은 글이 같고 도덕이 같아 하나라고 언급했고, 황팽년(黃彭年)도 유사하게 조선이 중국과 가장 조공 관계가 밀접하고 유가를 함께 숭앙하고 문자, 과거제가 같은 등 교화가 잘된 나라라고 언급했다.[111]

청대 문인들이 조선 문인들에 대해 갖는 양가적인 의식, 화이관과 중화문화에 대한 학술적 동지라는 두 서로 다른 시선에 대해 가장 적절하게 드러낸 것은 매증량의 〈해객금준도기〉 속 언급일 것이다. 그는 송대 소식 때와는 달리 지금은 중화와 오랑캐를 나누지 않는다면서, 그때는 고려가 거란에 가깝고 중국과 멀어서 그랬지만 지금은 중국도 화이가 섞여 있어 사정이 달라졌다는 것이다. 『춘추곡량전』에서 사신은 영역을 벗어나지 않는다고 했는데 이제 청 정부는 조선 사신에게 금기상항을 풀어 출입, 왕래에 편의를 제공해주며 조선 사신은 이를 자랑으로 여긴다면서 조선 문인들의 연경행을 시골 선비가 수도에 오는 것에 비유했다.[112] 매증량은 중국 내부에서조차 이제는 화·이의 나눔에서 예외적일 수 없다는 점을 인정하면서도 외적으로 조선에 대해서는 여전히 중국이 문화적 종주

국임을 명시한 것이다.

이상적과 그가 교유한 청의 문인들은 이렇게 청과 조선의 지위가 다르다는 전통적인 화이관을 지속하면서도 청의 주변국 중 조선이 청과 문화적으로 가장 동일하다는 의식을 강화해 갔다. 청은 만주족이 지배한 만큼 이전처럼 한족 주체를 전제로 하는 중화주의를 내세우기는 힘들었다. 그들은 김정희 세대의 교류에서 드러나듯이 인적 속성 외에 문화적 속성으로부터 중화주의에 접근하게 되면서 조선이라는 영토에 존재하는 중화 문물의 자료와 인적 구성원을 주목하게 된 것이다. 이상적의 주변인들은 이전 세대와 달리 단지 일방적으로 그 자료를 수집하고 조선 문인들과 교유하는 것에서 나아가 조선 문인들의 학덕과 그 명성을 중시했다. 중화주의는 19세기 후반으로 접어들면서 국부적이지만 조선과 중국 양 문인들에 의해 학술 예술 분야에서의 공동 생산과 공유라는 새로운 질서를 갖추게 되었다고 할 것이다.

조선시대 한·중 교류에 있어서 역관 이상적의 중국 문인과의 교유는 전무후무하게 화려했다. 이상적이 교유한 청 문인은 크게 두 그룹으로 나눌 수 있는데, 첫 번째 그룹은 고사연자성명(顧祠捐貲姓名)이 단적으로 지시하듯이 김정희가 교유한 인물들로부터 시작된다. 김정희가 교유했던 장목, 진경용, 반증위 등 동성파 문인들과 조선 문인의 만남은 이상적의 시기에 와서 고사수계의 일원과의 교류로 확대되고, 다시 그 인맥은 이상적의 이후까지 지속된다. 물론 당시 청 중반기 문인들은 문파에 크게 구애되지 않았으므로 상주의 문인들과도 적극적으로 교유한 것으로 보인다. 동성파의 경우 워낙 그 규모가 컸던 탓인지 동성파 내에서도 고염무를 제사지내는 모임 외에 구양수, 소식, 황정견 등을 여러 모임에서 제사드리는 다양한 모임이 있었다. 이들은 대외적으로 상주 문인들과도 활발하게 소통했다. 이 두 계열의 문인들의 만남이 바로 〈세한도〉의 공동 제영으로 나아갔다고 할 수 있다.

상주 문인들은 이상적의 청대 문인 교유에서 주목되는 두 번째 인물군들이다. 상주는 명말 동림당의 정신을 이어 청대에 들어서도 반정부적 저항적 기질을 지속했고, 특히 가학의 전통이 강해 상주의 시, 사, 문장, 학문 등 여러 분야에서 몇몇 가문의 동일한 인물들이 그 대표적인 인물로 활동했다. 이들은 곤경에 처한 문인, 불우한 환경에 대한 굴강의 의지, 고통 등을 이상적과 공유했고, 이상적은 이제 중국 문화를 조선에 소개하는 차원을 넘어 상주사파의 제사(題辭)를 작성할 정도로 적극 참여했다.

이상적은 조선의 여느 사대부보다도 폭넓고 긴밀한 교유의 성과를 남겼다. 상주문파의 일원으로 적극 참여한 것 외에 누구도 하지 못했던바 청의 문인의 시문집에 서문을 써주기도 하고, 김정희를 이어 시문과 서화, 금석문 교유를 확대시켜 나갔다. 이러한 성과에 대해, 물론 이상적의 뛰어난 문학적 자질, 인품, 불우한 상황에 대한 동병상련의 정서적 교류가 그 하나의 이유가 될 수 있지만, 김정희가 사귀던 문인들과는 다른 그의 교우들의 사회 문화적 배경은 그 사회적 객관적 토대를 제시해준다.

이상적이 교유한 많은 문인들은 대부분 미관으로 학문적 성과를 통해 생계를 이어나가는 막우 혹은 하급관료였다. 김정희의 경우, 교유 문인들이 높은 관직을 지니거나 혹은 금석학, 경학 분야에서 명성이 있는 이들이 대부분이었다는 것과 매우 상황이 다른 것이다. 이상적의 지기들은 자신의 학문적 능력을 인정받기 위해 경학이나 금석학, 역사 등 각 분야의 자료를 모아 서적으로 편찬하고, 아회, 시회와 같은 모임에서 자신의 사회적 학문적 명성과 능력을 알려야 했다. 김정희와 그랬듯이 이상적 또한 이들에게 조선의 금석학과 시문자료를 제공하고 모임을 결성하여 그들의 사회적 위상을 제고하는데 협조했다. 그는 때때로 이들로부터 특정 주제의 자료들 혹은 최신의 자료를 요청받기도 했다. 조·중 간 문화 교류는 중국 문인들에게 있어 친목의 차원 혹은 개인적인 학문적 호기심을 넘어 경제적 기반, 사회적 지위의 상승에 관련된 것이기도 한 것이다.

이상적의 청대 문인과의 교유는 19세기 청대 문인들의 학술 활동의 단면을 제시할 뿐더러, 아울러 18세기와는 달라져 가는 중국과 조선 간의 관계를 추적하게도 한다. 이상적이 교유한 하급 관료 문인들은 조선 문인들과 달리 종주국 중국의 일원이기도 하지만 불우한 사회적 지위를 갖고 있다는 점을 공유하기도 했고 또 조선의 문인들과 학문상 문학상의 동지로서 조선을 자신의 문명(文名)이 퍼지는 문화 반경으로 간주하기도 할 정도로 조·청의 문화계는 보다 수평적인 질서를 향하고 있었다. 이상적이 교류했던 한족 문인들은 19세기 중반 보다 복잡하게 변화하는 조·청 문인들의 중화관의 새로운 국면을 조성한 것이다.

결 론

추사(秋史) 김정희(金正喜)의 1차적 학술 과제는 선진(先秦) 시기에 성립된 경전 텍스트와 텍스트가 지시하는 세계를 복원하는 것이었다. 진(秦)나라 시기 경전들이 소실된 이후 한(漢)대 위서(僞書)가 찬입되고 송(宋)대 이래 형이상학적으로 재해석된 긴 역사적 구간 이전의 텍스트에 담긴 성인(聖人)의 생각을 성인이 활동하던 시대의 언어와 문자, 그 안에 담긴 의미, 사회 제도, 지리, 역사와 같은 실증적이고 구체적인 자료들을 통해 복원하는 것이었다. 이는 김정희뿐만 아니라 청대에 고증학(考證學)의 방법론과 이념을 형성한 많은 경학자들, 그리고 청대 고증학에 영향을 받은 조선의 이른바 한송절충론자(漢宋折衷論者)들이 지향하는 목표이기도 하다. 그러나 조선의 통치 이념이자 사대부 개개인의 수신의 이념으로 자리잡아온 성리학에 대해 선진 유학과의 편차를 지적하고 비판하는 것은, 적어도 국왕 정조(正祖)가 고증학과 함께 성리학의 수호를 천명할 정도의 사상적 분위기 속에서 그렇게 쉬운 일이 아니었다. 조선의 대표적인 한송절충론자들 예컨대 정약용(丁若鏞), 성해응(成海應), 신작(申綽) 등은 주자학이 제시한 형이상학적인 심성론(心性論)이 선진 유학과 매우 거리가 멀다는 것을 인정하거나 고문상서(古文尙書)가 위작이라는 이유로 주자학적 심성론이 의거한 경학적 권위를 포기하는 데까지는 나가지 않았다. 반면 김정희는 조선 내에서는 매우 드물게 성리학과 타협없이 선진 유학으로 직진했다. 『주역』(周易)이 네 성인의 손에 쓰여졌다는 오랜 믿음이 신화라는 의견에 귀 기울인 것은 말할 것도 없다.

그가 자신에게 학문적인 열정을 불어넣어주고 30대에 한대 경학을 비롯한 주소학(註疏學)으로 인도해 준 옹방강(翁方綱)의 울타리를 벗어난 것도 바로 허구적인 경전의 권위, 선진의 현실중심적 실천중심적 의리를 형이상학적 심성론과 수양론의 측면에서 재해석한 성리학의 의리와 타협하지 않는 그의 학문적 성향을 드러낸다. 김정희는 40대 이후 장혜언(張惠言) 등의 상주파(常州派) 그리고 완원(阮元)·능정감(凌廷堪) 등의 양주학파(揚州學派)를 비롯해 성리학적 의리론 너머에서 선진 경전이 담은 의리를 재발굴하는 청대 학자들을 접하는데, 이에 관해 이장욱(李璋煜)의 공은 재평가될만하다. 적어도 현재 남아 있는 문헌들로부터 볼 때 이장욱보다 청대 당시 학계를 더 샅샅이 그리고 이념적 편향 없이 김정희에게 소개해준 인물은 찾기 힘들다. 이로부터 다시 10년 후 즈음 권돈인(權敦仁)을 대신하여 왕희손(汪喜孫)에게 쓴 서간문에서 김정희는 청의 너른 학계를 조망할 능력을 갖추어 청의 학계의 이제까지의 성과와 앞으로의 연구과제, 그 공(功)과 과(過)를 제시할 수 있는 중견학자로서의 면모를 드러냈다. 그는 청의 학자들과 동일한 학계에서 활동하는 학자로서 십삼경뿐 아니라 금석학, 음운학, 지리학, 천문·산학, 역사 그리고 이 책에서 다루지 않은 시서화론에 이르기까지 광대한 학문 영역에서 가장 최신의 학술 성과를 흡수하고 이들을 비판적으로 종합하는 이른바 '절충'이라고 스스로 명명한 방식을 채택했다. 그 목표를 실천하는 와중에 청대 학술 성과를 흡수한 이력은『완당선생전집』 내에 김정희의 글로 오인되어 흩어져 있는데, 본서 1장의 군데군데에서 도표로 정리해 놓았다.

그리고 김정희의 학문이 지향하는 바 선진 경학을 향한 청대 학술의 종합과 절충 외에 또 다른 목표는 청대 학술 성과를 조선 학계에 적용·심화하는데 있었다. 「진흥이비고」(眞興二碑攷), 『해동비고』(海東碑攷), 「성운변」(聲韻辨) 등은 그가 당시까지 축적된 청대 학술 성과와 방법론을 종합하고 적용하여 조선의 금석물을 발굴·자료를 정리하고 한자의 음을 표시하는 조선의 반절법(半切法)에 관해 문제점을 제기한 사례이다.

나아가 김정희의 경학의 시계(視界)는 조·청 너머 일본에 닿았다. 일찍이 연경에서 그는 옹방강과 완원으로부터 일본의 경학에 대한 정보를 입수했고 이후 근대 일본 문화사에 대한 두 종의 자료를 남겼다. 그 자료들을 통해 살펴보자면 김정희는 19세기 중반 일본의 경학 조류 중 고학(古學), 즉 고증학풍의 경학 유파를 가장 주목하여 이토 진사이(伊藤仁齋), 오규 소라이(荻生徂徠), 미야케 키츠엔(三宅橘園) 등을 높이 평가하는가 하면 이들이 재발굴하여 편찬한 중국의 희귀 서적들, 즉 당·송대 판본까지 포함한『칠경맹자고문보유』(七經孟子考文補遺)와『일존총서』(佚存叢書)의 자료적 가치를 주목하고 특히 후자에 관해서는 조선에서는 거의 유일하게 그 학술 정보를 갖추었던 학자라고 할 수 있다.

김정희는 자신이 청과 일본으로부터 귀중한 학술 자료를 받은 것처럼 조선과 일본의 학술 자료를 청에 적극적으로 전달했다. 그가 청·일의 학술 자료를 입수하는 것뿐 아니라 유통에 힘썼다는 점은 동북아시아 경학사의 의미심장한 대목이다. 19세기 이래 서적 시장의 확대와 학자 간 개인 교류의 활성화가 순차적으로 더해지면서 한·중·일 학계에서 학술 정보 순환의 판도가 크게 바뀌었고 김정희는 바로 그 변화를 가장 잘 이용하고 또 극대화한 상징적인 인물이다. 학술 정보 유통망에서 김정희의 위상은 금석학 분야에서 두드러진다. 다시 말해 정보 유통이 시장과 인맥을 통해 활성화된 상황으로부터 가장 큰 수혜를 입은 학술 분야가 금석학인 것이다. 금석학 관련 자료는 다른 연구서처럼 대량으로 복제·생산되어 공공연하게 유통되지 않고 개인적 친분을 걸쳐 유통되는 자료로서, 조선의 학자들은 19세기 중반에 이르면 학자 간 개인 교류가 없던 청·일 사이에서 전달역을 수행하여 삼국이 상호 자료를 유통하는데 결정적인 기여를 하였다. 청의 옹수곤(翁樹崑)이 금석학 서적도 아닌 먹 문양에 대한 서적인 『고매원묵보』(古梅苑墨譜)를 보고 조선의 홍현주(洪顯周)에게 그 책에 나오는 금석물의 탁본을 구해달라고 청한 일은 삼국의 금석학 유통의 실상을 단적으로 알려준다. 아마도 김정희는 삼국 내에서 한·중·일의 석학 자료뿐 아니라 금학 자료까지 정보와 자료를 가장 고르게 갖추고 가치를 알아볼 수 있으며, 아울러 가장 다양한 종류의 자료를 유통시킨 학자일 것이다. 만약 김정희 외의 다른 조선의 학자들이 일본의 금석학 자료의 역사적 의의를 인정할 수 있었더라면 삼국 내 자료 유통은 더 일찍 시작되고 더 활발했을 것이지만, 어쨌든 그들은 자신들이 아는 한 최선을 다했고 그 노력의 결과 청에서는 조선의 금석학을 대상으로 한 『해동금석원』(海東金石苑), 『비목쇄기』(碑目瑣記), 『고려비전문』(高麗碑全文) 등으로부터 일본 금석학을 부분적으로 수록한 『금석색』(金石索), 『안관금석문자칠종』(安館金石文字七種), 『해법소원』(楷法溯源)이 출간되었다.

물론 삼국의 자료 교환이 수월했던 것은 전혀 아니다. 사실 당시 청과 일본은 학술 정보를 교환하는데 큰 제약이 있었다. 양국은 이미 정부 수립 즈음부터 외교를 단절해 왔고 상선(商船)을 통해서 서적이 오고가는 상황이었기 때문이다. 더 근본적으로는 삼국 모두 외국 학자와의 교류가 외교 사행길에 한정된다는 한계를 지니고 있었다. 그럼에도 불구하고 김정희와 주변의 조선 학자들, 청과 일본의 많은 문인들 모두 서로의 학술 정보를 입수하는데 시간과 노력, 재화를 아끼지 않았다. 학술 정보의 수집은 국가적인 차원에서 군사력과 국가 재정이 그렇듯이 문화적인 차원의 생존과 번영을 위한 가장 중요한 자원이었고, 개인적인 차원에서도 일반인이 접근할 도서관이 없는 이상 역시 관료나 학자가 되기 위한 필수 조건이었기 때문이다. 4장에서 살펴 본 바 조청 학자의 교류가 김정희로부터 이상적의 세대로 넘어가면서 계층상의 확대 현상이 나타나는 것도 이러한 상황과 관련 있다.

김정희와 동시대 한·중·일의 학자들의 학술 교류는 다음 세대 교류 학자의 사회적 계층이 확대되고 이전에 비해 다양한 연구 관점을 제시하는 방향으로 이어졌다. 바로 이상적이 교유한 바 〈세한도〉(歲寒圖)의 찬영자들은 그 새로운 학술 교류 양상의 중심 인물들로서 그중 다수는 김정희가 교유한 청의 학자들과 학연상 혈연상으로 연결된 문인들이기도 하다. 동시에 이들은 김정희가 교류한 청대 문인들과 달리 상당수가 중국사에서 하층 신사(紳士)로 분류되는 이들이다. 이들은 관직을 얻거나 관직의 유지·승진을 위해 학문적 업적이 필요했고 특히 당시 청대 학계 일각에서 일어난 조선에 대한 학술 열풍에도 참여하기 시작했다. 그들은 조선의 금석·문학·역사 방면의 자료를 원했고 이전보다 더 다양한 각도에서 연구했으며, 또 자신들의 학문적 성과를 조선에 알리거나 조선의 명망 있는 학자들의 명성을 빌고자 노력하기도 했다. 이상적이 가진 확고부동한 조선 최고의 역관의 지위와 그에 걸맞는 문화적인 명성은 그들에게 선망의 대성이었을 것이며, 이상적 또한 그들의 도움을 받아 북경에서 자신의 문집을 간행하는가 하면 그들로 하여금 〈세한도〉의 제발문을 작성하게 하여 김정희와 자신의 우정과 명성을 북경에서 다시금 재확인시키고, 아울러 김정희가 익히 아는 학자들의 집안 후손·제자들의 글을 받아옴으로써 김정희에게 보답한 것이다.

김정희로부터 그 이후 세대의 교류를 한·중의 오랜 학술 교류사 속에서 조망해 보면, 이제까지 문화종주국인 중국과 나머지 두 나라의 관계는 문화 유통의 자료, 유통의 방향, 유통의 주체의 변화 속에서 이전과 다르게 기술되어야 할 부분이 있다. 이제까지 중화주의, 중화문화권 관련 선행 연구들이 간과한 부분은 한족과 만주족, 한국과 일본의 문인들이 각자 중화문화를 수호·생산하는 주체를 자임했을 뿐만 아니라 공동 협력의 단계로 나아갔다는 점이다. 19세기 중반 삼국의 학자들이 자국의 경계에서 벗어나 삼국의 경학과 문물을 연구 대상으로 삼는 경향이 크게 늘어났으며 학술 자료가 이제 한 방향으로만 흐르는 것이 아니라 양 방향으로의 유통되고 삼국의 연구자들의 관계 역시 비록 국지적이긴 하지만 자연스럽게 이전에 비해 점차 수평적으로 변화하는 양상을 보였다. 청초에 발생한 고증학풍은 200여 년을 지속하면서 19세기 중반 삼국의 학자들의 시야를 자국 내에서 동북아시아 삼국으로 확장하게 했고 삼국의 학자들은 자신들이 공유하는 보편문화로서의 중화문화를 복원·정리하고 재생산하는데 협력하는 변화를 보였다. 이 책이 20세기 이전 동북아시아 학술사의 마지막 장으로 재조명하는 바이다.

주

서론

1) 강상순, 「한국 고전문학 연구에 수용된 탈근대·탈민족 담론에 대한 비판적 고찰」, 『민족문화연구』 53, 2010.; 고미숙, 「18세기에서 20세기 초 민족담론의 변이양상」, 『현대문학의 연구』 13, 1999.; 강명관, 「한국 한문학 연구의 반성과 새 방향」, 『한국학논집』 29, 2002.; _____, 「국문학과 '근대'에 관한 몇 가지 생각」, 『泮矯語文硏究』 39, 2015.; 임형택, 「19세기말 20세기초 동아시아, 세계관적 전환과 지식인의 동아시아 인식」, 『대동문화연구』 제50집, 2005; 高橋博巳, 『東アジアの文芸共和国』, 東京; 新典社, 2009.; 정민, 「18, 19세기 조선 지식인의 병세의식(幷世意識)」, 『한국문화』 54집, 2011.; ____, 『18세기 한중 지식인의 문예공화국』, 문학동네, 2014.; 진재교, 「방법으로서의 동아시아와 신고증학(新考證學)」, 『인문논총』 72, 2015 등이 대표적이다.

2) 조선이 중국으로 파견한 사행단에는 두 가지 명칭이 있다. 과거 명나라에 파견된 사행단은 '조천사(朝天使)', 청나라에 파견된 사행단은 '연행사(燕行使)'라고 불렸다. 그런데 조천의 경우 중국으로의 조공이라는 의미가 있어 학계에서는 연경으로의 사행을 의미하는 연행으로 통칭하는 경우가 많다. 물론 '대명(對明) 사행', '대청(對淸) 사행'이라는 용어가 가장 정확해 보이지만 본서에서는 서술의 편의상 그리고 중국과 일본으로의 사행을 비교·병렬하는 문맥이 많으므로 연행이라는 명칭으로 약속해 서술한다.

3) 이들 선행 연구물들은 본서 각 장의 주, 그리고 본서 뒤쪽의 참고문헌을 참조.

4) 『高麗史節要』 제35권, 「恭讓王二/辛未三年-大明 洪武二十四年」, "我國家, 自庚寅癸巳以上, 通儒名士, 多於中國. 故唐家以爲君子之國, 宋朝以爲文物禮樂之邦, 題本國使臣下馬所曰, 小中華之館." 한편 일본 역시 수·당·송으로 유학생, 유학승을 파견했고 백제가 일본에 파견한 왕인(王仁) 등으로부터 유학과 불교 및 여러 문화를 전달받았다. 이처럼 일본도 13세기 중반까지 국가적 차원에서 국제 학술 교류를 진흥했다.

5) 박수밀, 「조선의 중국 서적유입 양상과 그 의미」, 『동아시아문화연구』 제50집, 2011, pp.130~137.

6 高橋博已, 위의 책.; 정민, 위의 책.; 진재교, 위의 논문, pp.545~547.

7) 피터 버크 지음·박광식 옮김, 『지식의 사회사』, 민음사, 2017, 4장 참조.

8) 김태준 외, 『연행의 사회사』(실학총서3), 경인문화사, 2005, 서문 중.

9) 姜紹書, 『韻石齋筆談』 卷上, "朝鮮國人最好書. 凡使臣入貢, 限五六十人, 或舊典或新書或稗官小說, 在彼所缺者, 日出市中, 各寫書目, 逢人遍問, 不惜重直購回. 故彼國反有異書藏本也."

10) 王士禎, 『池北偶談』 권16, 「談藝六·宋元人集目」, "近朝鮮入貢使臣至京, 亦多購宋元文集, 往往不惜重價.", 北京 : 中華書局, 1997.

11) 이상·김태준 외, 위의 책, pp.242~243.

12) 조선 후기 연행, 장서, 학자 간 관계에 대해서는 김태준 외, 위의 책, 「조선후기 중국 사행과 서책 문화」 참조.

13) 옥영정, 「추사가의 장서에 관한 일고-동빈문고 소장본을 중심으로」, 『서지학보』 27, 2003 참조. 옥영정은 이 논문에서 藤塚鄰, 『추사 김정희 또 다른 얼굴』, 아카데미하우스, 1994, pp.529~557에 기록된 김정희 자필 장서 목록, 그 주변 인물들과 藤塚鄰의 소장본 목록을 분석했다. 등총린은 김정희 자필 장서 목록은 張澤相이 본인의 소장본을 등사해 전달해 준 것이라고 밝혔다.

1장

1) 『황화집』은 1450년(세종 32년)부터 1633년(인조 11년)까지 24차례에 걸쳐 양국 문인이 주고받은 시를 모은 23종의 시문집들이다. 이들 시문집은 1773년(영조 49년)에 수합되어 50권으로 간행되었다.

2) 김문식, 「조선시대 중국서적의 수입과 간행」, 『규장각』 29, 2006 참조.

3) 金景善, 『燕轅直指』 卷2, 「出疆錄(十二月)」 十九日, "自明時, 已有門禁不得擅出遊觀, 使臣呈文以請, 則或許之, 然終不能無間. 淸初禁之益嚴, 康熙末天下已安, 謂東方無足憂, 禁防少解. 然遊觀猶托汲水, 無敢公然出入. 挽近以來, 昇平已久, 禁制漸疎."

4) 박지원은 사고전서를 비롯해 위에서 언급한 국가단위의 학술사업에 별다른 기록을 남

기지 않았고 『고금도서집성』에 대해서도 그 학술사적 의의보다는 금서 정책의 일환으로 관심을 표명했다(박지원 지음·김혈조 옮김, 『열하일기』 2권, 「곡정필담」, 돌베개, 2017.; 허권수, 「연암의 북경에 대한 인식의 한계」, 『한문학보』 19, 2008.; 진빙빙, 「『열하일기』에 나타난 한·중 지식인의 교류양상」, 『인문과학』 61, 2016 참조). 또한 고증학이 흥기했다는 것을 알고는 있었지만(김명호, 『열하일기연구』, 창작과 비평사, 1990, pp.108~110) 청조 황실의 반청의식에 대한 억제책의 일환으로 판단했다고 짐작된다.

5) 민두기, 「『열하일기』의 일연구」, 『역사학보』 20, 1963, p.112.; 허권수, 위의 논문.; 이현식, 「『열하일기』, 「심세편」, 청나라 학술과 사상에 관한 담론」, 『동방학지』 181, 2017 등.

6) 홍양호의 연행 기록은 『耳溪集』 중 「燕雲雜詠」과 「燕雲續詠」 그리고 『耳溪先生三編全書』 내 「燕遼雜記」가 알려져 있다. 그 내용은 대부분 중국의 풍습, 산천에 대한 것이며 학술적인 기록은 거의 없다. 홍양호의 연행에 관해서는 정우봉, 「耳溪 洪良浩의 燕行錄에 나타난 중국 체험과 그 의미」, 『한국한문학연구』 63, 2016.; 진재교, 「18세기 조선조와 청대 학인의 학술교류-홍양호와 기윤을 중심으로」, 『고전문학연구』 23, 2003 참조.

7) 藤塚鄰, 『추사 김정희 또 다른 얼굴』, 아카데미하우스, 1994, pp.56~57.

8) 藤塚鄰, 위의 책, pp.58~63.

9) 무영전취진판총서는 1822년 일본에 수입되었는데, 요시다 고돈은 이를 본받아 스스로 목활자를 제작해 『論語集解攷異』를 간행했고, 오타 젠사이는 요시다의 목활자본으로 『韓非子翼毳』를 간행했다. 조선에서는 남공철이 이를 본받아 金陵聚珍字를 제작해 『金陵居士文集』, 『歸恩堂集』 등을 인쇄했다. 무영전취진판총서의 제작과 유통은 18~19세기 한중일 인쇄술 교류사의 중요한 대목이라고 할 수 있다(藤塚鄰, 위의 책, pp.74~76 참조).

10) 藤塚鄰, 위의 책, pp.104~108.

11) 藤塚鄰, 위의 책, pp.116~118.; 〈옹방강과 김정희가 나눈 필담서〉, "奮然之書, 中國所傳, 是孝經論語耶", 과천 추사박물관 소장.

12) 阮元, 『揅經室一集』 권8, 「論語論仁論」, "孟子仁人心也, 義人路也, 此謂仁猶人之所以爲心, 義猶人之所以爲路, 非爲卽心卽仁也, 若云此仁卽眞是心, 斷不可云此義卽眞是路也. 總之, 聖賢之仁, 必偶於人而始可見, 故孔子之仁, 必待老少始見安懷, 若心無所著便可爲仁, 是老僧面壁多年, 但有一片慈悲心, 便可畢仁之事, 有是道乎."

13) 段玉裁, 『說文解字注』 「仁」, "中庸曰, 仁者, 人也. 注, 人也讀如相人偶之人, 以人意相存問之言, 大射儀, 揖以耦. 注, 言以者, 耦之事成於此意相人耦也. 聘禮, 每曲揖, 注, 以相人耦爲敬也, 公食大夫禮, 賓入三揖, 注, 相人耦, 詩匪風箋云, 人偶能烹魚者, 人偶能輔周道治民者. 正義曰, 人偶者, 謂以人意尊偶之也. 論語注, 人偶同位人偶之辭, 禮注云, 人偶相與爲禮儀皆同也. 按人耦猶言爾我親密之詞, 獨則無耦, 耦則相親, 故其字從人二, 孟子曰, 仁也者, 人也, 謂能行仁恩者人也, 又曰, 仁, 人心也, 謂仁乃是人之所以爲心也, 與中庸語意皆不同."

14) "孟子仁也者人也, 中庸仁者人也, 語意不同. 仁也者人也者, 卽能行仁恩者人也, 中庸人也者, 鄭讀如相人偶之人, 相人偶, 卽人意相存問之義也."

15) 칠경은『禮記』,『論語』,『周易』,『尙書』,『毛詩』,『左傳』을 지칭한다. 판본 및 출판, 流轉에 관한 자세한 상황은 본서 2장 참조.

16) 藤塚鄰은 羅士琳,『觀我生室彙稿』로부터『산학계몽』이 惟揚趙氏 원간본이라고 표기했는데, 현재 서울대학교 규장각에 소장된『산학계몽』을 참고해보면 '惟揚'의 의미는 아직 명확하지 않다. 규장각소장본은 全 3책 소형의 목판본으로 1660년에 조선 초의 印本에 의거하여 초판을 간행하고 그 후 乙未년(1715)에 교정해서 庚午년(1750)에 重刊한 것이다. 권두에는 1299년(元 成宗 大德 3)에 쓴 趙城亢鎭이 쓴 서문이 있고, 다음 初刊 때에 全羅道觀察使 金始振이 쓴 서문이 있다. 藤塚鄰는 원본이 대덕년간에 간행되었다고 했는데 정확히 대덕 3년에 간행된 것이다. 또 서문 말미에 "大德己亥七月旣望, 惟揚學算趙城亢鎭序"라는 구절에 대해 藤塚鄰는 揚學 趙씨가 쓴 것이라고 해석했으나(藤塚鄰, 위의 책, p.416) '揚學'의 의미는 정확하지 않다. 도광 19년 새로 인간되면서 붙인 완원의 서문에서 완원은 '惟揚'의 의미에 대해 두 가지 설을 제시했다. 첫 번째는 藤塚鄰과 유사하게 지역명으로 해석하는 경우이다. '惟揚'이 揚州의 별칭이기는 하지만 원 지정 22년(1362) 처음으로 양주를 惟揚府로 개설한 것은『산학계몽』이 刊되던 시기보다 훨씬 후대이다. 따라서 책의 저술시기에 유양이 양주였다고 하기는 힘들다는 것이다. 다만 송대『보우지』에서 이미『서경』,「禹貢」의 "회수와 바다에 양주가 있다(淮海惟揚州)"에 근거해 양주를 유양으로 표기한 적이 있어 가능성이 전혀 없다고 할 수는 없다는 뉘앙스로 언급했다. 두 번째는 '惟'와 '維'가 어조사로 쓰이는 경우이다. 이는 한대까지 쓰여진 옛 경전에서 자주 등장한다. 완원이 더 이상 언급하지는 않았지만 유를 어조사로 해석하자면 "산학을 드날리는 조성항진"으로 해석해야 할 것이다. 앞으로 밝혀지기를 기다리는 부분이다. 완원은 어쨌거나 조씨가 양주인임에는 틀림없다고 밝혔다. 그리고 완원은 '趙城亢鎭'을 '趙城元鎭'으로 표기했는데 두 인명 모두 원 이후 기록에서는 찾기 힘들다. 역시 앞으로 더 조사되어야 할 사항이다.

17) 『후지츠카 기증 추사자료전 II 秋史와 韓中交流』, 과천문화원, 2007, pp.44~47, "如兄之敏性, 而又好學深思, 何不卽從諸經注疏用功起耶."

18) 『秋史 김정희 學藝 일치의 경지』, 국립중앙박물관, 2006, pp.84~93.

19) 藤塚鄰은 제4봉이 내용상 1816년 작성되었을 것으로 추정했다.(藤塚鄰, 위의 책, p.229)

20) 藤塚鄰, 위의 책, pp.229~235.

21) 藤塚鄰, 위의 책, pp.213~214, "信哉, 一字考燕禮, 鄭箋鄭注詁相當. –燕禮揖讓升賓為苟敬, 鄭康成訓作苟且之苟, 抑戒六章無易由言無曰苟矣. 鄭箋亦訓苟且. 竊謂此苟字从/丨不从艸. 說文已力反, 自急敕也. 乃與言不可逝矣逝字叶入聲者為韻, 不獨字義當以急為訓也. 今日聽樂歌至此句神韻悠揚, 與下句正相呼吸, 彌信方綱此說之不謬." 이와 관련하여 옹방강은 단옥재의 연구 방식이 견강부회하다고 노골적으로 비판한 바 있다. 翁方綱, 『復初齋文集』 권16, 「書金壇段氏漢讀攷」, "吾聞段君熟精於說文形聲之學, 因而詳推形聲以撰此書. 愚嘗謂鄭康成生於許慎作說文後之廿九年, 蓋不及與南閣祭酒共相研切, 即如禮經扃鉉一條, 許與鄭必不可合者, 而段君必欲從而合之. 且鄭君之注實有自撰經者自補經者, 蓋不能一一曲為之諱. 今段君既苦為分明, 而於其所謂三例者, 就中又時有齟齬, 則又為之說曰讀為疑作讀如讀若疑作當為, 昔鄭君禮堂寫經自謂, 整百家之不齊, 孰意千載下又有整鄭君之不齊者, 良可笑也."

22) 梁啓超, 『中國近三百年學術史』, 台北: 里仁書局, 2002, 13장.; 藤塚鄰, 위의 책, pp.217~218.

23) 藤塚鄰, 위의 책, p.211.; 翁方綱, 『復初齋文集』 卷16, 「跋張惠言儀禮圖二首」, "武進張皋文編脩惠言儀禮圖六卷…徐星伯庶常持以見示, 予讀之, 謂其斷制過於自信, 不能闕疑…愚嘗服項平庵謂, 說禮家取某經以證某經, 遂執為定說, 猶醫家攻補止瀉諸方並投, 此真治禮經之通患, 愚是以有纂言而不纂禮之說也."

24) 葉國良, 「論淩廷堪的《禮經釋例》」, 『臺大中文學報』 28期, 2008 참조.

25) 梁啓超, 위의 책, p.188.

26) 藤塚鄰, 위의 책, p.218, "如吾門人凌仲子, 撰儀禮釋例, 愚久笑其迂, 此等撰述, 意欲何爲, 有此光陰, 又不如考定同異矣."

27) 藤塚鄰, 위의 책, p.410. 양주학파인 능정감과 완원의 경학관에 대해서는 정혜린, 『추사 김정희의 예술론』 3장 2절 참조.

28) 호위는 河圖와 洛書가 한대 유행한 五行說과 九宮說에 기원하고 先天圖는 동한 이래의 參同契 혹은 도교 內丹學과 관련된다고 보았다. 그는 오행설, 구궁설, 하도와 낙서는 거짓이지만 참동계와 내단학, 선천도는 '易外別傳'이라고 보았다. 그는 「繫辭傳」, 太極, 兩儀와 四象, 八卦 등의 언어에 대해 주희의 의견을 좇아 畫卦의 의미는 부정하고 揲蓍法으로서의 의미만 긍정했다. 『易圖明辨』 권5, "河圖洛書自秦漢以來未有能言其狀者, 至五季而始出, 何可遽信? 學者不能痛絶圖書之謬種, 而徒辨劉蔡之是非, 無為也…因復窮究其義, 知圖書之形象, 自古無傳, 當姑從漢孔劉之言, 而闕其疑."; 같은 책 권1, "太極者, 大衍之舍一不用者也. 兩儀者, 分而為二以象兩也. 四象

者, 揲之以四以象四時也, 八卦統六十四卦而言, 四揲十有八變而成之者也…竊意所謂太極者, 一而已矣. 命筮之初, 奇, 偶未形, 即是太極."]

29) 錢穆,『中國近三百年學術史』, 臺北: 臺灣商務印書館, 1995년판, p.283.

30) 翁方綱,『復初齋文集』 권1,「古文尙書條辨序」 二, "毛氏冤詞之書, 吾最惡, 其以程子改大學與歐陽之毀易繫並論. 程朱皆更定大學古本, 今用朱子定本, 實勝二程子本, 非改也, 是乃大學定本也. 豈得與歐陽修毀繫辭同語乎. 歐陽之誣毀聖人繫辭, 獲罪大矣. 又非僅區區閻若璩之比耳."; 藤塚鄰, 위의 책, pp.212~218.

31) 옹방강 저작의 출판 상황에 대해서는 沈津 著,『翁方綱年譜』, 中央研究員中國文哲研究所, 2002.「序」 참조.; 刘仲华,『汉宋之间: 翁方纲学术思想研究』, 中国人民大学出版社, 2010, p.23.

32) 유득공이 북경에서『주자어류』(朱子語類)와 명대 설선(薛瑄)의『독서록』(讀書錄) 등 성리학서를 구하고자 했을 때 기윤은 이제 경성에는 이러한 책은 구하기 어렵고『설문해자』,『이아』 등의 서적이 유행한다고 조언한 적이 있다.

33) 梁啓超, 위의 책, pp.196~198.

34) 翁方綱, 위의 책 권1,「古文尙書條辨序」 三, "求其古文 莫若說文所引矣. 嘗取許氏說文所引尙書語以驗之…. 以漢時師賈逵之許氏親見古文矣, 而其所引實有不可解如此條者, 則其他家更何足述乎."

35) 翁方綱, 위의 책 권1,「古文尙書條辨序」 二, "今日讀此經, 知有古文篇數之概足矣. 其果孰為真古文, 更千萬世孰能起而復理之, 亦更不必於此間再下斷語耳 況說經以紬繹經義為務, 此等處勿庸究心焉, 或無害乎."

36) 翁方綱, 위의 책 권1,「古文尙書條辨序」 一, "以同異攻守相奪, 則無若近日治尙書者, 有閻之疏證毛之寃詞矣…. 吾見閻氏駁古文 輒為之髮指. 噫, 此則人人具有天良, 何獨讓姚君爲之髮指哉. 吾嘗謂說經宜平心易氣擇言而出之, 和平審愼而道之. 彼閻氏若璩者 多嫉激不平語…. 古文諸篇皆聖賢之言, 有裨於人國家, 有資於學者, 且如大戴記之有漢昭冠辭, 小戴記之言魯未嘗弒君, 不聞有人焉私撰一書駁戴記之非經者, 況如六府三事九功九敘之政要, 危微精一之心傳, 此而敢妄議之, 即其人自外於生成也必矣, 自列於小人之尤也審矣.";翁方綱, 같은 책 권7,「攷訂論上之一」, "如近日惠棟之於易極意博綜, 而妄取他本以解經字, 甚至以繫辭傳天一地二以下為後人所增, 以富有日新諸語為後人所訓, 以說卦傳乾健也以下為後人所益, 又如近日閻若璩之於書苛求古文毛舉細碎, 逞其口辨, 甚至以危微精一十六字為非經. 所有凡此等謬說起於偶有所見, 而究其自信自炫, 遂反唇而不顧其安者, 皆嗜博嗜異而不惟義理之是求也."

37) 藤塚鄰, 위의 책, pp.216~224, 옹방강의 제3봉 서찰 중 "訓詁之學與義理之學, 本是一

理, 無所庸其岐視也. 然此事源委, 後人折而二之, 宋史立道學傳之目, 竟若漢唐注疏與宋儒分派者, 此最於正學有害也."

38) 藤塚鄰, 위의 책, pp.215~216, 김정희에게 보내는 제2봉 서찰.

39) 翁方綱, 위의 책 권7, 「攷訂論中之二」, "若就吾見聞最近者, 無錫顧氏之於春秋, 元和惠氏之於諸經, 婺源江氏之於三禮, 吾皆未及見其人, 而粗得其緒矣. 吾所目及見者, 則休寧戴震, 歙縣金榜, 金壇段玉裁, 是皆惠江氏之後出者. 然吾雖皆略知其人, 而未與之友也…. 此諸子之書具在, 抑又不必從而軒輊之. 吾門從遊者則若寶應劉台拱海州淩廷堪, 曲阜孔廣森, 南城王聘珍亦其亞已…. 昨阮侍郎元以所錄台拱之書來示, 其論語卷中有精審者, 亦有偏執者."

40) 『後漢書』에 따르면 정현에게는 「魯禮禘祫義」란 저술이 있다.(『後漢書』, 「鄭玄傳」, "凡玄所注周易尚書毛詩儀禮禮記論語孝經尚書大傳中候乾象歷, 又著天文七政論魯禮禘祫義六藝論毛詩譜駁許慎五經異義答臨孝存周禮難, 凡百餘萬言") 일반적으로 「魯禮禘祫義」는 「魯禮禘祫志」로 불린다.

41) 黃佳駿, 「胡培翬《禘祫問答》之「禘」,「祫」禮義考釋」, 『人文與社會研究學報』 第45卷第1期, 國立臺南大學, 民國100年 참조.

42) 藤塚鄰, 위의 책, pp.210~211.

43) 藤塚鄰, 위의 책, p.214.; 金正喜, 『阮堂先生全集』 권5, 「與李月汀-璋煜」.

44) 金正喜, 위의 책 권4, 「與李藕船」 六, "且其禘說正大饗爲祫之失, 破審諦昭穆之謬, 亦懸之日月不刊者."

45) 藤塚鄰, 위의 책, pp.342~344.

46) 예컨대 주균과 단옥재는 한송절충론자로 분류할 수 없다.

47) 도광 6년 12월 27일 이장욱이 김명희에게 보내는 서찰, "訓詁義理, 斷無兩岐之道."(藤塚鄰, 위의 책, p.345 재인용)

48) 藤塚鄰, 위의 책, pp.349~350.

49) 藤塚鄰, 위의 책, p.350.

50) 藤塚鄰은 위의 책, p.360에서 서찰 중 '春秋'로 표기된 연구서가 『春秋說略』일 것으로 추정했다.

51) 마융은 후한 말 활동했는데 당시 권신이던 梁冀를 도와 李固를 처형하는 것을 돕는 등 여러 차례 권력에 편승하는 행위를 했고 이에 그는 당시 '濁流'로 분류되었다. 한편 전한 후기 宣帝 때 활동한 戴德은 『예기』를 刪定하여 『大戴禮』 85편을 엮었고, 조카 戴聖은 그것을 또 산삭하여 『小戴禮』 49편을 엮었다. 그런데 대성은 오만하고 경망스런 성품과 행동으로 何武의 감찰을 받아 파직을 당하였다가 뒤늦게 후회했다는 일화가 있다.

52) 金正喜, 위의 책 권5, 「與李月汀-璋煜」, "今所云馬鄭. 特擧其大槩也. 若又止此二家而已. 烏在其博綜也. 雖如惠氏之易漢學, 張臯文易虞氏義等書. 不能無一二可議. 所貴在存古也…. 唐以前說經之書, 今通行十三經之外, 不能數種. 余蕭客之解鉤沈甚好, 但不能無憾於頗有去取也. 如孔氏所輯鄭氏全書, 當爲善本矣."

53) 藤塚鄰, 위의 책, p.357.

54) 김정희의 『황청경해』의 입수 시기는 유희해가 김정희에게 보낸 1831년 10월 22일자 편지로부터 추적할 수 있다. 유희해는 이 편지에서는 이상적을 통해 보낸다고 김정희에게 전했다(藤塚鄰, 앞의 책, p.390, pp.410~411).

55) 嚴杰 補編, 『經義叢鈔』, 「詁經精舍文集/胡縉」, 「漢經師家法攷」, "漢儒家法大略有三, 一曰, 守師說. 如易有施孟梁邱費京, 書有伏孔, 詩有毛齊魯韓, 禮有二戴慶氏, 春秋有左公穀. 其間文字異同, 章句錯互, 各守師傳不相沿襲… 一曰, 通小學, 漢儒課學僮, 必先諷籀書九千字, 以得其恉意形聲, 授爾疋十七篇, 以究其詁訓轉借."(阮元 主編, 『皇淸經解』 권1390)

56) 藤塚鄰, 위의 책, p.346.

57) 『의례』「燕禮」 중 공이 대문 안에서 '읍하고 사양하면 손님은 구경한다[揖讓升賓為苟敬]'라고 구절 중 '苟敬'에 대해 정현은 '苟且也'라고 주를 달았다. 단옥재는 『說文解字注』에서 苟敬을 의미를 '苟且之敬'으로 해석하면서 옹방강이 '苟'로 해석하는 것을 비판했다. 옹방강은 글자를 풀이하는데 단지 의미뿐 아니라 음을 더불어 고려했을 경우 苟가 맞다고 했고, 김정희는 옹방강이 이 풀이가 유일하게 옳다고 자신하지도 않았을 뿐더러 단옥재의 다른 글자 풀이방식과 다를 것이 없다고 단옥재의 비판을 재비판했다.

58) 劉台拱, 『劉端臨先生遺書』 권9.

59) 藤塚鄰, 위의 책, p.287.

60) 金正喜, 위의 책 권5, 「與李月汀-璋煜」, "門路甚正, 指說甚平, 無嗜異炫博, 支離穿鑿之, 無半解一知東西顚倒之習. 至於撤瑟之辰, 猶筆削不休, 一字必致愼, 一言必求是. 積至七十四卷, 八十年精篤, 盡在於是. 其書尙未行矣, 未敢知先生已有所融貫於是書, 第次其甲乙耶. 如不佞所見覃記, 只五六種而已."

61) 藤塚鄰, 위의 책, pp.358~360.

62) 金正喜, 위의 책 권5 「與李月汀-璋煜」, "不佞於覃溪, 習熟者也. 寔不敢盡爲曲循影從, 頗有異同, 其大異而不敢苟同者, 爲書之今古文, 且如凌仲子之禮釋例, 覃翁之所不許, 不佞寔喜讀之. 惠戴之書, 亦頗好看."

63) 위의 글, "無論如彼如此, 今日急務, 只是存古爲上. 覃翁亦存古之學也, 段劉亦存古之學也. 覃翁存古而不泥於古, 段劉存古而泥於古. 覃翁之不泥於古者, 亦有可議處,

段劉之泥於古者, 亦有可議處. 後輩之折衷, 亦在於是, 恐不必衡量之以鐵論. 今如人蔘爲上品, 丹砂爲下品, 恐不必也, 願更裁擇焉."

64) 藤塚鄰, 위의 책, p.420.

65) 藤塚鄰, 위의 책, p.424, "漢宋曷以辨, 道學曷以分, 聖賢帝王救世之心曷以別, 董子之對策以行道也, 鄭君之傳經以明道也, 朱子躬行實踐以衛道也.", "閣下學問卓越, 可以經明行修, 通經致用, 非徒以紀文達相期也, 非徒以段大令相推也."

66) 藤塚鄰, 위의 책, 16장 1절 참조.

67) 藤塚鄰, 위의 책, pp.420~423 참조.; 柳婧, 「汪喜孫과 朝鮮文人의 往來 尺牘에 대한 고찰」, 『대동한문학』 37, 2012, p.40.

68) 藤塚鄰, 위의 책, pp.436~440.

69) 汪喜孫 撰 楊晉龍 主編, 『汪喜孫著作集』 下(古籍整理叢刊7), 中央研究院中國文哲研究所, 2003, p.1213.

70) 柳婧, 위의 논문.

71) 金正喜, 위의 책 권4, 「與李藕船」 六, "申受先生公羊説, 是所墨守者, 聖人知我罪我之大義, 非此不明, 七十子微言遺義, 賴是不墜. 與張皐文先生虞易, 媲美而又有過之者, 西京今文家法, 始大明於世, 是天下之所共尊, 非我一人之所敢私. 且其禘説正大饗爲祫之失, 破審諦昭穆之謬, 亦懸之日月不刊者, 於惠松厓孫觀察之書, 尤有精核處."

72) 藤塚鄰, 위의 책, pp.434~437.

73) 汪喜孫 撰 楊晉龍 主編, 「與朝鮮金正喜書」(2), 『汪喜孫著作集』 上, p.202 "阮栞經解, 較通志堂, 更精更富, 段王之書 皆在其內."(藤塚鄰, 위의 책, p.424에 동일한 내용의 편지글이 부분적으로 인용되어 있다. 藤塚鄰이 이 편지글의 날짜를 정확하게 표기하지 않았지만 그가 소장한 6통의 편지 즉 왕희손이 김정희에게 보낸 1837년 정월에 쓴 6통의 편지 중 하나이다.)

74) 夏修恕, 「皇清經解序」, "皇清經解之刻, 迺聚本朝解經之書以繼十三經注疏之迹也. 自十三經注疏成 而唐宋經解諸家大義, 多括於其中. 此後李鼎祚書及宋元以來經解, 則有康熙時通志堂之刻. 我大清開國以來 御纂諸經, 爲之啟發. 有此經學昌明, 軼於前代 有證注疏之疎失者, 有發注疏所未發者, 亦有與古今人各執一說而待後人折衷者. 國初如顧亭林閻百詩毛西河諸家之書, 已收入四庫全書. 乾隆以來惠定宇戴東原等書 亦已久幸宇內. 惟未能如通志堂總滙成書, 久之恐有散失. 道光初宮保總督阮公立學海堂於嶺南…計書一白八十餘種, 庋板於學海堂側之文瀾閣, 以廣印行. 不但嶺南以此為注疏後之大觀, 實事求是, 即各省儒林亦同此披覽, 益見平實精詳矣. 道光九年九月, 廣東督糧道前翰林院檢討新建夏修恕."

75) 金正喜, 위의 책 권8, 「雜識」, "平實精詳, 一部經解之要, 平則不鶩高遠而切問近思, 實則不落空虛而好古求是, 非明辨則不能精, 非博學則不能詳."

76) "平實精詳, 一部經解之要, 平則不鶩高遠而切問近思, 實則不落空虛而好古求是, 非明辨則不能精, 非博學則不能詳, 卽如荀子者, 學出孔門, 受授諸經, 尤傳詩禮, 而韓昌黎斥爲擇而不精, 語而不詳, 蓋昌黎但知文, 不知經者也, 易奇詩葩, 不過擇其詞語爲文之資而已, 非餘所謂精詳也, 不獨昌黎爲然, 陸元朗知等韻, 不知古韻, 信僞古文尙書, 以舜典廿八字, 升爲經文, 李斯以後一罪人也, 孔沖遠襲皇甫熊劉之書, 古今文不分, 南北學不別, 自孔疏出而先秦兩漢古義亡, 先秦兩漢古義旣亡, 七十子微言大義益乖, 歐陽夏侯齊魯韓古書, 單詞隻義, 是在攷古者甄錄之, 卽如北史及通典所載古義, 不可補賈公彥之弇陋哉."

77) 藤塚鄰, 위의 책, p.442, "廣州經解 略觀其大義, 存錄取舍, 實有良工苦心處. 不如通志堂经解之隨見隨有而蒐刻者."

78) 藤塚鄰, 위의 책, pp.443~444.

79) 藤塚鄰, 위의 책, p.442.

80) 『해외묵연』에 실린 김정희가 왕희손에게 보낸 서찰의 내용은 과천문화원 소장 「해외묵연 초본」(후지츠카 기증 추사자료전Ⅱ: 『秋史와 韓中交流』 중); 藤塚鄰著, 川路祥代譯, 楊晉龍 校訂, 「王孟慈所謂《海外墨緣》的抄本與金阮堂」, 『中國文哲硏究通信』 第14卷 第4期, 2004 참조·대조.

81) 현대 학자의 연구에 의하면 대진은 『성류표』에서 15부설이 아니라 25부설을 주장했다. 도혜숙, 「戴震의 靄部와 王念孫의 祭部 비교 연구」, 『中國言語硏究』 22, 2006 참조.

82) 藤塚鄰, 위의 책, p.435.

83) 藤塚鄰, 위의 책, pp.440~441.

84) 최재수, 「顧炎武, 江有誥의 상고성조설에 관하여」, 『중국학연구』 26집, 2003, p.400.

85) 도혜숙, 「王念孫의 고음 22部 諧聲表 재구」, 『中國言語硏究』 23, 2006.

86) 裵銀漢, 「淸代古音學考古派與審音派之理論原則及歸屬問題-以江永·江有誥爲主」, 『中國語文論譯叢刊』 21집, 2007.

87) 강유고와 왕념손의 음운론의 차이에 대해서는 乔秋颖, 「江有诰, 王念孙关于至部的讨论及对脂微分部的作用」, 『徐州師范大學學報: 哲學社會科學版』, 2006年第03期.; 曹强, 「江有诰《诗经韵读》和王念孙《古韵谱》用韵比较」, 『安康学院学报』 第22卷第6期, 2010 참조.

88) 藤塚鄰, 위의 책, pp.424~425.

89) 藤塚鄰, 위의 책, p.435. 동일한 내용이 汪喜孫 撰 楊晉龍 主編, 『汪喜孫著作集』 上, 「與

朝鮮李尙迪書」, pp.197~198에 실려 있다. 아마도 이 서찰은 이상적을 통해 김정희 형제에게 전달한 서찰로 짐작된다.

90) 藤塚鄰, 위의 책, p.436.; 汪喜孫 撰 楊晉龍 主編, 『汪喜孫著作集』 上, 「與朝鮮李尙迪書」에 동일한 내용이 있다.(pp.197~198)

91) 藤塚鄰, 위의 책, p.441.

92) 洪博昇, 「段玉裁之《尚書》學」(世新大學 석사학위논문), 2010, 臺灣, 3장 4절 참조.

93) 藤塚鄰, 위의 책, p.441.

94) 金正喜, 위의 책 권1, 「尙書今古文辨」 下, "孔辟書. 史記云孔安國以今文讀之. 漢書則曰以今文字讀之. 謂今之文字也. 此今文亦今文也."

95) 위의 글, "伏書之稱今文. 以孔辟書之爲科斗古字而別之爲今文. 以文字之爲今體也. 其書亦藏於秦火以前. 至漢興出之. 亦未嘗不爲古文也. 此今文亦古文也."

96) 위의 글, "梅賾僞古文者. 今通行本. 非古文. 又非今文也. 眞古文三十一篇之外. 有大禹謨, 五子之歌, 允征, 仲虺之誥, 湯誥, 伊訓, 太甲, 咸有一德, 說命, 泰誓, 武成, 旅獒, 微子之命, 蔡仲之命, 周官, 君陳, 畢命, 君牙, 冏命十九篇. 而太甲說命泰誓各三篇. 故合爲二十五篇. 襍厠於眞古文三十一篇之中. 爲五十六篇. 又堯典愼徽五典以下. 析爲舜典. 而尙不敢以二十八字冒入矣."

97) 위의 글, "衛包就僞孔傳本, 又以今字改定, 僞孔本尙沿馬鄭王肅本."

98) 위의 글, "唐天寶三載. 詔集賢學士. 衛包改易尙書. 名之曰今文尙書. 此唐今文也. 今蔡傳因衛包改定本. 將謂古文乎. 則非安國本. 並非梅氏本. 將謂今文乎. 則又非歐陽夏候本. 卽一衛包改易之本."

99) 金正喜, 『阮堂先生全集』 권5, 「與人」, "自昔辨書今古文者, 開卷第一義, 輒以是相難. 然前人之苦口辨說, 不止二三, 無庸更事張皇. 求之前人之已說者, 瞭然如指紋. 蓋透得此一關, 然後始可言書. 不能透得此一關, 亦惟掩卷束閣, 不必下語也…. 至如使我做就一文字, 此果極難動手. 其極難處, 君亦似未得透盡而率爾動我矣. 前人之說大備, 而後人尤難着手. 且如班書專錄劉歆書, 其可信乎其可信乎. 先從此辨明, 然後可以下語. 又豈不極難者耶. 雖如惠江段孫諸人, 其刻核如漢朝老吏而不及於此. 孫書又其太寬, 惟古今說之並存, 不欲發之, 以吾力量不及孫百之一, 又何以遽論耶…劉班裁擇, 不可不愼子, 駿若恪守其家傳經業, 尙有可信, 父子異說, 已是乖常. 其僞造嘉禾一篇, 又在逸書十六之外. 大抵史公但以十數爲言, 不以確數爲幾篇, 自子政始數其篇目爲十六, 而嘉禾又不在十六之內…. 卽仍劉班之舊, 而鄭之亡逸云云, 亦不盡合. 惠段諸人, 又於其違異處, 擅改而印合之. 此等處, 尤所愼言闕疑者也. 班於經業亦疎, 其一遵子政者, 其可據而信之耶. 班之疎處, 又不止於一遵子政而已."

100) 金正喜, 위의 글, "今若只以萬世心學舜禹相傳, 斷然無疑等語, 做得一大套, 而冒之曰, 此必如是云爾, 則一懸空說去, 曾非耳聞也目見也, 又非口口相授也, 有何證乎…. 舜典大禹謨汨作云云, 又不知其如何爲說. 十六之又明明指爲某某篇者, 果出於子政. 而雖馬鄭大儒, 於此一案, 亦未免因循說去."

101) 陳亦伶, 「『古文尙書』에 대한 朝鮮時代 학자들의 認識과 考辨」, 고려대학교 박사학위논문, 2016, 4장 2절 참조.

102) 김문식, 「정약용의 『尙書』 백편 이해」, 『한국실학연구』 20, 2010.

103) 장병한, 「황종의의 『상서고문소증, 서』에 대한 정약용의 변석(1)」, 『東洋哲學硏究』 Vol.26, 2001, pp.140~146.

104) 成海應, 『研經齋全集』 卷13, 「送趙雲石羲卿遊燕序」, "然讀書而不能達二帝三王治天下之心法, 而徒事於今文古文禹貢山水洪範疇數及錯簡之說, 則末矣."; 申綽, 『石泉遺稿』 권3, 「二十五篇序」, "梅賾本比僞泰誓文旣從理, 且合記傳, 則晉唐以來, 或注或疏, 因仍襲謬, 故其宜也. 至于南宋, 朱熹始疑之, 吳趙以後, 同其說者又十餘家, 而猶不敢遽廢者, 以其多格言故爾." 조선시대 고문상서 연구 전반에 대해서는 陳亦伶, 위의 논문 참조.

105) 藤塚鄰, 위의 책, p.436.

106) 梁啓超, 『中國近三百年學術史』, 16장 「清代學者整理舊學之總成績」 참조.

107) 藤塚鄰, 위의 책, p.462.

108) 『사원옥감』은 서유임뿐 아니라 나사림, 심흠배 모두 세초를 했는데 서유임의 세초본은 인각되지는 않았다고 알려져 있다.

109) "余讀四元玉鑑, 究心於垛積招差之法, 推之割圜諸術, 無所不通."

110) 藤塚鄰, 위의 책, pp.466~467.

111) 藤塚鄰, 위의 책, p.530.

112) 예컨대 김정희가 언급한 고동고의 『춘추대사표』는 총 50권으로 춘추 열국의 여러 나라들의 여러 사건들을 비교해 표로 작성한 연구서이다. 시령(时令), 삭윤, 영토, 지리, 관제 등을 기록했는데 그중 「삭윤」 1권이 있다.

113) 藤塚鄰, 위의 책, p.441~443.

114) 藤塚鄰, 위의 책, p.508, p.534.

115) 藤塚鄰, 위의 책, p.443.

116) 도진순, 문중양 등, 『동서양의 문명과 한국: 역사와 전통』, 민음사, 2014, 2장 「조선에서의 이질적 동서양 두 과학의 만남」 참조.

117) 藤塚鄰, 위의 책, p.441.

118) 문중양, 「조선의 마지막 사대부 천문역산가 남병철」, 『문헌과 해석』 Vol.51, 2010.

119) 전용훈, 「19세기 조선 지식인의 서양과학 읽기」, 『역사비평』 81호, 2007.

120) 전용훈, 「남병철의 推步續解와 조선후기 서양천문학」, 『규장각』 38, 2011.; 문중양, 위의 논문.

121) 전용훈, 위의 논문, 2007 참조.

122) 藤塚鄰, 위의 책, p.444.

123) 藤塚鄰, 위의 책, p.309.

124) 藤塚鄰, 위의 책, p.436.

125) 藤塚鄰, 위의 책, pp.443~444.

126) 汪喜孫 撰 楊晉龍 主編, 『汪喜孫著作集』 上, 「與朝鮮金正喜書」 3, p.204, "山泉問公羊春秋有習之者. 廣州經解有孔顨軒劉申甫二家, 執事幸錄付山泉, 使知千年絶學."

127) 汪喜孫 撰 楊晉龍 主編, 『汪喜孫著作集』 下, pp.123~124.

128) 王家儉, 「清代禮學的復興與經世禮學思想的流變」, 『漢學研究』 第24 卷第1期, 民國95年6月, 臺灣.

129) 『주례』는 한무제 즈음 등장했고 애초에는 경으로 인정되지 않고 『주관』으로 불리다가 劉歆(?~23)이 처음 『주례』라 부르면서 학관에 세웠고 班固(32~92)의 『한서』, 「예문지」에서야 '周官經'이라고 불렸다.

130) 戴震, 『孟子字義疏證』 卷下, 「與段若膺論理書」, 中華書局, 1961, p.184, "非求之六經, 孔孟不得, 非從事於字義, 制度名物, 無由以通其語."

131) "①郊特牲直祭祝於主, 鄭注謂薦孰時也, 如特牲少牢饋食之爲也, 正義薦孰正祭之時, 祝官以祝詞告於主, 則鄭亦據大夫士之禮以釋之矣…. ②然特牲饋食禮, 祝洗酌奠於鉶南, 主人再拜稽首, 祝在左, 鄭注祝在左, 當爲主人, 釋辭於主也, 則亦鄭以士爲有主矣." 金正喜, 『阮堂先生全集』 내 발췌문은, ①과 ②가 『오경이의소증』 원문의 순서가 바뀜.

132) 黃宗羲, 『南雷文案』 권6, 「再答萬季野喪禮雜問」, "儀禮言中月而禫, 是月也吉祭, 猶未配, 特牲饋食命筮之詞, 言祖而不及配, 正與此合, 諸家因爲禫月, 合祭祖考之時, 但祭祖而不以妣配, 某謂儀禮所言未配, 蓋禫月而遇祖廟吉祭, 不以新死者配食於祖, 非妣之不配祖也, 且特牲乃士之常祭, 非止禫月之吉祭, 豈可因其不言配, 而謂常祭亦不配妣乎."

133) 「일헌례설」은 순수한 초록문이 아니라 능정감의 원 글에 대한 초록과 김정희의 부연 설명으로 구성되어 있다. 다음 「일헌례설」의 원문 중 밑줄 친 부분이 「禮類 2/儀禮之屬/凡旅酬旣畢之酒謂之無算爵」에서 발췌된 부분이다. 발췌된 부분에서 약간 글자의 출입이 있다. 밑줄 치지 않은 부분은 김정희의 부연설명이거나 혹은 능정감의 원문에 대한 요약이

다. "或問, 士冠禮, 乃醴賓以壹獻之禮. 壹獻之禮, 可以明言 而注云卽燕無亞獻者, 又是何義, 曰壹獻之禮 , 注云壹獻者, 主人獻賓而已, 又士禮壹獻, 疏云士禮壹獻者, 卽士冠及昏禮鄕飮酒禮鄕射禮, 皆是壹獻也, 以此注疑語參看, 似不難知, 盖注文古奧, 疏說漫衍, 吾輩讀書頗麤特不能細心看耳, 夫壹獻者士禮也, 冠昏飮射燕, 皆以士禮者, 鄕飮鄕射, 大夫與士行禮, 燕禮大射, 君與臣行禮, 膳宰爲主人, 故皆用士禮, 而又注云鄕大夫三獻, 大夫三獻之禮, 則今特不傳, 而壹獻之爲士禮也審矣, 大抵主人進賓謂之獻, 賓報主人謂之酢, 主人先飮而勸賓謂之酬. 獻至酬而獻禮始成, 取飮射燕叁礼考之, 則自主人坐取爵于篚, 至賓西階上答再拜, 此壹獻之儀注也, 飮射燕三禮, 儀卽同而文各小異, 今冠禮醴賓之壹獻, 亦似不異矣, 注所云獻賓而已, 卽燕無亞獻者, 卽燕之燕字, 非燕禮之燕字, 卽壹獻之後, 卽行旅酬也, 疏謂鄕飮酒, 未有燕者則非也, 士昏禮, 舅姑共饗婦, 以壹獻之禮奠酬, 注云凡酬酒皆奠于薦左不擧, 其燕則更使人擧酌, 疏云案燕禮獻酬訖, 別有人擧旅行酬, 疏盖誤以燕禮之擧旅行酬爲燕, 不知鄕飮酒之旅酬無算爵亦燕也, 士昏禮所云饗婦, 則是饗禮, 或饗後亦燕歟, 又士冠禮注云特牲少牢饋食三禮獻尸, 此其類也, 尸字似爲賓字之誤, 疏又仍之, 漫衍爲說, 盖獻尸則主人主婦賓共三獻, 非壹獻, 惟祭畢獻賓, 乃壹獻也, 是以知尸爲賓字之訛耳, 詩疋瓠葉, 似是壹獻禮之詩, 酌言獻之, 酌言酢之, 酌言酬之云云, 獻酢酬禮成而爲壹獻也, 亦可爲壹獻之一證也, 如有司徹三獻, 鄕飮酒壹獻. 此士與大夫之別, 特牲之獻尸三獻者士禮, 而祭則攝盛故也歟."

134) 그 외 「잡지」에는 『예기』 「제의」(祭義) 중 '훈호처창'(焄蒿悽愴)에 대해 훈호처창이 만물의 정(精)에 대한 서술어인지 아니면 신(神)에 대한 서술인지 모호하다고 쓴 문단이 있다. 이 문단이 김정희의 의견인지 아니면 다른 중국 학자들의 것인지는 확인하지 못했다.

135) 藤塚鄰, 위의 책, p.435.

136) "亭林稱, 獨精三禮, 卓然經師, 吾不如張稷若."

137) 梁啟超, 위의 책, p.268.

138) 均은 韻의 오자로 추정된다.

139) 金正喜, 위의 책 권1, 「聲均辨」, "自陳顧江戴段王以來, 聲均之學, 漸次發明, 殆無餘蘊. 又有孔氏莊氏張氏劉氏之書, 同異紛綸, 然各有好處, 皆可以懸之日月, 必有所以定針而折中者矣."

140) 金正喜, 위의 책 권3, 「與權彝齋」 35, "虞義連有玄老之參聞耶. 此義亦非易道之盡於此. 特其一義而有古學相傳之不可沒者. 張氏之a301_071d收拾殘零. 亦此義也. 今若以易道爲盡於此. 非易之無不具備之義. 又非張氏發明之本義矣. 伏未知如何."

141) 심경호, 「秋史 金正喜의 考證學」, 『秋史硏究』 제5호, 추사연구회, 2007 참조.

142) 藤塚鄰, 위의 책, p.540.

143) 史学善, 「"爻辞周公"说辨析」, 『周易研究』, 2001 제2기.

144) 김정희가 역학 연구와 관련해 주목한 혜동, 초순은 모두 주공이 효사를 지었다는 것을 의심하지 않았다. 아마도 청대 또 다른 연구자의 글이라고 짐작되나 필자의 역량 부족으로 확인할 수 없었다.

145) 藤塚鄰, 위의 책, pp.225~226.

146) 藤塚鄰, 위의 책, pp.355~356, p.425, p.530.

147) 서근식, 「조선후기 경기학인의 『주역』 해석방법에 관한 연구(2)」, 『한국철학논집』 21, 2007.

148) "槩而論之, 易之說象, 未有如荀虞, 不明於升降旁通消息, 終無以讀易."

149) "尙辭尙變之君子, 未嘗假卜筮而尙占. 如春秋左氏所傳占筮, 是左氏之失之誣者, 九筮古法, 自春秋時無聞. 辛廖卜楚邱卜徒父史蘇之徒, 私造繇詞, 大謬於彖象聖旨, 以開後世方術之先. 今以爲是春秋時占筮, 而强合於易義尤不可, 何以異於龍蛇混襍也."

150) 서근식, 위의 논문, 2007, pp.133~134.

151) 金正喜, 『阮堂全集』 권3, 「與權彝齋敦仁」 "是以易有聖人之道四. 以言以動, 以制器以卜筮…. 是以程子之易, 卽言易, 漢儒之易, 卽動易. 若制器卜筮, 後世遂成絶學, 未有聞焉…. 卜筮之法, 已自北海之時難明如此. 誰有於北海以上以下, 更明此道而歷歷言之, 如今程沙隨諸人之筮儀…. 此卜筮之已成絶學也. 易之爲書, 廣大悉備, 無所不有. 神仙爐火, 方術技藝, 幽渺怳惚者, 無不託焉. 皆君子所不言也, 卜筮雖四道之一, 而君子之易, 以言者尙其辭, 以動者尙其變, 不必卜筮而自合於易之道. 惟百姓日用而不知, 未可以道喩也. 是以明於天之道, 察於民之故, 是與神物以前, 民用卜筮, 所以爲民設. 故爲四道之一, 其實爲民而非爲君子也是假卜筮而行易道."

152) 이제까지 김정희의 역학을 주제로 한 연구로는 김길환, 「金秋史의 周易思想과 實學思想」, 『百濟硏究』 제5집, 1974.; 지두환, 「秋史 金正喜의 易學思想」, 『한국사상과 문화』 16권, 2002.; 서근식, 「 秋史 金正喜의 易學思想 硏究」, 『동양고전연구』 21, 2004.; ____, 위의 논문, 2007 정도를 꼽을 수 있다.

153) 서근식, 위의 논문, 2004, p.39.; ____, 위의 논문, 2007, pp.128~130.

154) 『書經大全』 卷一, 「虞書/堯典」.

155) 「잡지」의 인용문은 "①日躔黃道. 一周歷春夏秋冬. 四時代序而成歲. 一歲共三百六十五日有奇. 此一事也. 是爲歲實也. 月離白道. 一周歷朔弦望晦. 追及日而成朔. 十二合朔. 共三百五十四日有奇. 此又一事也. ②古聖人因節氣過宮. 民不易曉. 姑從合朔一周爲一月. 合朔十二周爲一年. 良以生明生魄. 擧頭易見. 取其便於授時. 非爲合朔十二周

爲卽歲實也. ③歲實自爲歲實. 合朔自爲合朔. 在天各自運行. 本非一軌. 今旣借合朔. 以紀歲實. ④故歲實共三百六十五日有奇. 較十二合朔. 多十一日弱. 氣盈者此十一日弱也. 十二合朔共三百五十四有奇. 較歲實少十一日弱. 朔虛者此十一日弱也. ⑤二年則多二十一日有奇. 而冬至將第十二月. 故三年必置閏. 盖歲實滿三周. 則已歷三十七合朔有奇. 故多一合朔而爲閏也."인데, 「기영삭허변」의 전반부인데 중간 중간 누락되거나 앞뒤 순서가 뒤바뀐 부분이 있다. 「氣盈朔虛辨」원문은 ①→원문으로부터 생략된 문장들 → ②→ 원문으로부터 생략된 문장들→⑤→원문으로부터 생략된 문장들 →③→ 원문으로부터 생략된 문장들 → ④의 순서이다.

156) 凌廷堪, 『校禮堂文集』, 「氣盈朔虛辨」, "非如蔡九峰書傳所云, 三百六十日為一歲之常數, 多五日有奇謂之氣盈, 少五日有奇謂之朔虛也. 術家以一月三十日為常數, 兩節氣三十日有餘也, 其有餘者為氣盈, 一合朔三十日不足也, 其不足者為朔虛. 此便於步算則爾, 儒者說經, 當直指其所以然, 苟僅襲術家之說, 貿貿焉書諸簡冊, 則氣盈朔虛幾為神奇不可測之事, 學者何由而明閏月之所以然乎."

157) 金正喜, 위의 책 권8, 「雜識」, "蔡注旣云日行之數月行之數, 而又云三百六十者一歲之常數也. 此三百六十之常數, 日月行度之外, 又是何數也. 是混圇無別, 不可强解者一也. 又合氣盈朔虛而閏生焉, 與天會而多五日, 與日會少五日故一歲閏率則十日云云, 其多五日者, 可以入算, 少五日者, 又何以入算而成十日之數耶. 是又混圇無別, 不可强解者二也."

158) 단 『사기정의』 부분은 구절의 앞뒤 순서가 바뀌고 생략되어 "爲人主壽命延長之應" 이하 부분이 "故謂之壽昌, 天下安寧, 常以秋分之曙, 見於景, 春分之夕, 見於丁, 見, 國長命, 故謂之壽昌, 天下安寧"으로 바뀌어 있다.

159) 『新法算書』, 「四庫全書提要」, "等謹案新法算書一百卷, 明大學士徐光啟, 太仆寺少卿李之藻, 光祿卿李天經, 及西詳人龍華民, 鄧玉函, 羅雅穀, 湯若望等所修西洋新曆也…而光啟病卒, 李天經代董其事, 又續以所作曆書及儀器上進…. 書首爲修曆緣起, 皆當時奏疏及考測辨論之事, 書末曆法西傳, 新法表異二種, 則湯若望入本朝後所作, 而附刻以行者. 其中有解有術有圖有考有表有論, 皆鉤深索隱, 密合天行, 足以盡歐羅巴曆學之蘊."; 주핑이 저·이혜정 역, 「서울대학교 규장각 소장 『崇禎曆書』와 관련 사료 연구」, 『奎章閣』 第34輯, 2009, pp.232~233.

160) 아마도 『阮堂先生全集』 편집자의 착오로 짐작되는데 「잡지」 내 다른 인용문들이 그렇듯이 여기서도 인용문의 앞 단락과 뒤 단락의 순서가 바뀌어 있다. 중요한 문제는 왜 김정희가 하필 동남아시아 지역 특히 북인도 지역의 구절을 인용해 두었는가 하는 점인데, 당시 조선의 정황과 관련해 짐작하기는 쉽지 않다. 물론 그가 훨씬 더 많은 부분의 『해

국도지』를 절록하여 두었는데 이 부분만 남았을 가능성도 있고 김정희 주변의 누군가에게 전달하려고 했는지 알 수 없다.

161) 『완당선생전집』 내 초록된 글과 원글의 글자의 출입과 변경에 관한 부분은 본서의 설명 위치 참조.

2장

1) 하우봉, 『조선후기 실학자의 일본관 연구』, 일지사, 1989.; 정장식, 「영조대 통신사와 이덕무의 일본 연구」, 『일본문화학보』 23, 2004.; 하우봉, 「조선후기 실학자들의 일본 연구와 문헌자료 정리」, 『일본사상』 6, 2004.; 후마 스스무 저·하정식 등 옮김, 『연행사와 통신사』, 신서원, 2008.; 김정신, 「1763 계미 통신사 원중거의 일본 인식」, 『조선통신사연구』 11, 2010.; 함영대, 「조선후기 한일학술교류에 대한 一考」, 『한문학보』 24, 2011.; 김성준, 「18세기 통신사행을 통한 조선 지식인의 일본 古學 연구」, 『동양한문학연구』 32집, 2011.; 임형택, 「동아시아 삼국간의 '이성적 대화'에 관한 고찰」, 『한문학보』 26, 2012.; 김보성, 「19세기 조선 지식인의 일본·유구에 대한 인식 고찰」, 『한문학논집』 35, 2012 등.

2) 晁監은 일본인 阿倍仲麻呂. 그는 遣唐使를 따라 당에 유학가서 이름을 晁衡으로 개명했고, 玄宗, 肅宗, 代宗에 걸쳐 秘書監 등의 관직을 지냈고, 李白, 王維 등과 교류했다. 753년 귀국하려다 폭풍우로 실패하고 長安에서 죽었다. 관련 기록으로 王維의 「送秘書晁監還日本國」이 있다. 奝然(938~1016)은 일본 승려. 宋 太平 興國 八年(983)에 중국에 들어가 佛法을 구하였다. 천태종을 공부하고 여러 중국의 사찰을 둘러보고 宋太宗을 알현하여 日本铜器 10종, 일본 서적인 『王代年記』, 『職員令』 각 1권, 중국에서 일실된 『孝經鄭氏注』 二卷, 『越王孝經新義第十五』 一卷 등을 바쳤다. 이후 그는 雍熙三年(986)에 다시 한 번 많은 경서를 가지고 일본에 귀국하였다.(이상 『宋史』, 「日本傳」 참조.)

3) 藤塚鄰, 『추사 김정희 또 다른 얼굴』, 아카데미하우스, 1994, pp.159~160, "其時不通中國, 凡係中國書籍, 皆資於我, 今足利學所存古經, 卽唐以前舊蹟也…此寔天下之所無也, 且如皇侃論語義疏, 蕭吉五行大義等書, 皆中國之已佚, 尙存於彼, 何其異也, 晁監奝然, 今不可攷, 西京東都之間, 其所爲文, 弇陋僻謬, 隨其語言, 直行文勢, 無俯仰轉折上下吐納之義, 如武林傳, 至無以句讀者也, 而百餘年來, 藤樹物部之學大盛, 詩文

專尙滄溟, 稍變俗體, 然舊染已痼, 猝難革面矣, 今見東都人篠本廉文字三篇, 一洗弇陋僻謬之習, 詞采煥發, 又不用滄溟文格, 雖中國作手, 無以加之, 噫, 長崎之舶, 日與中國呼吸相注, 絲銅貿遷, 尙屬第二, 天下書籍, 無不海輸山運, 昔之所以資於我者, 乃或有先我見之者, 條雖欲不文 不可得也. 然此可以覘一事, 而知天下之世也. 彼之於絲銅書籍之外, 又安知不有得之於中國者也. 噫. 古嵎山人漫書."

4) 『무림전』은 信濃高島藩의 第3代 藩主인 諏訪忠晴(?~1695)의 『本朝武林小傳』으로 추정된다.

5) 藤塚鄰, 위의 책, p.540, '김완당의 장서목록 일부' 참조.

6) 이하에서는 「방회인시체」로 약칭함.

7) 이름은 邦, 字가 元輿, 호는 橘園, 威如齋이며 에도 후기의 유학자이다. 松任출신으로 皆川淇園의 제자이다.

8) 金正喜, 『阮堂全集』 제9권, 「仿懷人詩體 歷敍舊聞 轉寄和舶 大板浪華間諸名勝 當有知之者」, "說經何奇特 曾見伊物書, 後出加邃密, 仁齋未是疏, 且須平心看, 一切門戶除. 精里儘老學, 遠溯洛閩餘, 因之及我邦, 節要退溪書, 筆法亦淳古, 想必其人如.—余齋有精里對聯…. 俊逸三宅邦, 超拔出等夷, 觥觥說古義, 下士大笑之, 聲聞遂不及, 海雲渺遠思…. 唐以前舊文, 尙今在足利, 拙古破體書, 恰是齊梁字, 誰知百濟時, 還復我之自.—足利學所藏古書, 似齊梁金石, 百濟時購去者. 七經與孟子, 考文析縷細, 昔見阮夫子, 嘖嘖歎精詣, 隨月樓中本, 翻雕行之世.—余入中國, 謁阮芸臺先生, 盛稱七經孟子考文, 以揚州隨月讀書樓本, 板刻通行. 隋唐殘本書, 中國之所遺, 並收佚存中, 片羽亦珍奇, 嗟哉孝經注, 同歸梅頤僞. –佚存叢書, 收輯隋唐殘本書, 孝經注, 是僞書也…. 人見和泉字, 賴以金索傳, –余嘗以和製鏡, 分贈中國諸名士, 馮晏海並收刻於金索古刻中– 蘇米齋中老, 斤斤說奝然, –余謁蘇米齋, 以奝然書爲問– 海天理舊夢, 廻首三十年."

9) 伊藤仁齋는 에도막부 전기의 사상가로서, 이름은 維楨, 호는 仁齋, 古義堂, 棠陰이며, 자는 源佐, 源吉, 源七 등이다.

10) 朱謙之, 『日本的朱子學』(哲學史家文庫), 人民出版社, 2000, 1장 참조.

11) 伊藤仁齋, 『語孟字義』 권上, 「理凡五條」; 오가와 하루히사, 「일본실학의 형성과 발전」, 『일본사상』 제8호, 2005, pp.7~8 참조.

12) 伊藤仁齋, 『孟子古義』, 「總論」 3면, "當以孟子之言, 爲之註脚, 而解其義… 若夫欲觀孔子之道, 而不由孟子者, 猶渡水無舟楫, 豈得能濟乎."

13) 『語孟字義』 권上, 「天道凡七條」.

14) 荻生徂徠는 본 성이 物部이고 이름이 雙松, 자는 茂卿, 호가 徂徠, 蘐園이다.

15) 이기원, 「오규 소라이(적생조래)의 고문사학」, 『日本思想』 제16호, 2009, pp.130~148 참조.

16) 한국18세기학회 엮음, 『18세기 한일문화 교류의 양상』, 태학사, 2007, pp.72~74 참조.

17) 후마 스스무, 위의 책, pp.222~231 참조.

18) 한국18세기학회 엮음, 위의 책, pp.72~74 참조.

19) 元重擧, 『와신상담의 마음으로 일본을 기록하다: 和國志』 권2, 「異端之說」.

20) 元重擧, 위의 글, "而無佛老論性論德之奇, 乏陸王良知良能之辨."

21) 趙曮, 『海槎日記』 卷5, 「六月十八日」, "所謂學術則, 大抵皆近異端. 有伊藤維貞號仁齋者, 著童子問, 毁侮程朱, 近有物雙栢, 字茂卿號徂徠一號艸/暖園者, 雖無師承之可言, 其文章則超越諸子, 著論語徵, 自孟子以下皆侮而詆之, 以朱註爲僞註. 兩人言入人深而流派遠, 想若淸國毛奇齡號西河者, 攻斥朱子, 自著六經原辭. 然以此言之, 陽明之術, 汎濫天下, 而朱子之學, 獨行於朝鮮."

22) 후마 스스무, 위의 책, pp.243~244 참조.

23) 李德懋, 『靑莊館全書』 제64권, 「蜻蛉國志 1/人物」.

24) 李德懋, 앞의 책 제54권, 「盎葉記」 1, "天下豈有無四端之人, 此是顧伊之相同處, 皆由於曲護, 越椒等生而不善, 以形論性, 自歸於不知性."

25) 李德懋, 앞의 책, 제54권, 「盎葉記」 5, "伊藤仁齋, 排斥程朱, 自爲一家, 物徂徠不至與仁齋同, 而推尊於鱗, 元美爲先覺…. 王李之文章, 猶不服人, 烏覩所謂學問也哉."

26) 鄭東愈, 『晝永編』 下, pp.239~241, "日本有古學先生, 其行狀畧曰, 先君子諱維禎字源佐 性伊藤…. 有疑於宋儒性理之說, 乖孔孟之學參伍出入, 沈吟有年, 至是恍然自得畧就條貫, 乃謂大學之書, 非孔氏之遺書, 及明鏡止水沖漠無眹體用二氣等說, 皆佛老之緖餘, 而非聖人之旨…. 疑者以爲陸王餘說, 先生處乎其間是非毁譽, 恬而不問…. 余謂, 孟子曰, 豪傑之士不待文王而興, 如此人之謂也. 雖謂之千古一人可也, 雖謂倭國無儒術乎."

27) 丁若鏞, 『與猶堂全書』 第二十一卷, 「示二兒」.

28) 金邁淳, 『臺山集』 卷17, 「闕餘散筆/榕村第三」, "嘗見日本人太宰純所著論語訓傳. 凡言仁, 必以安民釋之, 凡言禮, 必以儀制釋之, 力斥集註本心天理等訓, 以爲釋氏空虛之學. 又曰私欲淨盡, 乃禪家修菩提之敎, 心之有私欲, 亦理也, 若果淨盡則非人也, 其說與阮氏不謀而同. 但純則罵詈程朱, 不遺餘力, 又上及孟子, 以性善爲謬說. 而阮氏則雖於程朱, 內懷訕誹, 而不欲顯肆口氣, 孟子得與論語幷擧, 不失聖賢之尊者."

29) 藤塚鄰, 위의 책, pp.157~158.

30) 三宅橘園, 『鶴林情盟』, 「送李學士還韓序」, "蓋濂洛之學, 非不善也, 然其與古乖者, 亦不尠. 大凡窮理之說, 陽孔子而陰莊禪, 言天言命皆以爲理, 旣非孔氏之舊, 然元明以來未有易之者…. 後儒類學讀書粗鹵, 又貴枝葉而遺楨幹, 賴派流而輕淵源, 唯主張論孟, 而孔子所手定詩書易委之鹵莽. 故其釋論孟, 亦失其眞…. 以子之才直企跐美里, 褰裳洙泗, 闡明古學, 專美鷄林, 不亦太勳乎."

31) 草場珮川, 『津島日記』, p.134, "(六月二十四日)此日筆語上呈兩樣如前. 午後客館エ使ス昨日韓客 吾師ノ墨跡ヲ求タルヲ書送セラル. ナリ余モマタ要ラレシ水墨数幅ヲ齎ラス. 筆語ニ及フ."

32) 古賀精里, 『對禮餘藻』, "泊翁. 日昨見公筆力遒勁, 恰有文衡山骨力, 想早得力於松雪門路已…. 泊翁. 筆法淳古謹嚴可敬."

33) 字는 君彝, 號는 崑崙, 荻生徂徠에게서 수학하고, 西條藩에 出仕하여 1720년부터 1724년까지 足利學校에서 독서하면서 이 학교에 소장된 여러 옛 경전들을 校讎했다.

34) 1748년 통신사행에서 제술관이었던 박경행은 하기번의 서기관 오다무라 모치유키로부터 소라이의 학문을 잇는 학자로 난가쿠(南郭)와 슈난(周南)을 꼽았는데(후마 스스무, 위의 책, pp.174~175 참조), 난가쿠는 겐케이를 가르쳤고, 카쿠다이는 슈난으로부터 소라이학을 배웠다. 큐이칸은 당시 통신사의 이봉환 등에게 소라이학의 의의를 설명하고 조선에게 고학을 권장한 인물이다(같은 책, pp.193~195 참조).

35) 후마 스스무, 위의 책, pp.233~238.

36) 李圭景, 『五洲衍文長箋散稿』, 「歷代石經辨證說-附日本山井鼎七經孟子考文辨證說」.

37) 李圭景, 위의 책, 「箕子朝鮮本尙書辨證說」, "淸阮芸經元, 刻七經孟子考文竝補遺序, 四庫全書新收日本人山井鼎所撰七經孟子考文竝物觀補遺共二百卷, 校閱群經, 頗多同異. 山井鼎所稱宋本, 往往與漢, 晉古籍及釋文別本, 岳珂諸本合, 所稱古本及足利本, 以校諸本, 竟爲唐以前別行之本, 物茂卿序所稱唐以前王,段,吉備諸氏所齎來古博士之書, 誠非妄語."

38) 李圭景, 위의 책, 「經史訛誤辨證說」, "山井鼎雖爲外夷, 苦心經學, 亦可尙也. 世傳日本有先秦古書云者, 蓋緣徐市而傳疑也, 山井之所撰, 雖非先秦古書. 然其在唐以前之本, 則足可證今本之疑誤矣. 且欲明五經, 則考張參五經文字, 唐玄度九經字樣, 則可以刊正謬誤矣."

39) 李尙迪, 『恩誦堂集續集』 권2, "日本人著述, 余素嘗閱眼者亦不少. 然上下百年, 文風之丕變, 莫盛於近代何哉…. 嗟夫. 山井鼎七經孟子考文及物觀補遺, 已爲揚州阮文達所鏤板. 此彼書而流入中國者, 皇侃論語義疏蕭吉五行大義, 佚於中國而存於彼者. 然則彼中經學有用之書何限, 而未易周覽, 良可慨也."

40) 黃遵憲, 『日本國志』, " 乾嘉之間, 考據之學盛行, 日本爭購其書"(李春光, 「日本保存中國文化典籍初探」, 『文獻』 01期, 1985 재인용).

41) 梅憲華,「日本漢籍版本目錄學 研究源流概述」,『文獻』01期, 1993 참조.

42) 松浦章,「江戶時代唐船が中国へ持ち帰った日本書籍— 安徽鮑氏『知不足齋叢書』所収の日本刻書」,『アジア文化交渉研究』第2号, 2009, p.371 참조.

43) 『焦窓文草』 권3(藤塚鄰, 위의 책, pp.129~130 재인용.)

44) 牛範金民,「縹囊緗帙——清代前期江南书籍的日本销场」,『史林』1期, 2010.

45) 華立,「從長崎貿易江戶時代淸日兩國的經濟·文化交流」, 中國人民大學淸史硏究所,『日本學報』2, 1992, p.36.

46) 大庭修,『江戶時代における唐船持渡書の研究』, 関西大学出版部, 1967.

47) 이상적은『廣新聞』이 翁氏의 저술이라고 했는데, 청대 건륭57년 각본『廣新聞』는 無悶居士(陸鼎翰)의 저술이다.

48) 李尙迪, 위의 책 권2,「讀蕉錄」,"今讀大槪茂質所輯蕉錄, 其證引明淸諸家雜著, 多至三十餘種. 雍正以前猶屬陳編, 乃若翁氏之廣新聞, 袁氏之隨園詩話. 阮氏之茶餘客話, 趙氏之陔餘叢考等書, 皆後先刊行於乾隆之末, 而此錄成於伊國之寬政丙辰. 所謂寬政丙辰, 卽嘉慶元年也, 何其郵傳之速而先覩之快也. 葢近來中國書籍, 一脫梓手, 雲輸商舶. 東都西京之間, 人文蔚然, 愈往而愈興者, 賴有此一路耳."

49) 松浦章, 위의 논문.

50) 阮元,『定香亭筆談』卷四,「刻七經孟子考文並補遺序」,"四庫全書新收日本人山井鼎所譔七經孟子考文并物觀補遺二百卷. 元在京師僅見寫本, 及奉使浙江, 見揚州江氏隨月讀書樓所藏, 乃日本元板搭紙印本. 攜至杭州, 校閱羣經 頗多同異. 山井鼎所稱宋本, 往往與漢晉古籍及釋文別本岳珂諸本合, 所稱古本及足利本, 以校諸本竟爲唐以前別行之本, 物茂卿序所稱唐以前王段吉備諸氏所齎來古博士之書, 誠非妄語. 故經文之存於今者, 唐開成石經陸元朗釋文 孔沖遠正義, 三本爲最古. 此本經, 雖不全實, 可備唐本之遺. 卽如周易文言傳可與幾也, 古本足利本 幾上有言字, 與李鼎祚集解及孔疏合, 疏中共論二字正釋言字也. 尙書堯典敬授人時, 古本足利本作民時, 此唐以前未避諱之驗, 而洪範無偏無陂, 陂仍作頗, 亦在未經詔改以前. 召誥錫周公曰, 拜手稽首, 曰下有字, 乃篆文字之譌. 比介于我有周御事, 介作爲邇字, 古文所由誤爲介字, 皆與傳疏所解相合, 此漢晉以來僅存古字也… 論語異同, 多出皇侃義疏, 洵爲六朝眞本, 孟子趙岐章指, 亦勝俗本… 凡以上經文略爲擧證, 皆非唐石經以下所有誠古本也, 傳注釋文正義, 三者所校, 更爲繁細, 助語多寡偏旁增減, 或不足爲重. 然精核可采者, 亦復不少至于書大誥肆哉爾庶邦君, 古本足利本, 皆作肆告似亦可從… 山井鼎等惟能詳紀同異, 未敢決擇是非, 皆爲才力所限. 然積勤三年成疾幾死有功聖經, 亦可嘉矣. 我國家文教振興遠邁千載, 七閣所儲書籍, 甲于漢唐, 海外軼書亦加甄錄, 此書其一也."

51) 藤塚鄰, 위의 책, pp.131~132.

52) 潘祖蔭, 『滂喜齋藏書記』 卷一, 「日本刻古文孝經孔氏傳一卷」, "此書國朝康熙末流入中國, 長塘鮑氏刻入知不足齋叢書, 盧文弨序引用唐代諸書, 證爲隋代舊本實僞撰耳. 不獨非孔氏之書, 并不出自劉炫也. 此本日本阿正精, 以弘安鈔本影刻."

53) 汪喜孫 撰 楊晉龍 主編, 『汪喜孫著作集』 下, pp.1223~1224.

54) 翁方綱, 『復初齋詩集』 卷65, 「日本鎏金鏡歌」, "邇惟七經孟子按, 足利本雜明天崇, 採到毛家汲古刻."

55) 藤塚鄰, 위의 책, pp.127~128 참조.

56) 松浦章, 위의 논문, p.380.

57) 張文虎, 『舒藝室雜著』, 「跋兩京新記」, "唐韋述兩京新記五卷, 全書已佚, 日本人刊其弟三卷於佚存叢書, 闕文譌字甚夥, 玉海十五引館閣書目云, 新記韋述開元中撰, 西京始於開皇, 東都起於大業. 皇朝宋敏求演之爲長安志, 今考長安志十自興福寺注以下卽韋記第三卷之文而增廣之. 其譌脫處可互相校補, 又御覽廣記玉海所引韋記文見於長安志者太半. 然則韋書已全具宋志, 而特删其神怪事, 又不言所自耳. 天瀑乃謂中國撰箸惟雍錄七修類稾嘗一及之, 其他無見, 何其陋也."

58) 藤塚鄰, 위의 책, pp.128~129.

59) 藤塚鄰, 위의 책, pp.87~89.

60) 松崎謙堂, 『接鮮瘖語』, 「接鮮記事」, "舊來每鮮使抵都, 林氏世世必就其館見之. 而使臣妄自尊大, 其筆語唱酬, 專使製述書記輩主之. 我述齋先生深不以爲然."

61) 〈옹방강과 김정희가 나눈 필담서〉, "奮然之書, 中國所傳, 是孝經論語耶", 과천 추사박물관 소장.

62) 李璋煜, 『國朝山左詩鈔後集』 권2, 彙10, "周經尊甫太華先生, 曾爲日本使, 與草場韡等唱酬, 並得其晉唐總錄薦錄等書以歸"(藤塚鄰, 위의 책, pp.344~348 재인용).

63) 藤塚鄰, 위의 책, pp.161~162.

64) "百篇佚書日本留, 談經尙有西條侯, 君之先世充此使, 足利秘笈裝輕舟." 여기서 서조후는 山井鼎이 『七経孟子考文』의 清書本을 바친 伊予國 西條藩의 第7代 藩主인 松平賴看(1774~1797)이다.

65) 藤塚鄰, 위의 책, pp.344~348.

66) 한국18세기학회 편, 위의 책, p.12.

3장

1) 85종에는 일본 금석 자료 4종이 포함되어 있다. 자세한 상황은 朴現圭,「上海圖書館藏 淸 劉喜海의 定藁本《海東金石苑》」,『서지학연구』 제21집, 2001 참조.

2) 藤塚鄰,『추사 김정희 또 다른 얼굴』, 아카데미하우스, 1994, pp.186~189.;『후지츠카의 추사연구자료』(후지츠카 기증 추사자료전Ⅲ), 과천문화원, 2008, pp.149~150 참조.

3) 藤塚鄰, 위의 책, p.181.

4) 藤塚鄰, 위의 책, p.183.

5) 박현규,「해동금석문의 신자료인 청 翁樹崑《碑目瑣記》에 대하여」,『季刊書誌學報』 20, 한국서지학회, 1997, p.92.

6) 박철상,「秋史 金正喜의 金石學 硏究」, 계명대학교 석사학위논문, 2010, p.28.『비목쇄기』의 존재는 박현규의 위의 논문에서 처음 밝혀졌다.

7) 金正喜,『海東碑攷』(修綆室소장필사본),「慶州鍪藏寺碑」, "翁星原樹崐癖於金石, 余寄以此碑舊存之一段. 嘉慶乙亥星原作碑圖以贈之, 其第一行之先題之曰, 處似尙有一行, 其言良是."(박철상, 위의 논문, p.42 재인용.)

8) 金正喜,『海東碑攷』(修綆室소장필사본),「慶州鍪藏寺碑」, "此石書品, 當在白月碑上, 蘭亭之崇字三點, 惟此石特全, 翁覃溪先生以此碑爲證. 東方文獻之見稱於中國, 無如此碑."

9) 『해동금석영기』는 후지츠카의 구장본이었는데 과천시에 기증하였다(박철상, 위의 논문, pp.35~37 참조). 박현규의 2011년 연구에 의하면 何積煌(詒豈)가 기록한 바 그의 증조부 하소기가 소장했다고 하는 옹방강의 한국 금석학 관련 저술 2종『해동금석영기』와『海東金石記』 4책 중 후자가『海東金石文字記』라고 보았다.(何詒豈,「海東金石零記跋文」, "右翁覃谿學士, 海東金石零記 一冊, 先曾祖東洲老人得於燕京, 尙有海東金石記四冊, 均係未成書之稿, 爲友人假去不還, 是冊獨存, 書此聊志濫交之痛."(果川文化院影印本) 沈津의『翁方綱年譜』, 中央硏究院中國文哲硏究所, 2002, p.8에 옹방강의 금석학 저술로 기록된『海東金石文字記』가 박현규가 언급한『海東金石文字記』인지는 추후 연구가 더 필요하다. 아울러 박현규는 동일한 논문에서 과천문화원 소장본 저자를 옹방강이 아니라 옹수곤으로 추정하였다.(朴現圭,「海東金石零記의 저자와 실상」,『大東漢文學』 제35집, 2011, pp.391~400.)

10) 『후지츠카의 추사연구자료』, 과천문화원, 2008, p.188.

11) 藤塚鄰, 위의 책, p.307.

12) 藤塚鄰, 위의 책, p.299.

13) 藤塚鄰, 위의 책, pp.299~308, pp.321~322.

14) 藤塚鄰, 위의 책, p.322.

15) 藤塚鄰, 위의 책, pp.327~328.

16) 藤塚鄰, 위의 책, p.361.

17) 韓弼教, 『隨槎錄』, (필사본연세대학교소장) "月汀曰, 先生金石想甚富收藏矣. 上使曰, 拙於筆畵亦乏鑑賞, 未有收藏之可言. 月汀仍出示東國金石文十卷. 自新羅高麗以下訖于啓禎間, 裒輯甚富."(박철상, 위의 논문, p.64 재인용.)

18) 한필교는 홍석주의 사위로서 홍석주가 1831년 사은사(謝恩使) 정사(正使)로 연행했을 때 자제군관으로 동행했다. 1831년은 김정희와 이장욱이 서신을 교환한 일 년 후이므로 그동안 김정희에게 자신이 저술 중이라고 1년 전 편지에서 언급했던 금석학 저술을 완성했을 수 있다. 그렇다면 두 다른 이름의 저술은 동일한 것일 가능성이 있다. 더구나 『동국금석문』은 고유명사가 아니라 일반명사일 가능성도 있으므로 동일한 저술일 가능성을 더한다.

19) 藤塚鄰, 위의 책, pp.336~337.

20) ① 문학 방면 연구– 박복선, 「李裕元의 嘉梧小樂府」, 『睡蓮語文論集』 Vol.6, 1978.; 김영숙, 「李裕元의 《嘉梧樂府》 硏究」, 『大東漢文學』 제6집, 1994.; 심명희, 「李裕元의 『嘉梧樂府』 硏究」, 경상대학교, 2003.; 함영대, 「19세기 관료문인의 문헌정리작업과 그 문학적 형상: 이유원의 「해동악부」와 「봉래비서」를 중심으로」, 『문헌과 해석』 통권43호, 2008.; ② 예술 방면 연구– 이민홍, 「橘山 李裕元論」, 『한국한문학회』 79집, 1999.; 유영혜, 「귤산 이유원(橘山 李裕元) 연구: 문화, 예술 취향을 중심으로」, 이화여자대학교 석사학위논문, 2007.; 김영범, 「이유원(李裕元)의 서화(書畵)에 대한 미의식 연구: 李裕元, 『林下筆記』를 중심으로」, 서울대학교 석사학위논문, 2009.; ③ 음악 방면 연구– 장석규, 「〈관우희〉·〈관극팔령〉의 창작방법과 송만재. 이유원의 작가의식, 『문학과언어』 제12집, 1991.; 김주연, 「李裕元의 李裕元, 『林下筆記』에 나타난 音樂 記事 硏究: 典謨編·文獻指掌編·春明逸史編·旬一編에 限하여」, 全南大學校 석사학위논문, 2003.; ④ 정치 방면 연구– 이화자, 「17~18세기 越境문제를 둘러싼 朝·淸 교섭 = 十七, 十八世紀朝鮮與淸朝國境越境問題的交涉」, 서울대학교 대학원, 2003.; Quan He-Xiu, 「한중관계의 근대적 전환과정에서 나타난 비밀 외교채널: 李鴻章과 李裕元의 往復書信을 중심으로」, 『韓國學論集』 제37집, 2003 등. ⑤ 번역으로는 李裕元 저, 민족문화추진회 편역, 『국역임하필기』 1–10, 1999.

21) 李裕元, 『林下筆記』 권3, 「金薤石墨編」, "近得闕里所度及諸家所藏, 圖成一部. 參互博古考古兩圖, 西淸古鑑積古齋欵識, 漢隷字源, 隷辨, 隷釋等書, 覃溪所訂隷韻, 裒

作一編 名爲金薤石墨."

22) 이하 금석학 연구사에 대한 약술은 郭名詢, 「淸代金石學發展概況與特点」, 『學術論壇』 2005年 7期, 北京 참조.

23) 章鈺, 『靑史稿藝文志及補編』, 中華書局, 1982.; 王紹曾 主編, 『靑史稿藝文志拾遺』, 中華書局, 2000.

24) 朴趾源, 『熱河日記』, 「盛京雜識」.

25) 李德懋, 『靑莊館全書』 제60권, 「盎葉記 七/西淸古鑑 」.

26) 韓致奫, 『海東歷史』, 「海東歷史引用書目」.

27) 藤塚鄰, 『추사 김정희 또다른 얼굴』, pp.299~300.

28) 金正喜, 『阮堂全集』 제2권, 「與申威堂-觀浩」, "古器款識一函三册, 聞有一閱底意, 玆以割愛奉瓻. 盡情閱過, 隨便投還如何."

29) 李裕元, 『林下筆記』 권35, 「薜荔新志」.

30) 동씨와 설씨는 남송대 저명한 고동서화 연구 저작을 남긴 董逌와 薛尚功으로 짐작해 볼 수 있다. 각각 『廣川書跋』 10권, 『歷代鍾鼎彝器款識』 20권을 남겼다.

31) 양장거의 원문은 "粤稽湯盤孔鼎, 肇自商周, 迨夫董, 薛諸家, 備載周鼎秦權, 類皆模範吉金, [而]石墨尚少. [雖]夏禹有岣嶁之碑, 周宣有岐陽之鼓, 宣尼有季子之銘, 後人尚疑信參半. 大抵三代以前, 金爲多, 迨秦斯刻石以來, 漢世紀頌功德, 多在樂石. 梁元帝碑英一書, 今不可見. 自歐趙諸家, [至吾子行及近代]下至都穆趙崡輩, 遞相著錄, 考据益詳, 往往訂經史之闕譌, 非苟焉已也."과 같고 이 중 꺾은 괄호 부분은 「금해석묵편」에서 빠진 글자들이다.

32) 『금석색』 중 「純皇帝欽頒 闕里廟廷周笵銅器十事謹錄」은 청 고종황제가 곡부 공묘에 하사한 청동기 10기를 기록한 것으로, 이를 기념하여 御製詩까지 하사하였으므로 기형에 따라 분류하여 다른 속에 두지 않고 특별히 首 부분에 따로 두었다. 또한 와전류는 석색의 마지막에 두었다.

33) 민족문화추진회 국역본 주석에 의하면 『임하필기』 3권에 해당하는 「금해석묵편」이 『예석』, 『예운』에서도 내용을 발췌했다고 하는데, 『금석색』 자체가 『예석』, 『예속』, 『예운』을 토대로 했을 뿐더러, 「금해석묵편」이 두 편저 내 기물의 순서, 설명 내용과는 적지 않은 오차를 보여 「금해석묵편」 제4권 역시 『금석색』에서 발췌했다고 판단하는 것이 적절할 것이다.

34) 馮雲鵬, 「自敍」, 『金石索』, pp.41~43, "自趙宋來譚金石家, 莫顯于歐趙洪婁王劉呂薛, 而隷釋隷續等編, 每詳于石而略于金 …. 馮兼斯二癖而好爲苟難, 用是有金索石索之設. 而索于舊聞者二三, 索于新得者七八焉."

35) 藤塚鄰, 앞의 책, p.163과 p.297.

36) 매실이 누렇게 익는 초여름을 지칭하는데, 황허 강 중하류 지방에서는 이 시기 계속 비가 내린다.

37) "馮安海金石索, 有追刻而已有東來, 亦圖之."(김규선, 「'기증 추사편지'의 내용」『秋史研究』2, pp.137~138, 秋史研究會, 2006.)

38) 洪大容, 『湛軒書』 外集 2권, 「杭傳尺牘」.

39) 金正喜, 『阮堂全集』 권1, 「答趙怡堂-冕鎬」.

40) 金正喜, 앞의 책 권2, 「與申威堂 觀浩」 三.

41) 李德懋, 『青莊館全書』 卷之六十七, 「入燕記下/正祖二年五月」.

42) 成海應, 『研經齋全集外集』 卷二十一, 「石經殘字」, "漢石經自被毀損, 雖有零字, 無人拾取, 至宋歐陽公始收之. 置金石錄, 趙明誠亦倣歐公爲之 …. 婁氏字原, 列宦字於貫字條下, 注雲石經魯詩殘碑, 宦女莫我肯勞, 魏國風作貫, 顧南原隸辨糾之雲魯詩毛詩互有不同, 宦與貫未可卽爲一字, 字原以爲借宦爲貫非是, 此說是也."

43) 金正喜, 앞의 책 권2, 「與閔姪-台鎬」.

44) 문헌에 따라 '嶧山'은 '繹山'으로 표기되기도 한다.

45) "始皇東行郡縣, 上鄒嶧山立石, 與魯諸儒生, 議刻石頌秦德, 議封禪望祭山川之事."

46) 南玉, 『日觀記』 권8, 3월 11일, 같은 책 권9, 4월 9일.; 元重擧, 『乘槎錄』, "韓天壽質朴少文, 而善書且善模刻, 遣五四人以嶧山碑華山碑及倭國多胡碑印本各一軸, 皆其手摹也."

47) 藤塚鄰, 위의 책, pp.323~324.

48) "此爲宋元祐八年嶧陰堂翻摹, 尙遲于鄭樵淳化爲百年之後, 又非舊矣. 禮堂學人 恭題."(藤塚鄰(2008), p.280. 이 글은 『완당전집』에 실려 있지 않다.)

49) 朱承命·陳紫芝 纂, 『鄒縣志·古跡卷』, "宋元祐八年, 鄒令張文仲, 於北海王君向, 獲李斯小篆, 刻諸廳嶧陰堂. 迨至元二十九年, 縣令宋德, 乃夏津人也, 歎是碑殘缺, 恐致泯絕, 乃命工礱石纂刻於其側."

50) "日本舊刻秦嶧山本-有小詩奉酬-又壽藤大石研-收到, 又札尾云刀二, 此未見."(藤塚鄰, 위의 책, p.232.)

51) 杜甫, 「登兗州城樓」, "東郡趨庭日, 南樓縱目初. 浮雲連海岱, 平野入青徐. 孤嶂秦碑在, 荒城魯殿餘. 從來多古意, 臨眺獨躊躇." 연주에서 바라본 우뚝 솟은 산은 역산을 말한다. 옹방강은 두보가 역산에 현재 진비 즉 〈역산비〉 중각본이 있는데 원석이 있다고 잘못 추측했다고 지적한 것이다.

52) 옥저는 전서의 기본체라고도 일컬어지는데, 이사가 시작한 소전을 가리킨다. 〈태산각석〉,

〈역산비〉 등이 옥저체로 쓰였다고 하는데, 필이 비수가 없이 둥글고 윤택하고 두텁다.

53) 翁方綱, 『復初齋詩集』 권68, 『秦嶧山碑舊本』, "嶧山秦碑日本刻, 謂出棗木肥本前, 棗木之刻誰所作, 杜公初擬孤嶂巓 –孤嶂秦碑在在杜早年句, 未考是重刻– 唐時所勒木耶石, 拓本聞自董廣川, 夏竦之藏董之跋 氣質渾重然不然 杜以肥瘦辨今古, 之罘摹更肥甚焉 …. 此卽元祐嶧陰本, 徐鉉前此又百年, 許說秦碑徐所挍, 攸旁繫傳同丹鉛, 蒼頡七章卽秦篆 豈以小異徒騁姸 從水省或水不省, 爾時必有系恉詮…. 我由夏董溯徐許, 杜詩竇賦非拘牽, –土人重刻, 又見竇臮賦注–…. 世傳七本誰差肩, –楊東里都南濠, 皆言世有七摹本, 今吾齋有其三–海東金君惠緘致, 墨暈玉筯中鋒圓, 置諸嶧陰堂本上, 已壓甲秀匡廬編, –適爲葉生校定廬山甲秀堂秦篆譜."

54) "右嶧山碑舊本, 朝鮮進士金秋史寄贈, 日本國所重刻, 云相傳爲棗木傳刻以前本. 按杜詩棗木傳刻肥失真, 特(원본은 物)以對照書貴瘦硬言之, 此本近瘦, 故有相傳棗刻以前之說, 實則棗木之肥, 已無可考. 宋董廣川所見嶧山殘刻, 云氣質渾重, 亦不言何時之本也. 楊東裏都南濠, 皆言世傳有七本, 愚僅見其四耳. 唯元佑八年嶧陰堂重刻本與此日本舊刻悉合, 此蓋元佑本所從出, 則亦是唐以前摹刻本矣. 以陝本徐鄭所傳摹者校之, 此尙有勝於徐鄭本處. 昔吾友錢辛楣據說文, 嶧山本汶字, 疑徐本之誤. 然說文徐所校訂, 豈有不知其秦刻從水者. 而徐本乃作攸, 亦正與此本同, 則可驗唐以後重刻嶧山碑, 攸字皆從亻丨不從水矣. 許慎所見嶧山石刻, 攸字作汥, 是必秦刻古文如此, 則杜云肥失真者, 未必盡以字肥之失言之. 李斯焚書, 而所作蒼頡七章, 亦澌滅無傳, 其孰從而核之.

55) "嘗見陳思孝論繹山翻本次第云, 長安第一, 紹興第二, 浦江第鄭氏第三, 應天府學第四, 青社第五, 蜀中第六, 鄒縣第七."(都穆 역시 『金薤琳琅』 권2, 「秦嶧山刻石」에서 거의 유사하게 언급했다.)

56) "後魏太武帝登山, 使人排倒之. 然而曆代摹拓, 以爲楷則, 邑人疲於供命, 聚薪其下, 因野火焚之, 由是殘缺, 不堪摹寫. 然猶上官求請, 行李登陟, 人吏轉益勞弊. 有縣宰取舊文勒於石碑之上, 凡成數片, 置之縣廨, 須則拓取. 自是山下之人, 邑中之吏, 得以休息. 今人間有繹山碑, 皆新刻之碑也."

57) "李斯, 上蔡人, 終秦丞相. 作小篆書繹山碑, 後具名銜. 碑既毀失, 土人刻木代之, 與斯石上本差稀."

58) "秦相李斯書繹山碑跡, 妙時古殊爲世重. 故散騎常博徐公鉉, 酷耽玉箸, 垂五十年, 時無其比. 晩節獲繹山碑摸本, 師其筆力, 自謂得思於天人之際."

59) 金正喜, 『阮堂全集』 권9, 「仿懐人詩體 歷敍舊聞 轉寄和舶 大板浪華間諸名勝 當有知之者」, "蘇米齋中老, 斤斤說奮然, –余謁蘇米齋, 以奮然書爲問– 海天理舊夢, 廻首三十年."

60) 董逌, 『廣川書跋』 卷四, 「嶧山銘」, “陳伯修示余嶧山銘, 字已殘缺, 其可識者僅僅耳. 視其氣質渾重, 全有三代遺象, 顧泰山則似異, 疑古人於書不一其形類也. 嶧山之石, 唐人已謂棗木刻畫, 不應今更有此. 然求其筆力所至, 非後人摹傳拓臨可得放象, 故知摹本有至數百年者. 夏鄭公嘗得此本, 益可信也.”

61) 박현규, 「청조 학자의 일본 다호비 입수 과정과 분석」, 『일본어문학』 제33집, 2006 참조.

62) 南玉, 『日觀記』 권9, 5월 11일.

63) 李元植, 『朝鮮通信使の硏究』, 思文閣出版, 1997, pp.361~366 참조.(仲尾 宏, 「篆刻家·澤田東江と「多胡碑」の朝鮮·中國への傳播」, 『동아시아문화연구』 제49집, 2011, p.136 재인용.)

64) 〈2013年高麗美術館特別展 Korean Envoys in Japan, Meeting in Kyoto 조선 통신사와 교토, 정성의 교분: 2013年 10月19日~12月23 出品目録〉 참조.

65) 김정희, 위의 책 권9, 「仿懷人詩體 歷敍舊聞 轉寄和舶 大板浪華間諸名勝 當有知之者」 제9수, “篆刻有漢法, 精雅兼葭堂.”

66) 中田勇次郎, 『日本の篆刻』, 二玄社, 1996, 참조.

67) 〈那須国造碑〉는 栃木縣県 大田原市(옛 那須郡 湯津上村)에 조성되어 있는 飛鳥 時代의 古碑로서, 국보로 지정되어 있다. 탑신에 8行, 각 행 19字, 총 152字의 석문이 있다. 永昌 元年(689年) 那須国造이자 評督으로 부임한 那須直葦提의 사적을 기념하기 위해 그 아들이 700年에 건립했다. 延宝 4年(1676)에 僧侶·円順에 의해 발견되었고, 이를 보고받은 영주 德川光圀이 笠石神社를 세우고 비를 보존하게 했다.

68) “弁官符上野國片罡郡緑野郡甘良郡, 并三郡内三百戸郡成, 給羊成多胡郡. 和銅四年, 三月九日甲寅宣.” 비문 내 ‘羊’의 의미는 여전히 모호하다. 方角을 의미하는지 人名을 가리키는지 의견이 분분한 가운데 현재는 일반적으로는 인명이라고 알려져 있다. 그럼에도 양씨가 일본인인지 외국인인지는 여전히 명확치 않다.

69) 李鑫華 編, 『鄭文公碑』, 金盾出版社, 北京, 2009.

70) 이름은 克明, 字는 子啓. 통칭 九郎右衛門. 양명학자, 서도가, 俳人. 저작으로는 「弁孟論」 「滄溟尺牘考」 등이 있다.

71) 仲尾 宏, 위의 논문, p.138.

72) 南玉, 위의 책 권8, 갑신년 2월 25일 “周宏, 周遵來話. 平鱗號東郊, 工於印章, 爲關白印寶者.”; 같은 책 권8, 갑신년 3월 2일.

73) 澤田東江, 『傾蓋集』(규슈대학 소장본), “東郊云, 上野國九峰山人, 名克明, 頗好古之士. 此石本, 卽所翻刻其家也. 秋月云, 多胡碑得之, 甚奇. 非足下尙奇之癖, 何以得此. 詩亦奇雅, 欲和此韻以上付奇之末…. 龍淵云, 字法雖古, 終不及多胡之吉屈. 東郊(江)

云, 足下實具眼之士."(仲尾 宏, 위의 논문, p.141 재인용.); 須賀昌五, 「高橋道齋と朝鮮通信使」, 『群馬歷史散步』 第90號, 2003.(仲尾 宏, 위의 논문, pp.141~142 재인용.)

74) 南玉, 위의 책, 갑신년, 3월 2일.

75) 成大中, 『靑城集』 卷八, 「書多胡碑」, "多胡碑, 余得之日本, 其稱和銅, 廼其元明天皇年號, 其四年 則唐睿宗景雲二年辛亥, 而距今一千一百九十年也. 碑之淪於野土, 不知其幾年, 而平鱗者始得之. 鱗雅善金石圖章, 獲此以爲珍, 好事者亦盛爲稱之."

76) 李德懋, 『靑莊館全書』 53권, 「耳目口心書」 六에 의하면 김두열은 전서, 주서, 및 행·초서와 인장에 모두 능했다고 한다("金藝園斗烈, 字英仲, 一號南村, 又曰褐寬齋. 詩文豪達, 又能傳神, 篆籀行艸與圖書印章, 無不精通. 其篆尤大名於世, 盖慨慷奇士也.").

77) 李德懋, 위의 책, "日本上毛多胡郡碑文弁官苻…. 日本東都平鱗字景瑞, 寫字官也. 甲戌年, 見此碑, 始表而出之. 其前好事者, 皆未之見也, 遂摹勒, 雜引書籍爲攷證附刻, 盖封侯食采碑也. 文多不曉, 字大如兒掌, 奇古剝落, 瘞鶴銘魯公書, 太彷彿, 有時如童子塗鴉. 徐汝五以爲奇則奇矣. 字不成聞, 金英仲斗烈, 大奇之也." 한편 박현규의 2006년 논문에 따르면, 박철상 씨가 발굴한 조수삼의 「聯床蘇譜」에서 조수삼은 이덕무가 〈다호비〉의 늠름한 기상이 〈예학명〉을 넘는다고 매우 칭찬했다고 전하는데(趙秀三, 『珍珠船褋存』 권2, 「聯床蘇譜」, "日本國多胡郡有秦時古碑…. 較諸瘞鶴銘, 凌厲過之, 靑莊道人甚賞之.") 『청장관전서』의 글과는 뉘앙스가 다르다. 『청장관전서』가 이덕무 저작인 만큼 『청장관전서』에서의 평가에 무게를 두는 것이 적절할 것이다.

78) 成海應, 『硏經齋全集續集』 권16, 「書畵雜識/題多胡碑後」, "多胡碑, 出自日本, 具在先君子集中, 字畫詭異, 然非籒非楷, 似有倣依. 蓋其和銅四年, 卽唐睿宗景雲四年, 則日本人文之闢, 亦久矣, 豈有此混沌未分之書乎. 且畫亦脆柔, 欲模而未能者也."

79) 成海應, 위의 책 권49, 「世好錄/宋載道」, "宋公載道字德文號芝溪, 恩津人. 抱之鳴皐, 其婦家也, 贅居之. 治文章有逸調, 好以筆翰琴棋自娛…. 詞律必古雅, 不用唐後語, 筆亦濃麗. 圓嶠李匡師以筆名, 世皆趍之, 公獨斥以爲險怪不可法."

80) 成海應, 위의 책 권16, 「書畵雜識/再題聖教序後」, "聖教序極奇妙, 雖乖右軍筆意, 亦足楷法. 但不得其神韻, 而徒倣體裁, 如沐膠柒盆中, 自歸冗俗. 余嘗從芝溪宋公書室, 得見眞蹟畫法, 眞屋漏痕也. 內蓄精悍, 外拓踈朗, 非元明後所刻. 今聞失之, 不知轉之何家."

81) 成大中, 위의 책 권8, 「書多胡碑」, "多胡碑…. 余之入日本, 鱗以此見遺, 欲廣其傳. 然余以其 字畫之太詭, 藏之巾笥, 未輒示人, 人亦不之好也. 適芝溪宋德文見而奇之曰, 此漢隷古法也. 中國之失其傳久矣, 今乃得之夷耶, 咨嗟撫玩, 久不能已."

82) 仲尾 宏, 위의 논문, pp.143~144. 仲尾 宏이 말하는 섭지선의 『일본잔비쌍구본』은 섭지

선의 『安館金石文字七種』(도광 19년)에 수록되어 있다. 『安館金石文字七種』의 목록 중에 〈多胡碑〉가 있다. 이 저술은 趙之謙의 『補寰宇訪碑録』에도 수록되어 있다. 당시 섭지선의 것은 雙鉤本이었고 후에, 楊守敬이 조지겸에게 重新複刻을 주었다.

83) 박현규, 「청조 학자의 일본 다호비 입수 과정과 분석」, 『일본어문학』 제33집, 2006.

84) 藤塚鄰, 위의 책, pp.194~195.

85) 藤塚鄰, 위의 책, pp.194~195, pp.314~317.

86) 『고매원묵보』의 여러 판본, 내용에 대해서는 林麗江, 「日本古梅园相關墨書之研究－十八世紀中日藝術文化交流之一端」, 『漢學研究』 第廿八卷第二期, 2010 참조.

87) 松井元泰 編, 『古梅苑墨譜』 貞, 서울대학교 所藏本.

88) 『墨囿瓊裝』의 간행년도는 확인하지 못했다.

89) 松井元彙 編, 『古梅苑墨譜後編』 天·地·利, 서울대학교 所藏本.

90) 葉志詵, 『日本殘碑雙鉤本』, "右日本殘碑凡八十字, 按碑文和銅爲元明天皇建号, 四年當唐睿宗景雲二年, 歲紀辛亥也…. 相傳日本人平鱗得於土中, 拓本流入朝鮮, 爲成氏所藏. 廿年前 翁潭溪師以雙鉤本見贈. 偶爾檢得, 因詳爲攷証, 并重摹以廣墨緣."

91) 葉昌熾, 『語石』 卷二, "覃溪, 以多賀郡碑與瘞鶴銘, 並重稱爲日本殘碑, 實未殘也."

92) 李豊楙는 이 저술이 續修四庫全書 提要 著錄이며, 史部 彙編類에 속한다고 했는데(「翁方綱著述考」, 『書目季刊』 第八卷第三期, 1974, p.44), 사고전서 사부에는 휘편류가 존재하지 않으며, 사부 전체에도 이 저술은 찾아볼 수 없었다. 이 저술과 본 장 1절에서 언급한 『해동금석영기』와 『海東金石記』 4책과의 관련성도 앞으로 밝힐 필요가 있다.

93) "多胡碑, 曾見李遊荷以雙鉤本寄劉燕庭, 今得此冊, 甚愜願也."

94) 박현규, 「上海圖書館藏 淸 劉喜海의 定藁本 『海東金石苑』」, 『서지학연구』 제20집, 2001, pp.297~298. 박현규의 조사에 의하면 현재 유통되는 『해동금석원』은 여러 판본 중 유승간인본이며 이 판본에는 일본 금석 자료가 삭제되어 있다. 일본 금석 자료가 수록된 판본은 정본과 포강인본이다.

95) "多胡, 倭郡名. 和銅 乃其國元明天皇年號, 其四年, 卽唐睿宗景雲二年, 去今爲一千二百餘年也. 乾隆癸未, 信使從行者得之, 來言碑始沈淪其國, 有平鱗者雅好金石, 搜訪得之. 而癸未今又七十年, 本家寶藏, 亦無副本. 撫出苦多失眞, 良可惜也. 朝鮮趙秉龜景寶跋."(박현규, 「上海圖書館藏 淸 劉喜海의 定藁本 『海東金石苑』」, 『서지학연구』 제20집, 2001, p.297 재인용.)

96) 박현규, 위의 논문, 2001, p.297.

97) 劉喜海, 「海東金石苑題辭」, "雲石小阮名秉龜, 字景寶, 亦有金石之好, 道光庚寅春日, 充使來都, 卽以金石爲贄, 修舊好焉."

98) 葉昌熾, 위의 책 卷二, "燕翁海東金石苑, 自陳光大二年, 新羅真興王巡狩碑, 至明彰聖寺真覺國師碑, 共八十通, 原稿八卷…. 東武錄麗碑畢. 附錄日本石刻四通, 多賀郡一碑, 有朝鮮趙秉龜跋, 尙是秉龜奉使扶桑, 惟攜至中土者其難得可知. 覃溪以多賀郡碑與瘞鶴銘並重稱爲日本殘碑, 未殘也."

99) 杉村邦彦,「多胡碑の朝鮮への流轉に關する新資料」,『書学書道史研究』18, 2008.

100) 金正喜, 위의 책 제9권,「仿懷人詩體 歷敍舊聞 轉寄和舶 大板浪華間諸名勝 當有知之者」중 제8수, "人見和泉字, 賴以金索傳, -余嘗以和製鏡, 分贈中國諸名士, 馮晏海並收刻於金索古刻中-蘇米齋中老, 斤斤說脅然 -余謁蘇米齋,以脅然書爲問- 海天理舊夢. 廻首三十年."

101) 日本鏡四, "鏡畵竹梅, 疑題津田薩厤/午守五字, 厤下午無此字. 或是厤下牛. 廣韻云, 犘牛重千斤, 出巴中. 疑津田者地名, 薩厤/午守者官名也."

102) 藤塚鄰, 위의 책, pp.260~261.

103) '幽涷'의 '幽'는 '明'과 상대되는 의로서 '煉'을 의미하고, '涷' 역시 '煉'의 의미이다. 〈漢中平六年鏡銘〉의 "幽涷三羊", 〈建安十年鏡銘〉의 "幽涷宮商", 〈建安廿二年神獸鏡銘〉의 "幽涷三章" 등이 그 예이다. 동경은 그 신비로운 의미 때문에 제작할 때 신비로운 의식이 표면에 더해져 "幽涷"이라고 한다. "三商"은 駒井氏에 의하면 "三金"의 의미이다. 『白虎通義』,「五行」, "金在西方", "其位西方, 其色白, 其音商"이 그 예에 해당한다. 三金은 경을 주조할 때 쓰는 銅, 鉛, 錫을 가리킨다고 한다.

104) 翁方綱,『復初齋詩集』卷六十五,「日本鎏金鏡歌」, "東洋極島東更東, 鎏金上選精洋銅, 鑄出團團聚寶魄, 雞林進士來詩筒, 匣開光可一室照, 不與幽涷三商同, 背文四出鏤珍異, 詫西王母東王公, 邊題植田吉正字, 中央二篆圓且豐, 諦觀題字頗踈瘦, 奈此篆勢訛非工."

105) 馮雲鵬·馮雲鵷 編,『金石索』,「金索 六/日本竟 五」, "鏡畵龜鶴及雜寶, 有不可盡識者, 中央篆書福壽二字, 款題植田山城守吉正七字, 乃款守者地名人名也."

106) 藤塚鄰, 위의 책, pp.260~261.

4장

1) 曹楙堅,『曇雲閣集』,「題朝鮮李-藕船-尙迪小照」, "卻喜吳生圖, 笠屐居然海外有東坡−圖爲暨陽吳儁所畵.”

2) 정후수, 「이상적과 〈세한도〉 관람: 청조 인사 19인의 교유」, 『동양고전연구』 30, 2008, p.294.

3) 김현권, 「우선 이상적의 조청회화교류」, 『강좌미술사』 35, 2010.

4) 이춘희, 「藕船 李尙迪과 晩淸 文人의 文學交流 硏究」, 서울대학교 박사학위논문, 2005.; _____, 「19세기 朝鮮文人과 淸 常州派 후계문인의 交游」, 『韓國文化』 45, 2009.; _____, 「淸 吳縣 潘氏가문의 文士와 朝鮮文人의 交流−李尙迪을 중심으로」, 『한국한문학연구』 65집, 2017.

5) 溫兆海, 「朝鮮詩人李尙迪與晩淸文人交流的歷史價値」, 『延邊大學學報』 45號, 2012.

6) 黃彭年, 『陶樓文鈔』 卷十, 「題晩香齋詩鈔後」, “嘉道間詩人李君字藕船者, 先後奉使凡十有二, 交滿中朝自公卿大夫以至山林詞客, 咸有投贈.”

7) 藤塚鄰, 윤철규 외 역, 『秋史 金正喜 硏究』, 과천문화원, 2009.

8) 藤塚鄰, 앞의 책 참조.

9) 글의 목적에 따라 다수의 관직 중 최고 관직만을 표시하고 품계도 최고의 품계만 표시함.

10) 정혜린, 『추사 김정희의 예술론』, 신구문화사, 2008, 2절 참조.

11) 정혜린, 「추사(秋史) 김정희(金正喜)의 청대(淸代) 서파(書派) 수용과 절충」, 『미학』 73, 2013, pp.25~26.

12) 藤塚鄰, 앞의 책, p.519, pp.598~621 등 참조.

13) 藤塚鄰, 앞의 책, pp.733~735, p.579 참조.

14) 曹楙堅, 『曇雲閣集』 詩集 권6, 「題朝鮮金秋史歲寒圖」, “早聞秋史名惜哉未一面疇人術旣殫 − 著有算學啓蒙 − 經史尤貫弗譬我賈董流.”; 같은 책, 「乙巳正月十三日張仲遠明府 − 曜孫 − 吳偉卿前輩 −贊 −招同李藕船李−迪迪−宴集邸齋爲賦長歌一篇以紀其事卽送藕船歸朝鮮同集者張石洲明經−瀛暹−中翰潘順之−遵祁−補之−希甫−上舍潘玉泉−曾瑋−趙伯厚贊善−振祚−編修莊蕙生−受祺−馮景亭−桂芬−姚湘坡吏部−福增−汪鑑齋工部−藻−黃子幹−秩林−周 席山−翼墀−兩孝廉章仲甘上舍−岳鎭−寫眞者吳冠英後至者侍御陳頌南也」, “金秋史一號阮堂, 博學多著述, 爲藕船師. 是日出其所畫歲寒圖屬題.”

15) 오준의 저택에서 장요손 등이 〈세한도〉를 감상했던 날짜는 정후수, 「〈海客琴樽第二圖〉 제작 과정」, 『韓國思想과 文化』 제50집, 2009, Ⅲ장 1절 참조.

16) 정후수, 앞의 논문, 2009, p.522.

17) 藤塚鄰, 앞의 책, p.846, p.854.

18) 이상적의 『恩誦堂續集』 권9, 「追題海客琴樽二圖 二十韻」(1846)과 같은 책 권4, 「讀懷

人詩」 57편(1857년).; 이상적 저·정후수 역, 『북경편지』, 휴먼필드, 2017 참조. 1845년 이후의 관직은 이상적의 마지막 연행인 1864년까지의 최고 관직 혹은 알려진 관직을 제시함.

19) 刑部의 관원을 일컬음. 오찬은 당시 형부의 員外郎을 맡고 있었음.

20) 徐世昌 輯, 『晚晴簃詩匯』 권144에 의하면 왕조는 1841 급제한 이후 工部郎中을 거쳐 候選道를 지냈다고 기록했다.["汪藻, 字翰輝, 号鑒齋, 又号小珊, 錢塘籍吳縣人. 道光辛丑進士, 歷官工部郎中, 後選道."] 후선은 청대 京官 중 郎中 이하와 지방관 중 道員 이하 관원 중 결원을 보충하기 위해 예비 후보를 두는 제도를 말한다. 왕조는 道員 이하 관직의 후보였다고 짐작된다.

21) 45년 1월 장요손은 지방의 縣令으로 발령받았다.(『북경편지』, p.48.) 지방현령은 현의 중요도와 크기에 따라 6~7품의 품등에 해당한다.

22) 貢生, 즉 生員 중 성적이 우수한 경우 혹은 향시 합격 후 거인이 되지 못한 경우 국자감에서 공부하는 자를 일컬음.

23) 청대에는 舉人을 일컬음.

24) 主事를 일컬음.

25) 청대 上舍는 鑒生의 별칭.

26) Benjamin A. Elman, *Classicism, Politics, and Kinship: The Ch'ang-chou School of New Text Confucianism in Late Imperial China*, University of California Press, 1990, p 25.

27) 梁啓超, 『中國近三百年學術史』, 上海民志書店, 民國8年, p.40.

28) 王愛榮, 「論清中葉陽湖張氏家族與常州詞派的關系」, 『學術探索, 理論研究』 2011年 第3期.

29) 張惠言, 『茗柯文編』 二編卷上, 「詞選序」, "詞者, 蓋出于唐之詩人採樂府之音以製新律, 因係其詞, 故曰詞. 傳曰, 意內而言外者謂之詞, 其緣情造耑, 興于微言, 以相感動極命, 風謠里巷男女哀樂以道, 賢人君子幽約怨誹不能自言之情, 低徊要眇以喻其致. 蓋詩之比興變風之義騷人之歌則近之矣…. 自唐之詞人李白爲首, 其後韋應物王建白居易劉禹錫之徒各有述造, 而溫庭筠最高, 其言深麗閎美."

30) 金正喜, 『阮堂全集』 권3, 「與勸彝齋敦仁」 33, "大雲槁, 收在籤廚雲, 曾一寓目, 可稱歐曾正派, 近來巨擘. 議論稍涉縱橫, 或似坡公規制, 大有嚴整, 無愧介甫, 無一放倒罅漏, 直欲上掩方劉, 未可以突過. 特其魂力稍大, 至於姬傳之澹雅處, 終遜一籌. 如袁子才王念豊諸人, 當辟易矣."

31) 이춘희, 앞의 논문, 2009, p.65.

32) 『蘭言彙鈔』, p.116의 선물 목록 중 '同聲集四冊'.; 같은 책, p.119, "弟備員博士, 公務淸

閑…. 同聲集一副."; 이상적, 『북경편지』, p.454.

33) 『蘭言彙鈔』, p.65, "藕船仁兄閣下, 乙巳二月吉日, 仲遠寄至惠函…. 希疋覽同聲集附上. 尊詞及貴處各家詞, 卽乞抄寄以便刻之爲快."; 이상적, 『북경편지』, pp.263~264.

34) 溫兆海, 앞의 논문, p.72.

35) 趙爾巽 編, 『靑史稿』, 「趙翼傳」 참조.

36) 趙懷玉, 『亦有生齋樂府』 권2, "去北闕, 歸東林, 君家難弟真同心. 可憐先生憂社稷, 黨人身後遭羅織. 羅織成, 門戶起, 流禍卅年猶未已. 君不見, 明朝忠義收天崇, 至今猶說東林功."

37) 申緯, 『警修堂全藁』 冊二十, 「栎軒集一/次韻答藕船」 二首, "君與儀墨農, 屢飮於劍光花影樓, 有才可使三唐四, 分域那論一水偏, 媿我聲聞過去佛, 愛君家世謫來仙, 玉臺纖麗西崑豔, 具眼何人得不姸.".; 張曜孫, 『中州詩』, 「自題海客琴樽圖」, "驛使忽送雙魚書, 謫仙文彩秀東國, 愛我翰墨如明珠."

38) 陳望衡, 『中國古典美學史』, 湖南教育出版社, 1998, p.1066.

39) 方苞, 『方望溪全集』, 「原集三序」, "學繼程朱之道 文章介韓歐之間."

40) 方苞, 앞의 책 권2, 「方望溪集/又書貨殖傳後」, "義卽易之所謂言有物也, 法卽易之所謂言有序也. 以義爲經而法緯之, 然後爲成體之文."

41) 姚鼐, 『惜抱軒全集』 권6, 「答翁學士序」, "夫道有是非, 而技有美惡. 詩文皆技也, 技之精者, 必近道, 故詩文美者, 命意必善."

42) 陳望衡, 앞의 책, pp.1018~1019.

43) 陳春華, 「論吳德旋梅曾亮與桐城門派在廣西的傳衍」, 『江書教育學院學報』 28, 2012, p.68.

44) 김호, 「道光後期 桐城派의 江南地域으로의 傳播」, 『中國文學研究』 33, 2006, pp.171~176.

45) 萬柳, 「清代詞社的時代特徵」, 『孝感學院學報』, 2010年1期.

46) 朱琦, 『怡志堂文初編』 卷六, 「自記所藏古文辭類纂舊本」, "同時業古文者, 有無錫秦小峴, 武進張皋文, 於桐城爲近而新城陳碩士最篤信師說."

47) 孫寶瑄, 『忘山廬日記』, "又觀惲子居大雲山房集, 皆陽湖宗派. 國朝古文家, 陽湖與桐城, 並駕而馳. 然桐城用筆輕趫盤折其弊也, 薄陽湖用筆質重直遂其弊也. 滯夫文各道其所欲言各遂其筆性之所成期於達而已, 而必拘以流派摹擬而倣效之, 而所固有之天資性靈轉汩沒焉, 而無以自見. 噫! 何其愚邪."; 範當世, 『范伯子詩集』 권11, 「更爲秉瀚題仲遠先生比屋連吟圖依梅伯言同風二韻作四絕呈其尊父心嘉司馬」, "桐城派與陽湖派, 未見姚張有異同, 我與心嘉成一笑, 各從婦氏數門風."; 方濬頤, 『二知軒文存』 卷一, 「文論」, "今之爲文者, 動曰有派, 蒙竊惑焉. 夫所謂派者不在周秦兩漢唐宋之文也. 吾皖

有桐城派, 吳中有常州派, 近則常州衰而桐城盛, 天下宗之, 莫敢異議…. 周秦兩漢唐宋之文亦不必專學一家專工一格也, 何況桐城, 何況常州哉."

48) 백광준, 「桐城派에서 湖湘派로」, 『中國文學』 61집, 2009, pp.136~138.

49) 張穆, 『殷齋詩文集』 文集卷三, 「亭林年譜題詞」, "道光二十三年, 穆與太史栁議匃貲, 爲先生建祠堂於京師慈仁寺西偏."

50) 藤塚鄰, 앞의 책, p.872 참조.

51) 張祥河, 『關隴輿中偶憶編』, p.3, "宣南詩社, 京朝士夫朋從之樂, 無以逾此, 或消寒, 或春秋佳日, 或爲歐蘇二公壽."

52) 代亮, 「梅曾亮與道鹹年間的宋詩風」, 『山西師大學報』 36, 2009, pp.71~73.

53) 이춘희, 앞의 논문, 2005, p.171.

54) 張穆, 앞의 책 권3, 「爲朝鮮貢使李藕船尙迪題其師金秋史正喜所畫歲寒圖卽奉簡秋史. 秋史慕中朝儀徵相公之學故別署阮堂. 云乙巳正月二十五日」, "穆以詩書古訓及亭林年譜寄阮堂."

55) 藤塚鄰, 앞의 책, p.874.

56) 『蘭言彙鈔』, p.158, "海內近日詩家以海秋爲首, 古文以少鶴爲首, 此兄雖不能及實兼能之, 奇人也. 又弟當言魯川文不及少鶴, 詩過之. 詩不及海秋, 文過之. 翔雲又魯川之亞已."

57) 출판 비용을 정확히 알 수는 없지만 오찬이 이상적에게 보낸 1848년 1월 서찰에 의하면 『은송당집』 2本은 대략 2만字로 50여 千이 든다고 했고 비슷한 시기 다른 서찰에서는 인쇄 전액 여부는 밝히지 않았으나 銀 10냥을 인쇄공에게 전달했다고 했다.(이상적, 『북경편지』, pp.196~197.) 1859년 속집을 간행할 때는 공헌이가 인쇄를 도왔는데 그는 그해 2월 이상적에게 인쇄비를 보내달라는 편지를 보냈다. 이상적은 비슷한 시기 다른 편지에서 기증본 50본에 대한 이야기를 했다.(같은 책, p.555, p.565.)

58) 이상적, 『북경편지』, p.183.

59) 이상적, 위의 책, pp.301~302, p.76.

60) 오금성, 「중국의 과거제-그 이념과 정치·사회적 영향」, 『한국사 시민강좌』 제46집, 2010, pp.255~259 참조.

61) 청대 육부 소속 관리 중 중급에 속하는 5~6급직인 낭중은 42%, 원외랑은 27%, 주사는 47%였다고 한다. 청대 관료제에서 한족과 만주족의 구성에 대해서는 구범진, 『청나라, 키메라의 제국』, 민음사, 2012, 3장 참조.

62) 張仲禮 저, 김한식 외 옮김, 『중국의 신사』, 신서원, 1993, p.209.

63) 이상적, 『북경편지』, p.157, p.280.

64) 이상적, 위의 책, p.455.

65) 이상적, 위의 책, p.341.

66) 강희년간 萬斯同, 閻若璩, 胡渭 등은 서건학의 막부에서 『明史』와 『大淸一統志』 등을 편찬한 대표적인 학자 막우들이다.(전인갑, 「전통 중국의 권력엘리트 충원문화와 시스템」, 『아시아문화연구』 21, 2011. 3, p.130.)

67) 정도와 잡도에 대한 설명은 전인갑, 위의 논문 인용.

68) 이춘희, 앞의 논문, 2005, p.132.; 이상적, 『북경편지』, pp.233~234, p.282.

69) 이상적, 『북경편지』, p.77.

70) 이상적, 위의 책, p.67, p.192.

71) 이상적, 위의 책, p.107, p.423.

72) 이상적, 위의 책, p.542.

73) 이상 청대 막부와 막우의 관계에 대해서는 벤자민 엘먼 저·양휘웅 옮김, 『성리학에서 고증학으로』, 예문서원, 2008, 4장 4절 참조.

74) 陳少川, 「潘祖蔭, 葉昌熾與傍喜齋藏書記」, 『圖書館理論與實踐』, 2001(4), pp.65~66.

75) 이상적, 『북경편지』, p.446.

76) 杜家驥, 「淸代官員選任制度述」, 『淸史硏究』, 1995. 2, pp.15~16.(조병한, 「淸代 중기 부정부패의 구조와 제국의 쇠퇴」, 『한국사 시민강좌』 22, 1998. 2, p.185 재인용.)

77) 이상적, 『북경편지』, p.48, p.66, pp.312~313.

78) 이상적, 위의 책, p.355.

79) 『蘭言彙鈔』, pp.11~12, "曜孫之境, 雖不及閣下十一而心無所與禍福之遭…. 閣下明年六十壽."

80) 이상적, 『북경편지』, p.542, p.547.

81) 이상적, 위의 책, p.216, p.259, p.559.

82) 이춘희, 앞의 논문, 2005, p.55.; 이상적, 『북경편지』, p.21, p.59.

83) 이상적, 『북경편지』, p.362.

84) 이춘희, 앞의 논문, 2005, pp.64~75 참조.

85) 『海隣尺素』, p.86, "前書兄眞面, 幷仲遠子幹澹如梁叔與弟六人, 仲遠書首曰, 方竹林七賢竹溪六逸也. 五人序記題詠, 隨後錄寄."

86) 이춘희, 앞의 논문, 2009, p.ii.; 溫兆海, 앞의 책.

87) 이상적, 『북경편지』, p.307.

88) 이상 이상적의 교유를 그린 아회도 계열의 작품들은 『蘭言彙鈔』 p.17, 29, 51, 64.; 『峴樵山房』 初集 권5, 「春明餞別圖爲朝鮮李藕船尙迪閣學題」.; 같은 책 권6, 「餞春圖爲朝

鮮李藕船題同次原韻」 참조.

89) 葉昌熾, 『語石』 卷二, "朝鮮爲箕子舊封同文之域, 彼都人士觀光上國, 載古刻而來, 攬環結佩, 中朝士大夫皆樂與之交. 嘉慶間金秋史兄弟李迪吉惠卿, 博雅工文, 芸台覃溪兩公極推重之. 趙義卿與其小阮景寶與劉燕庭先生, 爲金石交. 燕翁所得海東墨本, 皆其所投贈也. 咸豐初潘文勤師與鮑子年楊幼雲諸公, 於麗人之至京者, 猶喜晉接之."

90) 王拯, 『龍壁山房詩草』 卷十一, "朝鮮詩人李尙迪, 歲昨寄我百濟碑, 平生金石不挂眼, 中經未悉何四夷."

91) 『蘭言彙鈔』, p.130, "哂存平百濟碑曾得拓本, 兩分甚不佳, 東歸後幸以精拓賜寄, 則感荷無極矣.".; 같은 책, p.129, "拙著海東金石錄, 因所見眇淺, 尙未成書, 所望一 瓻之贈, 盼切盼切.".; 같은 책, p.132, "去年四月, 先祖文慕公薨逝…. 陰近輯海東金石錄尙未成書, 如有以教之, 幸甚幸甚."

92) 앞의 책, p.108, "貴邦名賢詩文集及金石碑刻, 倘能爲第謀得一二, 則不啻錫我以百朋也…. 道光十一年平湖弟韓韻海拜."

93) 앞의 책, p.145, "僕小卽喜談金石考訂之學, 年來通藉居京獲請, 益於雲臺相國, 復與東卿燕亭孟慈季卿諸君…. 輒有金石刻拓本十三種古幣四枚愛奉雅玩, 尙祈博蒐海東金石文, 擴我好古之眼界也. 又拓本及古幣共一封, 乞帶呈."

94) 이상적, 『북경편지』, p.140.

95) 이상적, 위의 책, pp.147~148.

96) 葉名澧, 『敦夙好齋詩全集』 續編卷十待次集, 「李以堂從事-尙健-東歸同人餞別孔繡山宅分得好字」, "劉子重銓福攜來翁星原丈所集東國國詩册座上傳觀."

97) 박소영, 「吳明濟의 『朝鮮詩選』 硏究」, 이화여대 석사학위논문, 2015, 부록1 참조.

98) 김명호, 「동문환의 『한객시존』과 한중문학교류」, 『한국한문학연구』 26, 2010.

99) 『蘭言彙鈔』, p.51, "尊國經學詩教代不乏人, 如有專集之書-或選彙之書, 亦妙…, 希寄我.".; 같은 책, pp.53~54, "丁酉秋孟相遇京華醉酒論詩…. 離別萍蓬三秋…. 尊國中名士大雅者不乏人, 如有經學詩文及餘藝刻集者, 均爲搜羅, 專寄以便他日訂交, 且鴻近與冶山上公, 輯皇朝詩別裁續抄, 繼昔賢沈歸愚先生有軌也. 故急欲采海外詩耳. 至囑至囑."

100) 이상적, 『북경편지』, p.66.

101) 이상적, 위의 책, p.211, p.239.

102) 『蘭言彙鈔』, p.118, "東國有新出詩集, 如可郵寄數種以廣見聞, 幸甚."; 이상적, 『북경편지』, p.427.

103) 『蘭言彙鈔』, p.53, "寄懷詩隨後刻好奉正. 鴻拙稿五千餘首, 承馮子良年伯選錄, 分俸

代刻…. 寄二部, 郢削爲幸.".; 같은 책, p.78, "弟初刻稿初作, 兄處已有也. 如能亦爲代選, 并已刻未刻者及今年爲止文選一冊刻之, 如兄力有未逮, 可函致綉山在京中…. 弟生五十五年, 尙有一二行誼可記者, 并陳之."

104) 『海隣尺素』, p.86, "同選詩集及近刊先大人撫松圖卷, 奉呈乞兄惠題."; 『蘭言彙鈔』, p.70, "奉呈承屬須先母墓志表二種."

105) 李尙迪, 『恩誦堂集』 권8, 「曹秋部艮甫-楙堅-索題其亡友蔣-志凝-澹懷蓉湖醉月, 素心堂夜譴二圖」.

106) 李尙迪, 『恩誦堂集續集文』 卷二, 「子梅詩草敍」, "頃者子梅自濟南寄示己亥以後詩草五編, 囑爲刪正, 將續付於喝月樓舊刻, 而兼索序文, 書辭諄複. 噫中朝士大夫, 與我東人投贈翰墨, 不以外交視者, 自唐至元明…. 近代則紀曉嵐敍耳溪之集, 陳仲魚刊貞蕤之稿, 風義之盛, 由來尙矣. 未聞有求其詩文之序於東人, 而且以子梅平日師友之衆, 三都一序, 何患無皇甫謐其人也."

107) 이상적, 『북경편지』, p.350.

108) 이상적, 위의 책, p.121, p.459.

109) 帥方蔚, 『韓客詩存』 下, 「左海交遊錄/序言」, "今朝鮮多能文之士, 往往依附中朝名士, 藉其聲望, 以自爲名. 道光六年, 余以第三人及第, 廷對策, 大爲諸名公激賞. 傳入朝鮮, 而金永爵洪良厚之徒, 爭願納交, 詒書問訊, 歲歲不斷. 至於使者, 則造門求謁, 以一見爲榮. 入都下者, 投刺以姓名自通. 居中國者, 寓書以文字來質, 期間或相見, 盧哲欽李亨基鄭元容元容子基世洪敬謨成載詩等. 或未嘗相見, 金永爵金彛問洪良厚洪顯周洪義俊等, 皆自托交好. 恐不得當, 雖其好名之心, 而仰慕之誠, 亦足尙也."

110) 張曜孫, 『中州詩』, 「讀恩誦堂集次尊題海客琴樽二圖詩韻」, "中朝文體近, 前席品評經, 列國風雅好, 他山石作硎."

111) 董文渙 編, 『秋懷唱和』, 「贈朝鮮正使申琴泉中樞錫愚徐漢山尙書衡淳趙蘭西學士雲周」, "德乃箕子德, 書喜古文同.".; 黃彭年, 『陶樓文鈔』 卷十, 「題晩香齋詩鈔後」, "朝鮮於中國最邇爲, 朝貢爲最密, 沐浴中國聖人之敎爲最深, 且久其學宗論孟易書詩禮春秋謂之大方七書與中國同, 其取士文字亦略與中國相近."

112) 梅曾亮, 『柏梘山房全集』 文集卷十一記, 「海客琴尊圖記丙午」, "昔宋蘇文忠以高麗使臣求書義不可許, 援漢東平王求太史公書事以爲鑒. 蓋其近契丹, 而懸隔於中國, 接之者不能無戒心禁防深堅亦其勢然也. 我國家混同華夷, 於朝鮮使, 雖定其去來之期, 而除譏禁便出入得造, 請賢士大夫稽考文獻辨析道藝, 士大夫亦以其地僻遠來者多賢且材也. 皆歡然相接, 無主客重輕之嫌, 故其人皆榮於來而惆, 然於其去若遠州下士, 辭鄕里而樂皇都也."

참고문헌

1. 원전(原典) 자료

1) 한국

『高麗史節要』

金景善, 『燕轅直指』(한국고전번역원 한국고전종합DB)

金邁淳, 『臺山集』(民族文化推進會 vol.294), 民族文化推進會, 2002.

金正喜, 『阮堂全集』 天 · 地 · 人, 과천문화원, 2005.

金正喜, 『海東碑攷』(修綆室소장)

南玉, 『日觀記』(남옥 지음 · 김보경 옮김, 『붓끝으로 부사산 바람을 가르다』, 소명, 2006.)

朴趾源, 『熱河日記』(박지원 지음 · 김혈조 옮김, 『열하일기』, 돌베개, 2017.)

成大中, 『青城集』(韓國文集叢刊 vol.248), 民族文化推進會, 2001

成海應, 『研經齋全集』(韓國文集叢刊 vol. 273-279), 民族文化推進會, 2005.

申緯, 『警修堂全藁』(韓國文集叢刊本), 民族文化推進會, 2002.

申綽, 『石泉遺稿』(한국고전번역원 한국고전종합DB).

元重擧 지음 · 박재금 옮김, 『와신상담의 마음으로 일본을 기록하다-和國志』, 소명출판, 2006.

李圭景, 『五洲衍文長箋散稿』, 民族文化推進會, 1977.

李德懋, 『青莊館全書』(韓國文集叢刊 vol.257-259), 民族文化推進會, 2002.

李尙迪, 『恩誦堂集』(韓國文集叢刊 vol.312), 民族文化推進會, 2003.

______, 『海隣尺素』(附『恩誦堂集』), 亞細亞文化社, 1973.

이상적 저 · 정후수 역, 『북경편지』, 휴먼필드, 2017.

李裕元, 민족문화추진회 편역, 『국역임하필기』 1-10, 1999.
鄭東愈 著·南晩星 譯, 『晝永編』(上·下, 乙酉文庫 77-78), 乙酉文化社, 1971.
丁若鏞, 『與猶堂全書』(韓國文集叢刊本 vol.281-286), 民族文化推進會, 2012.
趙嚴, 『海槎日記』, 民族文化推進會, 1974.
韓致奫, 『海東歷史』(한국고전번역원 한국고전종합DB).
洪大容, 『湛軒書』(한국고전번역원 한국고전종합DB).
洪良浩, 『耳溪集』(한국고전번역원 한국고전종합DB).

2) 중국

『書經大全』(中國基本古籍庫 전자판).
『後漢書』(中國基本古籍庫 전자판).
凌廷堪, 『校禮堂文集』(中國基本古籍庫 전자판).
戴震, 『孟子字義疏證』, 中華書局, 1961.
段玉裁, 『說文解字注』(中國基本古籍庫 전자판).
都穆, 『金薤琳琅』(中國基本古籍庫 전자판).
董文渙, 『峴樵山房』(中國基本古籍庫 전자판).
董逌,『廣川書跋』(中國基本古籍庫 전자판).
梅曾亮, 『柏梘山房全集』(中國基本古籍庫 전자판).
潘祖蔭, 『滂喜齋藏書記』(中國基本古籍庫 전자판).
方濬頤, 『二知軒文存』(中國基本古籍庫 전자판).
方苞, 『方望溪全集』, 上海古籍出版社, 1983.
範當世, 『范伯子詩集 (中國基本古籍庫 전자판).
孫寶瑄, 『忘山廬日記』(中國基本古籍庫 전자판).
葉名禮, 『敦夙好齋詩全集』(中國基本古籍庫 전자판).
葉昌熾, 『語石』(中國基本古籍庫 전자판).
楊士奇,『東裏續集』(中國基本古籍庫 전자판).
吳嵩梁, 『香蘇山館詩集』(中國基本古籍庫 전자판).
翁方綱, 『復初齋文集』(中國基本古籍庫 전자판).

翁方綱, 『復初齋詩集』(中國基本古籍庫 전자판).

阮元 主編, 『皇淸經解』(中國基本古籍庫 전자판).

阮元, 『揅經室一集』(中國基本古籍庫 전자판).

阮元, 『定香亭筆談』(中國基本古籍庫 전자판).

王士禛, 『池北偶談』, 北京:中華書局, 1997.

王拯, 『龍壁山房詩草』(中國基本古籍庫 전자판).

汪喜孫 撰, 楊晉龍 主編, 『汪喜孫著作集』 下(古籍整理叢刊7), 中央研究院中國文哲研究所, 2003.

姚鼐, 『惜抱軒全集』, 世界書局, 民國73.

劉台拱, 『劉端臨先生遺書』(中國基本古籍庫 전자판).

李璋煜, 『國朝山左詩鈔後集』(中國基本古籍庫 전자판).

張穆, 『㫠齋詩文集』(中國基本古籍庫 전자판).

張文虎, 『舒藝室雜著』(中國基本古籍庫 전자판).

張祥河, 『關隴輿中偶憶編』(中國基本古籍庫 전자판).

張曜孫, 『中州詩』(中國基本古籍庫 전자판).

張佩綸, 『澗于集』(中國基本古籍庫 전자판).

張惠言, 『茗柯文編』, 臺灣: 世界書局, 1985.

曹楙堅, 『曇雲閣集』(中國基本古籍庫 전자판).

趙爾巽, 『靑史稿』(中國基本古籍庫 전자판).

趙懷玉, 『亦有生齋樂府』(中國基本古籍庫 전자판).

朱琦, 『怡志堂文初編』(中國基本古籍庫 전자판).

朱世傑, 『算學啓蒙』(1750年 重刊本:서울대학교 규장각 소장본).

朱承命 · 陳紫芝 纂, 『鄒縣志 · 古跡卷』(中國基本古籍庫 전자판).

馮雲鵬 · 馮雲鵷 編, 『金石索』, 臺北: 臺灣常務印書館, 民國57年.

馮志沂, 『微尚齋詩集初編』(中國基本古籍庫 전자판).

胡渭, 『易圖明辨』(中國基本古籍庫 전자판).

黃宗羲, 『南雷文案』(中國基本古籍庫 전자판).

黃彭年, 『陶樓文鈔』(中國基本古籍庫 전자판).

『蘭言彙鈔』, 장서각 소장본.

3) 일본

古賀精里, 『對禮餘藻』, 佐賀, 佐賀大學所藏本.
三宅橘園, 『鶴林情盟』, 서울: 國立中央圖書館本.
松崎謙堂, 『接鮮瘖語』(朝鮮總督府圖書館本), 서울: 國立中央圖書館本.
松井元泰, 『古梅苑墨譜』, 書林 柳枝軒, 1742(서울대학교 所藏本).
松井元彙, 『古梅苑墨譜後編』, 書林 柳枝軒, 1773(서울대학교 所藏本).
伊藤仁齋, 『孟子古義』, 東京: 東洋圖書刊行會, 1926.
________, 『語孟字義』, 東京: 育成會, 1908.
草場珮川, 『津島日記』, 佐賀: 佐賀大學所藏本.
澤田東江, 『傾蓋集』(규슈대학 소장본).

2. 연구논저

1) 단행본

구범진, 『청나라, 키메라의 제국』, 민음사, 2012.
김명호, 『열하일기연구』, 창작과 비평사, 1990.
김태준 외, 『연행의 사회사』(실학총서3), 경인문화사, 2005.
도진순 · 문중양 등, 『동서양의 문명과 한국: 역사와 전통』, 민음사, 2014.
藤塚鄰, 『추사 김정희 또 다른 얼굴』, 아카데미하우스, 1994.
벤자민 엘먼 저 · 양휘웅 역, 『성리학에서 고증학으로』, 예문서원, 2008.
이상진 · 이지한, 『서경–천하를 수수한 황제들』, 자유문고, 2004.
정민, 『18세기 한중 지식인의 문예공화국』, 문학동네, 2014.
정혜린, 『추사 김정희의 예술론』, 신구문화사, 2008.
피터 버크 지음 · 박광식 옮김, 『지식의 사회사』, 민음사, 2017.
하우봉, 『조선후기 실학자의 일본관 연구』, 일지사, 1989.
한영우, 유봉학 외 지음, 『다시, 실학이란 무엇인가』, 푸른역사, 2007.

한국18세기학회 엮음, 『18세기 한일문화 교류의 양상』, 태학사, 2007.
후마 스스무 저 · 하정식 등 옮김, 『연행사와 통신사』, 신서원, 2008.
『후지츠카 기증 추사자료전Ⅱ 秋史와 韓中交流』, 과천문화원, 2007.
『후지츠카의 추사연구자료』(후지츠카 기증 추사자료전Ⅲ), 과천문화원, 2008.

Benjamin A. Elman, *Classicism, Politics, and Kinship: The Ch'ang-chou School of New Text Confucianism in Late Imperial China*, University of California Press, 1990.
Tobie Sarah Meyer-Fong, *Building culture in early Qing Yangzhou*, Stanford University Press, 2003.

沈津 著, 『翁方綱年譜』, 中央硏究員中國文哲硏究所, 2002.
梁啓超, 『中國近三百年學術史』, 台北: 里仁書局, 2002.
刘仲华, 『汉宋之间：翁方纲学术思想研究』, 中国人民大学出版社, 2010.
李鑫華 編, 『鄭文公碑』, 北京：金盾出版社, 2009.
章鈺, 『靑史稿藝文志及補編』, 北京: 中華書局, 1982.
錢穆, 『中國近三百年學術史』, 臺北：臺灣商務印書館, 1995.
陳望衡, 『中國古典美學史』, 湖南教育出版社, 1998.
朱謙之, 『日本的朱子學』(哲學史家文庫), 人民出版社, 2000.

高橋博巳, 『東アジアの文芸共和国』, 東京: 新典社, 2009.
大庭修, 『江戸時代における唐船持渡書の研究』, 関西大学出版部, 1967.
中田勇次郎, 『日本の篆刻』, 二玄社, 1966.

2) 논문

강명관, 「한국 한문학 연구의 반성과 새 방향」, 『한국학논집』 29, 2002.
______, 「한국 고전문학 연구에 수용된 탈근대 · 탈민족 담론에 대한 비판적 고찰」, 『민족문화연구』 53, 2010.
강상순, 「국문학과 '근대'에 관한 몇 가지 생각」, 『泮矯語文硏究』 39, 2015.

고미숙, 「18세기에서 20세기 초 민족담론의 변이양상」, 『현대문학의 연구』 13, 1999.
김규선, 「'기증 추사편지'의 내용」, 『秋史硏究』 2, 秋史硏究會, 2006.
김길환, 「金秋史의 周易思想과 實學思想」, 『百濟硏究』 제5집, 1974.
김명호, 「동문환의 『한객시존』과 한중문학교류」, 『한국한문학연구』 26, 2000.
김문식, 「조선시대 중국서적의 수입과 간행」, 『규장각』 29, 2006.
______, 「정약용의 『尙書』 백편 이해」, 『한국실학연구』 20, 2010.
김보성, 「19세기 조선 지식인의 일본·유구에 대한 인식 고찰」, 『한문학논집』 35, 2012.
김성준, 「18세기 통신사행을 통한 조선 지식인의 일본 古學 연구」, 『동양한문학연구』 32집, 2011.
김영범, 「이유원(李裕元)의 서화(書畵)에 대한 미의식 연구: 李裕元, 『林下筆記』를 중심으로」, 서울대학교 석사학위논문, 2009.
김은정, 「경오본 『황화집』 편찬경위와 시문수창의 의미」, 『한국한시연구』 7, 1999.
김정신, 「1763 계미 통신사 원중거의 일본 인식」, 『조선통신사연구』 11, 2010.
김현권, 「우선 이상적의 조청회화교류」, 『강좌미술사』 35, 2010.
김호, 「道光後期 桐城派의 江南地域으로의 傳播」, 『中國文學硏究』 33, 2006.
도혜숙, 「戴震의 靄部와 王念孫의 祭部 비교 연구」, 『中國言語硏究』 22, 2006.
______, 「王念孫의 고음 22部 諧聲表 재구」, 『中國言語硏究』 23, 2006.
문중양, 「조선의 마지막 사대부 천문역산가 남병철」, 『문헌과 해석』 Vol.51, 2010.
민두기, 「『열하일기』의 일연구」, 『역사학보』 20, 1963.
박수밀, 「조선의 중국 서적유입 양상과 그 의미」, 『동아시아문화연구』 제50집, 2011.
백광준, 「桐城派에서 湖湘派로」, 『中國文學』 61집, 2009.
박철상, 「秋史 金正喜의 金石學 硏究」, 계명대학교 석사학위논문, 2010.
박현규, 「해동금석문의 신자료인 청 翁樹崑 《碑目瑣記》에 대하여」, 『季刊書誌學報』 20, 한국서지학회, 1997.
______, 「上海圖書館藏 淸 劉喜海의 定藁本 『海東金石苑』」, 『서지학연구』 제20집, 2001.
______, 「청조 학자의 일본 다호비 입수 과정과 분석」, 『일본어문학』 제33집, 2006.
裵銀漢, 「淸代古音學考古派與審音派之理論原則及歸屬問題－以江永·江有誥爲主」, 『中國語文論譯叢刊』 21집, 2007.

서근식, 「秋史 金正喜의 易學思想 硏究」, 『동양고전연구』 21, 2004.
______, 「조선후기 경기학인의 『주역』 해석방법에 관한 연구(2)」, 『한국철학논집』 21, 한국철학사연구회, 2007.
심경호, 「秋史 金正喜의 考證學」, 『秋史硏究』 제5호, 추사연구회, 2007.
오가와 하루히사, 「일본실학의 형성과 발전」, 『일본사상』 제8호, 2005.
옥영정, 「추사가의 장서에 관한 일고-동빈문고 소장본을 중심으로」, 『서지학보』 27, 2003.
유영혜, 「귤산 이유원(橘山 李裕元) 연구: 문화, 예술 취향을 중심으로」, 이화여자대학교 석사학위논문, 2007.
柳婧, 「汪喜孫과 朝鮮文人의 往來 尺牘에 대한 고찰」, 『대동한문학』 37, 2012.
이기원, 「오규 소라이(적생조래)의 고문사학」, 『日本思想』 제16호, 2009.
이춘희, 「藕船 李尙迪과 晩淸 文人의 文學交流 硏究」, 서울대학교 박사학위논문, 2005.
______, 「19세기 朝鮮文人과 淸 常州派 후계문인의 交游: 藕船 李尙迪을 중심으로」, 『韓國文化』 45, 2009.
______, 「淸 吳縣 潘氏가문의 文士와 朝鮮文人의 交流-李尙迪을 중심으로」, 『한국한문학연구』 65집, 2017.
이현식, 「『열하일기』, 「심세편」, 청나라 학술과 사상에 관한 담론」, 『동방학지』 181, 2017.
임형택, 「19세기말 20세기초 동아시아, 세계관적 전환과 지식인의 동아시아 인식」, 『대동문화연구』 제50집, 2005.
______, 「동아시아 삼국간의 '이성적 대화'에 관한 고찰」, 『한문학보』 26, 2012.
장병한, 「황종희의 『상서고문소증 · 서』에 대한 정약용의 변석(1)」 『東洋哲學硏究』 Vol.26, 2001.
전용훈, 「19세기 조선 지식인의 서양과학 읽기」, 『역사비평』 81호, 2007.
______, 「남병철의 推步續解와 조선후기 서양천문학」, 『규장각』 38, 2011.
정우봉, 「耳溪 洪良浩의 燕行錄에 나타난 중국 체험과 그 의미」, 『한국한문학연구』 63, 2016.
정장식, 「영조대 통신사와 이덕무의 일본 연구」, 『일본문화학보』 23, 2004.
정혜린, 「橘山 李裕元의 서예사관 연구」, 『대동문화연구』 제73집, 2011.
______, 「이상적이 교유한 청대 문인들의 사회 문화적 정체성」, 『史林』 제45호, 2013.

______, 「金正喜의 일본 古學 수용 연구」, 『한국실학연구』 26, 2013.
______, 「추사(秋史) 김정희(金正喜)의 청대(淸代) 서파(書派) 수용과 절충」, 『미학』 73, 2013.
정후수, 「이상적과 〈세한도〉관람 창조 인사 19인의 교유」, 『동양고전연구』 30, 2008.
______, 「〈海客琴樽第二圖〉 제작 과정」, 『韓國思想과 文化』 제50집, 2009.
仲尾 宏, 「篆刻家 · 澤田東江と「多胡碑」の朝鮮 · 中國への傳播」, 『동아시아문화연구』 제49집, 2011.
지두환, 「秋史 金正喜의 易學思想」, 『한국사상과 문화』 16권, 2002.
진빙빙, 「『열하일기』에 나타난 한 · 중 지식인의 교류양상」, 『인문과학』 61, 2016.

陳亦伶, 「『古文尙書』에 대한 朝鮮時代 학자들의 認識과 考辨」, 고려대학교 박사학위논문, 2016.
진재교, 「18세기 조선조와 청대 학인의 학술교류–홍양호와 기윤을 중심으로」, 『고전문학연구』 23, 2003.
______, 「18세기 조선통신사와 지식 · 정보의 교류」, 『한국한문학연구』 제56집, 2014.
______, 「방법으로서의 동아시아와 신고증학(新考證學)」, 『인문논총』 72, 2015.
천금매, 「18–19세기 조청문인 교류척독 연구」, 연세대학교 박사학위논문, 2011.
최재수, 「顧炎武, 江有誥의 상고성조설에 관하여」, 『중국학연구』 26집, 2003.
하우봉, 「조선후기 실학자들의 일본 연구와 문헌자료 정리」, 『일본사상』 6, 2004.
함영대, 「조선후기 한일학술교류에 대한 一考」, 『한문학보』 24, 2011.
허권수, 「연암의 북경에 대한 인식의 한계」, 『한문학보』 19, 2008.

代亮, 「梅曾亮與道鹹年間的宋詩風」, 『山西師大學報』 36, 2009.
藤塚鄰著, 川路祥代譯, 楊晉龍 校訂, 「王孟慈所謂《海外墨緣》的抄本與金阮堂」, 『中國文哲研究通信』 第14卷 第4期, 2004.
郭名詢, 「清代金石學發展概況與特点」, 『學術論壇』 2005年 7期, 北京.
乔秋颖, 「江有诰,王念孙关于至部的讨论及对脂微分部的作用」, 『徐州师范大学学报 : 哲学社会科学版』, 2006年第03期.
梅憲華, 「日本漢籍版本目錄學 研究源流概述」, 『文獻』 01期, 1993.

史学善,「“爻辞周公” 说辨析」,『周易研究』, 2001 第2期.
葉國良,「論淩廷堪的《禮經釋例》」『臺大中文學報』28期, 2008.
溫兆海,「朝鮮詩人李尚迪與晚清文人交流的歷史價値」, 延邊大學學報 45號(第5期) 2012.
王家儉,「清代禮學的復興與經世禮學思想的流變」,『漢學研究』第24 卷第1 期, 臺灣, 民國95年6月.
王愛榮,「论清中叶阳湖张氏家族与常州词派的关系」,『学术探索, 理论研究』2011年 第3期.
牛范金民,「縹囊緗帙-清代前期江南书籍的日本销场」,『史林』1期, 2010.

李春光,「日本保存中國文化典籍初探」,『文獻』01期, 1985.
李豊楙,「翁方綱著述考」,『書目季刊』第八卷第三期, 1974.
林麗江,「日本古梅园相關墨書之研究－十八世紀中日藝術文化交流之一端」,『漢學研究』第廿八卷第二期, 2010.
曹强,「江有诰《诗经韵读》和王念孙《古韵谱》用韵比较」,『安康学院学报』第22卷 第6期, 2010.
陈春华,「論吳德旋梅曾亮與桐城門派在廣西的傳衍」,『江書教育學院學報』28, 2012.
洪博昇,「段玉裁之《尚書》學」, 世新大學 碩士學位論文, 臺灣, 2010.
華立,「從長崎貿易江戶時代淸日兩國的經濟·文化交流」, 中國人民大學淸史研究所,『日本學報』2, 1992.
黃佳駿,「胡培翬《禘祫問答》之「禘」,「祫」禮義考釋」,『人文與社會研究學報』第45卷 第1期, 國立臺南大學, 民國100年.

杉村邦彦,「多胡碑の朝鮮への流轉に關する新資料」,『書学書道史研究』18, 2008.
松浦章,「江戶時代唐船が中国へ持ち帰った日本書籍—安徽鮑氏『知不足齋叢書』所収の日本刻書」,『アジア文化交涉研究』第2号, 2009.

에필로그

15년 전 즈음 추사(秋史) 김정희(金正喜)가 청대 학자들을 비평하는 글 이른바 권돈인(權敦仁)을 대신해 청의 학자 왕희손(汪喜孫)에게 보내는 편지를 읽고 그 글에 등장하는 수많은 중국 학자들의 정체가 궁금했었다. 그리고 후지츠카 치카시(藤塚鄰)의 『청조 문화의 동전』을 서너 번쯤 읽고 나니 이들 중 많은 이들이 고증학과 성리학을 결합시키려는 한송절충론자라는 것이 눈에 띄기 시작했다. 다시 이리저리 책과 논문을 뒤지면서 그들의 학파, 학문적 특징이 드러났고 김정희가 그 비평문 속에서 몇몇 학자들을 무리지어 적은 이유도 짐작하게 되었다. 그의 학문적 동지들이 드디어 무명에서 벗어나 이름을 찾고 역사적으로 살아 걸어나올 때의 기쁨은 아직도 내가 공부하는 큰 원동력이 되어 준다. 조사(釣士)들의 손맛 같은 것이다. 물고기는 하루 밤을 꼬박 샌다고 반드시 만나는 게 아니고 낚싯대를 걸친다고 늘 만나는 게 아니다. 대부분의 시간을 경건하게 보내는 가운데 간혹 만나는 그 손맛은 그들을 평생 저수지로 향하게 하는 큰 즐거움 중 하나이다.

내가 학위논문을 쓰고 있을 무렵 나의 큰 딸은 엄마 컴퓨터의 한자를 몽땅 지우는 악몽을 꾸었다고 고백했다. 엄마의 사랑을 엄마의 공부와 나누면서도 씩씩하게 크더니 이제는 내가 처음 한자를 공부할 무렵 그 나이의 아름다운 젊은이로 성장했다. 내가 그 시절 꿈꾸던 그 눈빛으로 힘차게 전진 중이다. 정말 고맙다. 나머지 두 녀석들도 그렇게 자라고 있다고 믿는다. 그리고 나에게 조사의 도를 가르쳐 준 25년 지기 동지에게도 이 팍팍한 세상에 감히 집 안에 내 공부방을 계속 고수하는 걸 늘 당연하게 생각해주고 공부를 지지해줘서 고맙다는 말을 전한다.

2018년 10월

저자 씀

찾아보기

ㄱ

ㄴ

ㅂ

ㅅ

ㅇ

ㅈ

ㅊ

ㅋ

ㅌ

ㅍ

ㅎ

역사문화연구총서 20

추사 김정희와 한중일 학술 교류

초판 1쇄 발행 2019년 1월 20일

지은이 정혜린
펴낸이 정재탁
펴낸곳 (학)신구학원신구문화사
디자인 은디자인

등 록 1968. 6. 10. 제1-205호
주 소 경기도 성남시 중원구 광명로 377 우촌학사 1층
전 화 031-741-3055~6
팩 스 031-741-3054
이메일 shingupub@naver.com
홈페이지 www.shingubook.com

ISBN 978-89-7668-242-0 93600

이 도서의 국립중앙도서관 출판예정도서목록(CIP)은 서지정보유통지원시스템 홈페이지(http://seoji.nl.go.kr)와 국가자료종합목록시스템(http://www.nl.go.kr/kolisnet)에서 이용하실 수 있습니다. (CIP제어번호 : CIP2018042442)